한국비극소설의 이론

김창현

1967년 경남 거창에서 태어났다. 성균관대학교 국어국문학과와 같은 대학 대학원을 나와 고전소설과 비교문학, 스토리텔링을 연구하고 있다. 성균관대학교 인문과학연구소 연구교수를 거쳐 현재 공주교육대학교 국어교육과 교수로 재직하고 있으며, 한국비교문학회의 비교문학상을 수상했다. 저서로 『한국적 장르론과 장르보편성』, 『한국문학에 나타난 가족과 공동체』, 『한일소설형성사: 자본이 이상을 몰아내다』, 『시티컬처노믹스』(공저), 『한국고전의 문예적 연구』(공저) 등이 있으며, 논문으로 「스토리텔링과 도시디자인」, 「서사의 장르적 특성에 기초한 고전소설의 재창조 모형 연구」, 「서사문학사의 전개 원리와 소설: 매체 전환기 서사의 미래 탐색을 위한 예비적 고찰」 등이 있다.

서강학술총서
052

한국비극소설의 이론

김창현 지음

서강대학교 출판부

서강학술총서 052

한국비극소설의 이론

초판발행 | 2013년 2월 21일
지 은 이 | 김창현
발 행 인 | 이종욱
편 집 인 | 우찬제
발 행 처 | 서강대학교 출판부
등록번호 | 1978년 9월 28일 제313-2002-170호

주 소 | 서울특별시 마포구 백범로 35번지
전 화 | (02) 705-8212
팩 스 | (02) 705-8612

ISBN 978-89-7273-227-3 94810
ISBN 978-89-7273-139-9(세트)

값 17,000원

* 잘못된 책은 구입하신 곳에서 바꿔드립니다.

* '서강학술총서'는 SK SUPEX 기금의 후원으로 제작됩니다.

이 책을 존경하는 나의 아내, 백선미에게 바친다

책머리에

어떤 후배는 '선배가 낸 책들 중 가장 체계가 부족한 책'이라고 평했다. 어떤 선배는 '누구보다도 현대적으로 고전을 읽을 수 있다는 걸 보여주고 싶었네'라고 했다. '문학이 아니라 철학'이라는 평도 있었다. 또 다른 분은 간단히 '본질주의'라고 평했다. '텍스트가 아니라 삶의 본질을 말'하고자 했다는 것이다. 모두 맞는 평이라고 자인한다.

이 책은 철저히 기획되었고, 나는 원래 그렇게 글을 써야 직성이 풀린다. 그런데 이 책은 글을 쓰는 과정에서 조금 다른 흐름이 만들어졌다. 그래서 나 스스로도 애초의 기획대로 만들어졌다고 강변할 생각이 없다. 이 책을 쓰는 과정은 내겐 일종의 깨달음의 과정이었다. 공부한다는 게 무엇인지, 산다는 게 무엇인지, 죽는다는 게 무엇인지, 그래서 다시 산다는 게 무엇인지……. 그 과정에서 내 꿈의 일부를 접기도 했고, 새로운 꿈을 꾸기도 했다. 내 삶의 가장 큰 버팀목이던 아버지를 보내드려야 했고, 25년의 서울 생활을 접고 공주로 삶터를 옮기기도 했다. 삶은 즐겁기도 했고 슬프기도 했다. 무엇보다 삶은 내 마음대로 되지만은 않았다.

내 안을 돌아보며 삶의 길을 천천히 걷고 싶다는 게 내 소망이었다. 하지만 세상은 그것을 용납하지 않았다. 세상이 떠미는 대로 나는 떠밀리며 뛰어야 했다. 그 가운데에도 나는 내가 할 수 있는 한 주변을 둘러보며, 나 자신을 되돌아보며 걷고자 했다. 이 책은 그렇게 천천히 걷고자 한 내 노력의 자취이다.

하나의 제대로 된 틀, 완결된 내 이론을 제시하자는 게 처음의 의도였다. 하지만 비극이라는 이 책의 주제는 그걸 용납하지 않았다. 비극에 내포된 인간의 탐구는 수천 년 동안 지속되어왔지만 여전히 결론에 이르지 못했다. 죽음을 생각하면 어떻게 살 것인가 하는 게 더 큰 의미를 가진다. 한계 지워진 인간의 운명을 인식하며 그럼에도 불구하고 가치 있는 삶을 살고자 하면 어떻게 해야 할 것인가 하는 게 참 심각한 문제가 된다. 하나의 완전무결한 답이 있을 리 없다. 그래서 이 책은 여전히 생각할 것이 많은 열린 이론이 되었다. 뛰면서 쓴 글들은 책이 되어도 완성된 체계를 가지곤 했다. 하지만 나는 뛰면서 쓴 책들보다 걸으며 쓴 이 책에 더 애착이 간다.

모든 글에 배우는 자로서 진심을 담고자 했지만, 이 책은 내가 학자로서 내 몫의 책임을 다하기 위해 공부를 시작하던 초기에 세운 계획의 한 부분이다. 그때부터 나는 한국문학이 지닌 보편적 가치에 대한 탐구를 기반으로 해야 한국문학만의 특수한 가치를 인정받을 수 있다고 생각했다. 한창 유행하던 '가장 한국적인 것이 가장 세계적인 것'이라는 말은 한국인들에게 가장 우리다운 것이라고 인정받는 그 어떤 것 안에 본질적으로 가장 보편적인 어떤 속성이 내재되어 있어야 참이 될 수 있다고 생각했던 것이다. 그래서 '보편성과 특수성'을 내 문학 연구의 한 축으로 삼았고, 자연스럽게 비교문학적 접근을 선호하게 되었다. 이것은 비단 외국인에게 한국문학을 설명하고 그 가치를 인정받기 위한 것만은 아니다. 그전에 서양문화의 세례를 받은 한국인들도 한국문학과 한국인의 사유를 이해하려면 '보편화된 서양'에 대한 이해와 비판으로부터 출발할 수밖에 없다는 판단이었다.

그 길을 가기 위해 서로 긴밀히 관련된 두 개의 키워드에 주목했다. '장르론'과 '미학'이 그것이다. 『한국적 장르론과 장르 보편성』(지식산업사, 2005)에서 장르론을 중심으로 한 작업을 했고, '비극성'을 화두로 미학적 연구에 뛰어들어 이제 이 책에 이르렀다. 앞 책에서 장르와 미학의 관련성을 분명히 했고, 그를 바탕으로 이 책에서는 '비극성'이라는 미학적 문제를 인간 존재와 사회적 이데올로기와 관련시켰다. 미학적 접근이 지닐 수 있는 관념성을 최소화하기 위해서 작품과 그 생산 및 수용자를 관련시키는 데 장르론을 원용했다.

다음의 과제는 현실에서 한국문학을 보편화하는 것이다. 그것은 한국문학을 권좌에 세우자는 것이 아니라 한국문학이 지닌 보편성과 특수성을 토대로 작품을 즐기는 가운데 민족적 · 지역적 경계를 넘어서고, 남성과 여성의 장벽이 부수어지는 그런 꿈이다. 그 꿈을 위해 전통서사의 현대적 의미와 재창조 방안에 대한 연구를 시작했다. 하지만 '미학'은 물론 '비극성'이라는 과제도 여전히 남은 문제가 많아 새 꿈을 향한 발걸음이 가볍지만은 않다. 그러나 처음 생각한 대로, 장르론이 비극론의 기반이 되어준 것처럼, 장르론과 비극론에서 얻은 성과들이 새 꿈으로 가는 길을 인도해줄 것이라 믿는다.

이 책은 서강학술총서로 지원을 받지 못했다면 아마도 몇 년 뒤에나 세상을 보았거나, 어쩌면 책이 되지 못했을지도 모른다. 기획위원회와 서강대학교 출판부 측에 감사의 말을 전한다.

나는 이 책, 특히 3장을 쓰면서 여성의 운명과 삶에 대해 많이 생각했다. 이 나라뿐 아니라 지구상의 모든 땅에서 여성들은 인간으로 태어난 운명뿐 아니라 여성으로 태어난 운명과도 맞서야 했다. 그리고 모든 운명이 그렇듯이 여성들은 그 이중의 운명을 온몸으로 받아내면서 삶을 이루었다. 그 모든 여성들에게 연민과 존경을 느끼며, 나를 가능하게 한 여성들, 어머니와 여동생, 아내를 생각하곤 했다. 어머니와 누이의 관용을 믿고 이 책을 아내에게 바치고자 한다. 이 책이 있기까지 나락에 빠진 내 영혼을 그녀는 몇 번이나 건져주었다. 무엇보다 그녀를 독점하고 싶은 내 목마름만큼이나 그녀는 나를 독점할 자격이 있다.

2012년 9월 3일

일락산 서편 연구실에서 비오는 새벽, 김창현 쓰다

---

* 이 책은 2006년 여름부터 2012년 봄 사이에 쓴 비극에 관한 논문들을 기반으로 하고 있다. 논문에 따라 책의 논리와 편제에 맞게 수정되거나 나뉘어 편집되기도 하고 전재되기도 했다. 이 책의 체재에 대해서는 '들어가는 말'에 자세히 안내해두었다. 이 책의 기반이 된 논문들의 목록은 다음과 같다. 김창현, 「영웅좌절담류 비극소설의 특징과 계보 파악을 위한 시론」, 『동아시아고대학』 13호, 동아시아고대학회, 2006; 김창현, 「이원성 극복의 두 양상: 비극과 서사무가」, 『비교문학』 42, 한국비교문학회, 2007; 김창현, 「양산숙전의 비극성 연구」, 『온지논총』 16, 온지학회, 2007; 김창현, 「최랑전의 비극성과 심리적 상흔」, 『비교문학』 46, 한국비교문학회, 2008; 김창현, 「신화에 나타난 비극적 세계상과 그 서사적 전개」, 『온지논총』 20, 온지학회, 2008; 김창현, 「한국 영웅비극서사의 계보와 미학적 특징」, 『국제비교한국학』 17-1, 2009; 김창현, 「한국애정비극서사의 기원과 그 미학적 특성: 초기서사를 중심으로」, 『어문론집』 47, 중앙어문학회, 2011; 김창현, 「한국애정비극소설의 설화적 전통과 미적 특질: 운영전과 변강쇠가를 중심으로」, 『동아시아고대학』 26, 동아시아고대학회, 2011; 김창현, 「한국 애정비극서사의 계보와 미학적 특징」, 『온지논총』 31, 온지학회, 2012.

차례

들어가는 말

한국고전문학 연구에 있어서 비극문학은 오랫동안 방치되어온 분야였다. 드문드문 개별 작품의 비극성에 대해 논하기는 했지만, 그런 논의들도 '비극성이란 무엇인가' 하는 근본적인 질문에 답하면서 이루어진 것은 아니다.

한국문학 연구의 기틀을 세운 도남 조윤제는 '우리나라 문학에는 순비극도 없지마는 또 희극이 없는 것만은 사실'이라고 했다.[2] 여기에서 도남이 말하는 희극·비극은 모두 서양문학에 대한 피상적 이해를 바탕으로 하고 있었다. 이후 '희극이 없다'는 인식은 충분할 만큼 극복되었는데 반해 '(순)비극이 없다'는 인식은 오히려 강화되었다. 이런 과정에서 김병국은 이미 보편화된 비극문학의 결여를 한국문학의 한 특징으로 보고 그 이유를 설명하면서 '비극문학결여론'을 주창한다.[3] 여기서 김병국은 비극의 개념 혹은 조건에 대한 다양한 서양 이론을 제시한다. 그에

2 조윤제, 『국문학 개설』, 동국문화사, 1955, pp. 488~489.

3 김병국, 『한국고전문학의 비평적 이해』, 서울대학교 출판부, 1995, pp. 14~22 참조.

의하면 비극은 ㉠ 사람이 인간적 한계를 초월하여 영원한 것, 불멸하는 것과의 대결이나 투쟁에서 패배하는 것이며,[4] ㉡ 순진무구로부터 과오를 거쳐 파국에로 하강하는 것, 즉 이상으로부터 현실에로의 변화 과정이기도 하고,[5] ㉢ '죽어가는 신'의 이미지가 형상화된 것이기도 하다.[6] 하지만 이 같은 규정들은 모두 비극의 일부분만을 설명해줄 뿐이고 합쳐 보아도 비극의 온전한 정의가 되지 못한다. 가장 일반적인 정의에 속하는 ㉡도 프라이가 서사문학을 도식화하기 위해 단순화한 개념이다. 또 ㉠과 ㉢은 중요하지만 특수한 비극의 한 속성에 불과하다. 사실 이 같은 비극에 대한 인식은 당시로서는 상당히 앞선 지식에 기반하고 있었다고 할 것이다. 그때 비극에 대한 인식은 대개 ㉡ 정도에 머무르고 있었기 때문이다. 하지만, 지금까지 한국문학 연구자들에게 '비극' 혹은 '비극성'이라는 개념이 모호하고 유동적인 수준에 머물게 된 것은 비극문학결여론과 관계가 없다고 할 수 없을 것이다. 이는 비극에 대한 연구 자체를 소강시키는 역할을 한 것으로 보인다.

그래도 비극문학에 대한 연구가 전혀 없었던 것은 아니다. 비극적 소설에 대한 김명순의 연구가 있었고, 장수좌절담, 「최랑전」, 「김인향전」 등을 비극성과 관련하여 연구한 논문들이 있었다.[7] 또 이 글에서 상론될 아기장수 설화와 김덕령·임경업의 설화적 형상을 연구한 업적들도

---

4 김병국, 『한국고전문학의 비평적 이해』, 서울대학교 출판부, 1995, p. 14.

5 김병국, 『한국고전문학의 비평적 이해』, 서울대학교 출판부, 1995, pp. 14~15.

6 김병국, 『한국고전문학의 비평적 이해』, 서울대학교 출판부, 1995, p. 19.

7 김명순, 『고전소설의 비극성 연구』, 창학사, 1986; 김균태, 「비극적 장수설화에 나타난 공통 삽화의 서사적 의미와 기능」, 『역사민속학』 6집, 한국역사민속학회, 1997; 민영대, 「비극소설로서의 최랑전」, 『한국언어문학』 47집, 한국언어문학회, 2001; 한상현, 「「김인향전(金仁香傳)」 주인공의 인격적 성향과 가정비극의 상관성: 계모형 가정소설과 관련하여」, 『고전문학연구』 17집, 한국고전문학회, 2000.

있다.[8] 이 중에서도 전신재·김수업·강현모의 연구는 그 깊이와 넓이에서 아기장수와 비극적 장수 이야기의 전모를 드러내는 데 크게 기여했다. 하지만 이 연구들은 서구적 전통 속에 형성된 '비극' 개념을 수용하면서도 한편으로는 한국적인 것으로 변형하여 사용하고 있는데, 그러한 사실을 명확히 하지 않았다. 분석의 틀로 야스퍼스의 『비극론』을 원용한 연구도 있긴 했지만, 이번에는 한국적 특수성에 대한 이해가 부족했다.[9] 따라서 이 같은 기존의 연구들을 통하여 한국비극의 보편성이나 특수성을 이해하기는 어렵다.

한편 연극이나 민속연행물에서 비극성을 고구(考究)한 연구들도 있었다.[10] 그 중에서 민속극이나 진오귀굿의 비극성에 주목한 정상균은 서양의 비극론에서 출발했지만 디오니소스 축제와의 관련 등, 주로 비극의 기원과 관련된 논의를 펼쳤다.[11] 이 같은 성과는 우리 연행문학의 원형적 성격과 축제성 등과 쉽게 관련되기는 하지만 연행 형식을 떠나 설화나 소설에 적용하기는 어려운 것이다. 이 글은 연극 혹은 연행의 형식을 벗어나 존재하는 미학적 개념으로서 비극에 주목한다. 또한 이것이 서구

8 전신재, 「아기장수 전설의 비극의 논리」, 『논문집』(인문사회과학편) 8집, 한림대학교, 1990; 김수업, 「아기장수 이야기 연구」, 경북대학교 박사학위논문, 1995; 강현모, 「인물전승에 나타난 사건의 수용 양상: 비극적 장수설화를 중심으로」, 『한민족문화연구』 5집, 한민족문화학회, 1999; 『장수설화의 구조와 의미』, 역락, 2004; 서유경, 「「임경업전」의 비극성에 대한 표현 문화론적 고찰」, 『문학교육학』 13집, 한국문학교육학회, 2004.

9 신현주, 「아기장수 설화의 비극성 연구」, 서강대학교 교육대학원 석사학위논문, 2005. 이 논문에서 또 한 가지 아쉬운 것은 야스퍼스의 철학적 입장을 간과한 채 비극에 대한 개념을 기계적으로 도입했다는 것이다. 야스퍼스의 비극론은 그 특유의 실존철학에 기반한 것으로 이 점을 고려했다면 보다 깊이 있는 통찰이 가능했을 것이다.

10 심상교, 「민속극(民俗劇)에 나타난 비극적 특성 연구(1)」, 『한국연극학』 9집, 한국연극학회, 1997 참조.

11 정상균, 『비극론』, 월인, 2001.

비극론의 중심이었다. 이외에도 한국고전문학 작품들을 개별적으로 연구한 성과들 중 비극성을 언급한 경우는 있다. 하지만 이 연구들은 대개 '비극이란 무엇인가'에 대한 뚜렷한 인식 속에 이루어진 것이 아니고, 더욱이 우리 비극문학사에서 이 작품들이 어떻게 자리매김될 수 있는가에 대한 전체적인 전망을 고려하지 않은 상태에서 이루어졌다.

이렇게 된 것은 비극문학, 혹은 비극적 문학에 대한 연구들이 저마다 개별적으로 이루어지고 활발히 소통되지 않았기 때문이다. 비극문학에 대한 연구가 특수한 것으로 여겨지고, 우리문학의 중요한 일반적 성격에 대한 연구와는 무관하게 여겨진 까닭이다. 이렇게 한국문학에 비극문학이 결여되어 있다는 인식은 비극적인 작품들에 대한 연구를 특수하고 주변적인 것으로 만들어 서로 고립시켰다.[12] 이 때문에 한국문학 연구에서 비극의 개념은 서양 이론을 이것저것 참조하고 저마다 조금씩 한국적 상황을 반영하여 사용되었으며, 논의의 대상이나 연구자의 입장에 따라 큰 편차를 보였다.

이 때문에 이 책은 먼저 서양비극론을 아우르는 비극의 보편성을 규명한 다음, 동아시아적 사유를 공유하고 있는 한국비극 이론의 가설을 모색하고, 이를 토대로 한국비극의 양상을 파악하면서 가설을 다듬는 단계적 과정을 밟게 될 것이다. 이것은 대체로 다음과 같은 세 가지 목표로 구성된다.

첫째, '비극'의 보편적 본질을 미학적으로 규명한다.

둘째, 동아시아와 한국의 문화적 전통을 반영한 비극이론 정립을 시도

---

12 실제로 위 연구들을 살펴보면 비극이나 비극성에 대한 논의들이 폭넓게 인용되지 못하고, 주로 해당 작품(군)에 대한 연구들로 제한되어 있는 것을 알 수 있다.

하고, 여기에 기반을 두고 한국비극문학의 미학적 특성을 규명한다.

셋째, 한국비극서사의 전개 과정을 작품 위주로 해명하고 정리하여 한국비극소설사의 기틀을 마련한다.

이 목표들은 서로 관련되어 있다. 비극의 보편적 본질을 규명하지 않고서야 한국의 어떤 작품들을 비극으로 다루어야 할지 알 수 없고, 어떤 작품들이 비극인지 모른다면 그것들을 설명하는 이론을 구성할 수 없을 것이다. 또한 개개의 작품에 대한 설명이 불가능하다면 그것들의 사적(史的) 의의에 대해 말하는 것 역시 불가능할 것이다.

그런데 위의 목표들은 서로 관련되어 있을 뿐만 아니라 필자의 이전 연구들과도 연결되어 있는데, 이 점에 대해 간략하게나마 설명할 필요가 있다. 필자는 소설이라는 장르를 보다 넓은 원장르인 서사장르 안에서 사유한다.[13] 이것은 시조를 서정장르 안에 포함시키는 것과는 상당히 다르다. 소설은 시조와 같은 역사적 장르가 아니다. 우리는 한문소설과 19세기까지 창작된 대부분의 국문소설을 모두 고소설이라고 부르고, 1910년대 이후 서양소설(노블)의 영향 아래 창작된 소설들을 근대소설이라고 부른다. 소설은 이들 모두를 통칭한다. 한문소설의 경우, 예전에는 『금오신화』가 소설의 효시라고 보았지만 지금은 6~7세기 이전까지로 그 시작을 소급하기도 한다. 이렇게 되면 문자로 기술(記述)된 허구서사(虛構敍事)라면 일단 소설일 수 있는 가능성을 지닌다고 볼 수 있다. 그런데 한국문학사에는 야담계 소설, 혹은 한문단편이라고 불리는 일군의 작품들이 있는데 이들 대부분은 항간에 구전되는 이야기를 기록한 것이다. 다시 말해 이 작품들은 단순히 보면 설화의 기록이지만 기술된 허구서사라

13 김창현, 『한국적 장르론과 장르보편성』, 지식산업사, 2005.

는 점에서는 소설의 자격을 갖추고 있는 것이다. 이 점에 있어서는 『삼국유사』 등에 실린 초기 서사들 중 일부도 마찬가지이다. 즉 「김현감호」 같은 작품은 설화를 조사 · 기록한 것으로 볼 수 있지만 기술된 허구서사이므로 소설일 수 있는 것이다. 필자는 서사문학의 이 같은 성격을 '서사문학의 사적(史的) 일계성(一系性)'이라는 개념으로 설명한 바 있다.[14]

이 때문에 이 책은 설화로 연구되고 있는 고대의 초기 서사작품들에서 비극소설의 기원을 찾는다. 이 작품들은 연구자에 따라 소설로 보거나 혹은 설화로 보기도 하지만 대부분의 소설사에서 적어도 소설의 기원을 다루는 부분에서 언급된다. 나아가 이 책은 설화작품들이 많은 고소설의 자양분이 되었을 것으로 보고 적극적으로 수렴하여 소설과의 비교를 시도한다. 우리 고소설들은 그 상당수가 설화와 마찬가지로 작가와 창작 연대를 알 수 없다. 하지만 고소설 작품에서 설화문학의 전통 속에 형성된 원형들을 발견하는 것은 어렵지 않다. 그러므로 사적 일계성을 지니는 서사문학사는 구술서사인 설화와 기술서사인 소설을 분리하지 않고 다루는 것이 타당하다. 다만 우리 시대 서사문학의 대표선수가 소설이기 때문에 이 책의 표제를 '한국비극소설의 이론'으로 한다. 서사보다 소설이 보다 일상적인 용어이고 보다 나중에 주류가 된 소설의 이론을 정립하려면 설화로 돌아가는 것이 마땅하기 때문이다.[15]

모든 연구서가 그렇듯이 머리에서 이 책의 체재에 대해 설명하는 일이 곤혹스럽다고 고백하지 않을 수 없다. 당연하게도 이 책의 체재는

14 김창현, 「서사문학사의 전개원리와 소설: 매체전환기 서사의 미래탐색을 위한 예비적 고찰」, 『국제어문』 45집, 국제어문학회, 2009.

15 이 책의 제목에 대해 설명이 필요하다는 주위 몇몇 동학들의 조언이 있었다.

비극에 대한 필자의 시각을 반영하고 있다. 이것은 이 책의 체재에 이미 비극에 대한 필자의 연구 성과는 물론 한계마저 반영되어 있다는 것을 뜻한다. 그러므로 체재에 대해 설명하다보면 이 책을 끝까지 읽고서야 이해할 수 있는 개념들이 등장하게 될 것이다. 그럼에도 불구하고 체재에 대해 간략히 언급해두는 편이 이 글을 하나의 전체로 이해하려는 독자에게 일정한 도움이 될 것임은 분명하다.

이 책은 모두 3장으로 이루어져 있는데, 1장은 주로 첫째 및 둘째 목표와 관련되어 있다. 즉 비극의 보편적 본질을 규명하고 이 과정에서 드러난 서양적 사유의 특징을 동아시아 및 한국의 사유와 비교하여 한국비극의 특수성에 접근할 수 있는 토대를 구축한다.

1절에서 서양비극론의 뿌리라고 할 수 있는 『시학』으로부터 비극에 대한 가장 이른 시기의 비교적 단순한 개념을 끌어내어 일반적인 비극의 조건을 확인한 다음, 2절에서는 그 단순한 조건들 속에 내재되어 있는 미학적인—그러니까 예술적이면서 철학적인— 사유를 고찰하고자 한다. 이 과정에서 비극적 세계관과 그 극복의지라는 비극정신의 요체와 그것이 포용할 수 있는 미학적 허용의 범위를 가늠해보게 될 것이다.

1장의 핵심은 3절에 있다. 이 책이 한국의 비극문학을 다분히 서양적 개념인 '비극'으로 조명해보고자 한 이유는 오늘날 우리가 서양적 사유로부터 자유롭지 못하기 때문이기도 하다. 오늘날 우리는 '이것은 비극이다', '이 작품은 청춘남녀의 비극적인 사랑을 그리고 있다'는 식의 표현을 흔히 들을 수 있다. 그리고 이때 우리가 떠올리는 것은 「임장군전」이나 「운영전」이 아니다. 우리 대부분은 「햄릿」이나 「로미오와 줄리엣」, 아니면 「오이디푸스 왕」이나 영화 「타이타닉」을 떠올린다. 이것은 우리의 비극을 우리식으로 사유할 근거가 우리에게 없다는 것을 뜻한다. 3절에서는 우리 속에 깊이 들어와 있는 서양적 사유와 우리의 문화적 유전자 속에 잠재되어 있는 동아시아적이고 한국적인 사유를 비교하여 한국인의 원형사유를 드러내고 이를 통해 우리 비극을 우리의 시각으로 분석하기 위한 도구를 마련하고자 한다. 이를 위해 먼저 1항에서는 우리 속에 서양적 사유가 각인되는 양상을 살피고, 2항에서 서양적 사유와 동아시아적 원형사유의 본질적인 차이를 드러내고자 한다. 3항은 2항에서 고찰한 동아시아적 사유가 이 사유를 체계적으로 학습하고 관념화하지 않은 기층 민중들에게 어떻게 수용되어 표상되는지를 살핀다. 그러므로 이 절은 비극작품에 대한 고찰이 아니라 그 기초가 되는 사유로서 세계 인식의 토대에 대한 고찰을 그 목표로 한다.

이 장에서 특히 주의할 점은 보편성과 특수성에 대한 균형 감각이다. 우리의 시각을 확보한다는 것이 서양비극에서 형성되어온 모든 사유를 버리거나 이에 대립한다는 것을 의미하지 않는다. 그보다는 오히려 서양 비극론의 보편적 기초 위에서 출발하는 것이 학문적 효율성이나 이후 산출된 한국비극의 특성들에 대한 이해를 세계의 여러 학자들과 공유하는 데 유리할 것이다.

2장은 영웅비극을 다룬다. 비극이 운명, 혹은 거대한 세계에 맞서는 유한한 인간의 이야기이기 때문에 비극의 주인공은 본질적으로 영웅(hero)이다. 다시 말해 비극은 원칙적으로 모두 영웅비극이며 영웅비극이야말로 비극의 본령이다. 그러므로 이 장은 이후 애정비극의 논의를 위한 토대가 되기도 한다. 이 장은 앞의 1장에서 논의한 바를 토대로 한국비극문학의 미학적 특질을 규명하는 동시에 한국비극서사의 전개 과정을 보여주어야 한다. 뿐만 아니라 그 과정에서 한국의 문화적 전통을 반영한 비극론 정립을 위해 요긴하다고 생각되는 지점들을 가급적이면

정확하고 깊이 있게 조명해내야 한다. 2장의 구성은 이런 고민 끝에 나온 것이다.

먼저 1절에서는 기초적인 도구를 점검했다. 개념과 분류의 기준은 연구를 위한 기초적인 도구가 된다. 영웅비극에서는 '영웅'의 개념이 무엇인가 하는 문제와 영웅비극을 어떻게 나눌 수 있는가 하는 문제가 그것이다. 이런 문제의식에서 한국비극문학을 보면 상층과 기층의 작품이 상당한 차이를 보인다는 것과 주인공이 이념을 지향하는 경우와 성정을 비교적 직접적으로 표출하는 경우에도 의미 있는 차이를 보인다는 것, 두 가지를 알게 된다. 그러나 이런 차이는 절대적인 것은 아니고, 후대로 올수록 분명해지는 반면 고대에 생성된 초기 서사작품에서는 상대적으로 혼효된 모습을 보인다. 여기에 앞에서 서술한 서사문학의 사적 일계성을 고려하면 소설은 여러 지점에서 여러 장르·양식들과 만난다. 이 지점들 중 중요한 부분들에 천착하기로 했다.

첫 번째 지점은 2절에서 다루었는데, 소설의 기원에 가장 가까이 가보는 것이다. 우리 서사문학사에서 가장 오래된 작품들을 만날 수 있는 『삼국유사』, 『삼국사기』, 『수이전』에 실려 있는 작품들을 중심으로 아직 여러 성향이 혼효되어 있는 초기 서사에 나타난 비극의 맹아, 초기적 모습들을 살폈다. 이 작품들은 상층비극적 성향과 기층비극적 성향을 모두 지닐 뿐 아니라 고대국가의 이념과 이데올로기가 개입되어 있고, 영웅비극에 애정비극이 덧붙여지는 등 원초적이면서도 복잡한 면모를 지니고 있다. 이 작품들에 표상된 비극적 세계상과 관념이 이후 작품들에 여러 가지 모습으로 이어지게 될 것이다.

3절에서는 그 두 번째 지점으로 설화와 소설의 관련을 다루었다. 사적 일계성에 따라 소설은—특히 고소설은 더욱— 전대 및 동시대의 다른 서사작품으로부터 그 소재와 유형·내용을 광범위하게 수용하면서 자기

영역을 확장해나간다. 이 장에서는 설화와 소설이 대비·대조되면서 자연스럽게 상층비극과 기층비극의 차이가 드러나고 상층비극에서 이념 혹은 이데올로기의 문제가 제기된다. 아직 사적(史的)으로 정리할 수 없는 과정을 작품에 나타난 원형과 유형의 공유 양상를 통해 유추한다. 이 작업을 통해 우리는 비극의 전개 과정을 추론할 수 있다.

4절에서 다루고 있는 세 번째 지점은 사실과 소설(허구)의 관련이다. 소설이 사실로부터 소재를 가져와 허구화할 때는 어떤 식으로든 작가의 욕망과 의식을 반영하게 된다. 그런데 이 욕망과 의식은 당대 사회의 이념이나 이데올로기와 무관하지 않다. 그리고 상층비극과 기층비극의 차이를 만들어내는 데 있어서 이 이념의 역할은 결코 적지 않다. 그것은 고소설의 시대가 이념의 시대, 곧 중세였기 때문이기도 하다. 따라서 4절은 사실과 허구의 관련을 다루면서 한국 상층지식인들의 비극관을 이념의 측면에서 조명하고자 했다.

2절이 소설의 기원이라는 측면에서 접근한 통시적 고찰에 가깝다면 3절은 작가와 연대를 알기 어려운 현실에서 장르 간 교섭이라는 측면으로 접근한 통시적이면서 공시적인 고찰이고 4절은 사실과 소설의 교섭, 사실의 허구화를 다룬 상대적으로 공시적인 고찰이다. 여기까지의 작업을 통해 우리는 한국비극의 주요한 특징이나 전개 양상에 대해 중요한 것들을 알게 될 것이다.

5절은 이 작업들을 통해 제시된 작품들과 미처 제시하지 못한 작품들을 1절에서 제시한 도구—분류 기준—에 따라 정리하면서 한국영웅비극소설의 전체상을 탐색한다. 상층 : 기층, 이념 : 성정 같은 분류 기준은 비극과 관련된 개념과 함께 이 장 전체의 논리적 토대가 되지만 각 절에서 논의되는 대상에 따라 특정 개념이 더 강조되기도 한다. 5절은 앞 절들에서 획득한 이해를 바탕으로 영웅소설의 계보와 그 각각의 특질을 정리하여 이해의 편의를 도모코자 마련되었다. 한 가지 주의할 것은 5절이 앞에서 얻은 성과를 단순화하기 위해 읽혀서는 안 된다는 것이다. 5절은 앞의 논의들을 모두 요약하고 있는 것이 아니라 다만 한국영웅비극의 대요(大要)로서 전체상을 제시하려는 것이다. 전체에 대한 지식이 한 작품, 한 양상에 대한 깊은 이해의 가치를 대신할 수 없다.

3장은 애정비극을 다룬다. 여기서 먼저 문제가 되는 것은 '애정비극'이라는 것이 성립될 수 있는 개념인가 하는 것이다. 이것은 특히 무대극으로서 서양비극을 염두에 두고 논의가 있어왔던 주제이다. 하지만 우리는 이미 무대극을 넘어 비극문학을 규정하고 있기 때문에 애정비극도 비극이 지녀야 할 보편적인 자질들을 지닌다면 비극으로 볼 수 있다.

1절은 바로 이 문제를 다루면서 관련하여 애정비극의 분류 기준을 거론한다. 즉 애정비극의 성립을 위한 조건으로 애정비극의 주인공과 영웅비극의 주인공의 접점을 확인하고, 애정비극의 제재인 사랑의 특성에 주목하여 영웅비극과 다른 분류의 기준을 제시한다. 사랑은 사랑받는 이와 사랑하는 이, 적어도 두 사람을 필요로 하고 이는 또 서로 사랑하는 경우와 한쪽에서만 사랑하는 경우로 나뉘게 된다. 애정비극에서 다른 모든 관계를 압도하는 절대적으로 중요한 관계가 연인, 즉 사랑하는 두 남녀 사이의 관계이다. 이 때문에 애정비극에는 남녀의 역할과 관계에 대한 작자와 수용자의 인식이 그 형상화에 깊이 관여하게 된다.

3장은 전체적으로 영웅비극을 다룬 2장의 체재에 따라 소설이 초기서사, 설화, 현실과 맺고 있는 관련을 2절에서 4절까지 다룬다. 그러나 영웅비극에서 주로 살피게 되는 비극적 세계관과 비극정신 외에 가부장적 이데올로기와 인간의 욕망이 맺는 관계가 애정비극에 광범위하게 개입하는 양상이 상당히 중요한 고찰의 대상이 된다.

2절에서는 1절에서 제시한 분류의 기준을 실험하면서 2장에서 영웅비극의 관점에서 보았던 초기 서사들을 애정비극의 관점—그러니까 비극이라는 관점과 애정이라는 관점의 중첩 속에서 재검토하게 된다. 이를 통해 이후 애정비극서사의 다양한 전개 양상들을 짐작하고 분석할 수 있는 단초들을 마련한다.

3절은 설화와 소설을 대비하면서 애정비극의 또 다른 전개 양상을 추론할 방법론적 기틀을 모색한다. 여기에서 「운영전」과 함께 「변강쇠가」를 다루게 될 터인데, 이에 대해 「변강쇠가」는 소설이 아니라는 지적이 있을 수 있다. 물론 이 책이 서사문학의 사적 일계성을 주장하면서 구술서사인 설화를 광범위하게 수용하고 있기 때문에 다시 해명할 필요는 없겠다. 다만 이 절에서 「변강쇠가」가 설화가 아닌 소설에 가까운 것으로 다루어지는 이유는 판소리의 장르사적 위치 때문이다. 판소리는 전문 가객에 의해 노래와 함께 사사되는 장르로 대체로 방각본 소설과 그 전성기가 겹친다. 전문가인 판소리 광대는 자신이 공연하는 작품을 완전히 암기하고 있을 뿐 아니라 경우에 따라 더늠을 첨가하여 작품을 수정하고 보완한다. 이 과정은 일반적인 설화의 전승 과정과는 완전히 다르며 오히려 고소설의 창작-유통 과정에 더 가깝다. 실제로 이 작품은 독서물인 필사본만이 남아 있기도 하다. 또 이 작품은 그 서사구조의 복잡성·완성도 등에서도 일반적인 설화의 양상을 크게 넘어선다. 무엇보다 하층비극으로서 가장 뛰어난 애정비극작품으로 충분한 대표성을 지닌다고 생각된다.

4절은 사실과 소설의 접점에서 이데올로기 문제를 다룬다는 점에서 2장 4절과 동일하지만 애정비극에 있어서 여성에게 강조되는 이데올로기로서 열(烈)과 내면에 있어서의 복잡한 욕망이 어떤 방식으로 형상화될 수 있는가 하는 문제에 보다 천착했다. 특히 이데올로기의 억압이 지니는 비대칭성이 여성뿐 아니라 남성까지 희생자로 만든다는 점을 역설하면서 비극이 비극으로 받아들여질 수 있는 비극적 인식의 아슬아슬한 경계를 제시하고자 했다. 이 점은 한국애정비극을 이해하는 데 있어서 특히 중요한 지점이라고 하겠다.

5절은 2장과 마찬가지로 앞의 작업들을 통해 제시된 작품들과 미처 제시하지 못한 작품들을 애초에 제시한 분류 기준에 따라 정리하면서 한국애정비극소설의 전체상을 제시한다.

1장이 2, 3장의 논의를 이끄는 보편적인 이론이라면, 2장은 1장의 이론적 근거를 확인하면서도 비극의 보다 전형적인 모습을 중심으로 동서양의 차이를 확인하는 부분이고, 3장은 비극의 보다 특수한 모습으로 확장해나간 것이라고 하겠다. 3장에서 특히 애정비극을 다룬 것은 이 범주의 작품이 한국은 물론 세계적으로 적지 않은 비중을 차지하고 있다는 것이 한 이유요, 남녀 간의 애정이라는 주제에 한 사회를 비추는 수많은 요소들이 내재되어 있어서 비극의 다양하고 복잡한 변주를 보여주기에 적합했다는 것이 다른 한 이유이다.[16] 이렇게 보편적인 이론적 틀로부터 그 중심, 주변으로 논의를 이끌어갔다. 여기까지 차례로 읽은 독자라면 여기에서 다시 1장으로 가주길 바란다. 결론에서는 다른 연구자들이 여기에서 출발해주었으면 하는 중심 개념 몇 개를 간략히—정말

---

16 논의의 초점을 달리함에 따라 사회비극이나 성격비극 등 여러 가지 범주의 설정이나 논의가 가능할 것이다. 그러나 이렇게 하면 중요하고 널리 알려진 작품들이 누락되는 문제가 있고, 영웅비극과 층위가 맞지 않았다. 이 때문에 영웅비극을 운명비극으로 해서 운명-애정으로 층위를 맞추는 방안도 생각해 보았지만, 운명에 대한 동서양 사유의 차이 등 여러 이유 때문에 그렇게 하지 못했다. 하지만 애정비극에서 분석의 출발점을 연인 두 사람에 둠으로써 연구 방법에 있어서는 층위를 맞추었다.

아주 간략히— 서술했을 뿐으로, 실제 결론은 1장이다.

이 같은 과정을 통해 이 보잘것없는 책이 선배제현들께 한국비극소설에 대한 본격적인 연구의 작은 이론적 토대를 제공해줄 수 있기를 희망한다.

제1장
비극적 세계관의 보편성과 특수성

1. 『시학』에서 본 비극의 개념

한 민족, 혹은 하나의 문화권에 희극적 세계관과 문학은 있는데, 비극적 세계관과 문학이 없다면 이것은 하나의 이변이다.[1] 그런데 '한국문학에는 비극이 없다'는 말이 국내외 연구자들 사이에서 통용되고 있는 데도 아직까지 우리 문학에 정말 비극이 없는지, 혹은 있다면 어느 정도나 있는지, 그 특성은 무엇인지에 대한 검토가 없다면 이것은 심각한 문제라고 할 것이다.[2]

이 책은 한국비극문학의 존재 양상을 체계화하고 그 미학적 특성을

1 있다고 해도 그것이 '없다'(결여)고 할 만한 수준이라면, 그것 역시 정말 그런지 심각하게 연구하고 고민해보아야 할 문제이다.

2 조윤제가 『국문학 개설』(동국문화사, 1955, pp. 468~499)에서 국문학의 특질을 논하면서 우리 문학에는 순비극도 순희극도 없다고 언급한 이후 이 같은 생각은 통념이 되다시피 했으며, 이 같은 통념은 김병국의 『한국고전문학의 비평적 이해』(서울대학교 출판부, 1995, pp. 14~22)에서 '비극문학결여론'으로 나타나게 된다.

밝혀 한국비극문학론의 결핍을 해소하는 데 기여하려는 목적을 가지고 있다. 여기에서 특히 고려되어야 할 것은 정립될 이론의 보편성과 특수성에 대한 균형 감각이다. '비극'이라는 개념 자체가 이미 서구에서 받아들인 것이고 보면 우리 비극에 대한 이론이라고 하여 특수성만을 강조할 수는 없다. 문화의 세계화 현상을 언급하지 않더라도 세계 학계와의 소통 없이 우리만의 학문을 추구한다는 것이 가지는 위험성을 이제는 모두가 인식하고 있다. 그렇다고 엄연히 존재하는 우리 문화의 특수성을 간과할 수도 없다. 이 때문에 보편성과 특수성에 대한 균형 감각이 필요한데, 이를 위해서는 먼저 보편적인 것과 특수한 것에 대한 명확한 인식이 요구된다. 우리가 공유할 수 있는 보편이론으로서 서구 비극론의 가능성과 한계를 규명해야 할 이유가 여기에 있다.

하지만 연극과 서사문학 등에 걸쳐 장기간의 변화를 겪어온 서구 비극론을 전체적으로 살피면서 이것과 여기저기 산재해 있는 한국비극문학 작품 및 연구들을 유의미하게 꿰어내는 것은 간단한 일이 아니다. 그러므로 어디에서 시작하는가가 중요해진다.

서구 비극론의 뿌리가 그리스 신화 등을 배경으로 한 영웅서사시와 그리스 비극, 그리고 이론적으로는 아리스토텔레스의 『시학』에 있다는 데는 누구나 동의한다. 그러므로 우리가 사용하는 '비극'이라는 개념이 서양문학에서 사용하는 '비극'이라는 개념과 관련되어 있다는 것을 인정한다면 그리스 비극과 『시학』에서 출발하는 것이 타당하다는 데 누구나 동의할 수 있을 것이다.

좁은 의미의 '비극'은 그리스 비극이라는 역사적 장르와 그 전통 속에 나타난 작품들만을 가리키는 장르사적 명칭이다. 하지만, 역사적 장르로서의 '비극'과 '비극문학'은 구분될 필요가 있다. 비극문학 혹은 비극적 문학은 연극이나 희곡 작품만을 가리키는 것은 아니다.[3] 또 그리스 비극의 전통을 떠난 곳에서도 이 용어는 사용되고 있다. 하지만 비극과 비극문학을 구분할 필요가 있다고 해도, 비극문학의 '비극'이라는 개념이 역사적 장르로서의 비극으로부터 형성된 것임을 부정할 수는 없다. 그렇다면 그리스 비극으로부터 비극문학의 '비극성'에 대한 탐색을 시작하되 공연물 또는 희곡으로서의 특성과 규정, 세부묘사보다는 그 서사의 일반적이고 미학적인 특성에 주목해야 할 것이다. 여기서 그 시작이 아리스토텔레스의 『시학』이어야 한다는 데는 별 이견이 없을 것이다. 니체의 『비극의 기원』을 제외하고 비극에 대한 논의는 사실상 『시학』을 심화 · 해명하는 수준에서 그리 크게 벗어나지 않았다. 또한 『시학』은 특히 주인공이 평범한 사람들보다 뚜렷하게 우월한 전형적인 비극을 지향한다. 그러므로 필자는 이 장에서 『시학』의 비극론을 토대로 비극에 접근하는 일차적인 기준을 마련하고자 한다.[4]

> 따라서 비극이란 진지하고 또한 규모를 갖추고, 그 자체로서 완결된 일련의 액션으로 된 모방이다. 그리고 언어에 있어서 즐거운 요소가 가미되어 있고 부분에 따라서 제각기 다른 종류의 말이 쓰여지고, 서술체가 아니고 극적인 표현을 사용하며, 동정심과 공포를 자아내는 사건이 담겨 있으므로 그와 같은 정서의 카타르시스를 이룩할 수 있도록 되어 있는 것이다. (『시학』

---

3 이미 세네카에 이르러 비극은 공연물과 읽기 위한 서재극(書齋劇, closet drama)으로 분화되고 있었으며, 로마의 유일한 대가(大家)로 일컬어지는 세네카는 이 중 후자에 주력했다. 아직 희곡의 형식을 지니고 있었지만 비극이 무대를 떠났다는 점에 주의할 필요가 있다.

4 여기서 '기준'이란 어떤 '모범'을 말하는 것이 아니라 공통점과 차이를 드러낼 수 있는 근거를 말한다. 아리스토텔레스를 기준으로 하지만 여기에 머무르지 않고, 여러 이론을 참조하기로 한다. 이 글에서는 아리스토텔레스와 야스퍼스를 동시에 원용하고 있는데 이들이 영웅비극의 특성을 드러내는 데 유용했기 때문이다. 앞으로의 과제가 되겠지만, 탈춤 등 극문학을 다룰 때에는 니체를 비롯한 비극의 기원론 및 극 이론을 더 보태어 원용하려고 한다.

제6장)[5]

이것이 『시학』에서 내린 비극의 가장 간단한 정의이다. 하지만 이 조건들이 모두 '비극성'을 정의하는 데 유용한 것은 아니다. 이것은 그리스 비극이라는 역사적 장르에 대한 정의이면서 아리스토텔레스라는 개인의 비평적 시각이 적극 개입되어 있는 정의이기 때문이다. 실제로 그는 『시학』에서 당대의 몇몇 극작가들이 자신의 이 같은 정의에서 멀어지고 있다고 해서 비판하고 있는데, 이것은 한편으로 당시 모든 극작가들이 이 정의에 맞는 비극을 쓰지는 않았다는 것을 말해준다. 그래도 그것은 어쨌든 비극이었을 것이다. 위에서 '규모'라든가, 언어 표현에 대한 부분은 당시 비극이라는 장르의 특성과 이에 대한 아리스토텔레스의 취향이 반영된 문제로 이후 서구전통에서도 많은 세부적인 변화가 일어난 부분이다. 여기서 주목할 부분은 '진지하고, 동정심과 공포를 자아내며, 그와 같은 정서의 카타르시스를 이룩할 수 있다'는 부분이다.

이밖에 아리스토텔레스가 비극에서 특히 강조하는 것 중 하나가 인물이다.

이러한 차이점은 비극과 희극을 구분 짓는 기준이기도 한데, 후자는 오늘날의 평범한 사람보다 더 천한 인물을 만드는 것이라면 전자는 더 훌륭한 인간을 다룬다. (『시학』 제2장)[6]

---

5 L. Clifford, 문상득 옮김, 『비극』, 서울대학교 출판부, 1985, p. 1에서 재인용. 『시학』은 논문 등에 부분적으로 번역된 것 외에도 천병희 · 김재홍 · 이상섭 등에 의해 여러 차례 번역된 바 있으나, 그 문장이 모두 다르다. 이것은 『시학』이 얼마나 난해한 글인가를 보여준다. 이 점을 고려하여, 이 글에서는 필자의 책임 아래 원전의 뜻을 가장 잘 전한다고 판단되는 것을 그때그때 선택하기로 한다.

6 Aristotle 지음, 김재홍 옮김, 『시학』, 고려대학교 출판부, 1998, p. 46.

> 비극이 보통 이상의 인간을 모방하는 것이기에 우리는 나름대로 인간의 뚜렷한 모습을 재창조하면서 동시에 유사성을 잃지 않고 실제 인물보다 더 멋있게 만들어내는 선량한 초상화가의 수법을 배워야 한다. (『시학』 제15장)[7]

비극의 인물들은(특히 주인공들은) '보통 이상의' '훌륭한 인간'이어야 한다는 것이다. 조금 더 살펴보자.

> 주인공의 운명의 변화는 불행에서 행복으로가 아니고 그와는 반대로 행복으로부터 불행으로의 변화라야 한다. 그리고 그 원인은 어떤 타락이나 부패에 있는 것이 아니고 주인공 자신의 어떤 큰 과오에 있어야 한다. 그것은 주인공이 위에 말한 바와 같거나 그보다 훌륭해야 할 것이지, 그보다 나쁜 인물이 되어서는 안 되기 때문이다.[8]

이것은 서사구조와 인물의 성격이 어떻게 관계되는가에 대한 중요한 언급이다. 주인공은 행복에서 불행으로 하락하는데—상승에서 하강으로의 구조, 프라이도 지적하고 있듯이 이것은 비극에 대한 가장 원초적인 정의이기도 하다[9]—그 원인은 주인공의 도덕적 결점에 있어서는 안 되고, 인간이라면 누구나 지니고 있는 약점으로 인한 과오여야 한다는 것이다. 이것은 주인공이 언제나 일정한 도덕적 기준을 충족하고 있어야 한다는 것이다. 여러 논자들이 비극의 주인공이 지닌 고귀한 신분에 주목했지만, 시대를 초월하여 의미 있는 것은 도덕적 고귀함이다.

---

7 Aristotle 지음, 김재홍 옮김, 『시학』, 고려대학교 출판부, 1998, p. 97.

8 L. Clifford, 문상득 옮김, 『비극』, 서울대학교 출판부, 1985, p. 2.

9 N. Frye, 임철규 역, 『비평의 해부』, 한길사, 1982.

그런데 이것은 결국 '운명'의 문제로 넘어간다. 주인공의 과오라는 것이 어떤 잘못 때문이 아니라 대개 어찌할 수 없는 인간의 한계로 인한 것이어서 과오라기보다는 불행에 가까운 것이기 때문이다. 예컨대 오이디푸스의 과오는 그가 어찌할 수 없는 운명적인 것이었다. 그럼에도 그는 스스로 눈을 뽑을 정도로 (도덕적 판단의 근간이 동기에 있다고 할 때) 도덕적으로는 고결한 인물이다. 운명은 여러 모습으로 나타나는데 그 공통적 특질은 인간으로서는 어찌할 수 없는 거대한 힘을 지닌다는 것이다. 하르트만은 비극과 숭고의 관계에 주목하면서 숭고는 우리가 거리를 두고 관망하기에는 너무 큰 자연력이나 미적으로 관조하기에는 너무나 가까운 인간의 벅찬 운명 등, 엄청나게 위대하거나 혹은 우월한 곳에서 발견된다고 했다.[10] '비극'은 '운명'과의 관계에서 사유해야 한다. 비극적 인간이 싸우는 '영원한 것, 불멸하는 것'은 결국 '운명'이다. 그리고 이 운명은 인간이 육체를 가진 유한한 존재이기 때문에 피해갈 수 없는 것이다. 비극적 운명은 인간의 육체 위에 현현한다.[11] 이 때문에 가장 전형적인 비극적 사건은 인간의 죽음이 된다.

이제 '비극'의 일반적이고 미학적인 특성들을 정리해보자. 이것은 비극이 되기 위한 기본적인 조건이 되기도 한다.

① 비극의 주인공은 행복에서 불행으로 하락한다(하강의 서사구조).
② 비극의 주인공은 평범한 보통의 사람들보다 우월하다(인물의 우월성).

10 N. Hartmann, 전원재 옮김, 『미학』, 을유문화사, 1995, pp. 407~461.

11 따라서 신이라고 해도 인간을 닮은 육체를 가지고 있다면 언제나 비극의 주인공이 될 수 있다. 「바리데기」, 「당금애기」와 같은 우리 서사무가들이 비극성을 띠는 것도 이들이 신이 되기 전 인간의 삶을 주로 다루기 때문이다.

③ 비극의 주인공이 행복에서 불행으로 추락하는 것은 결국 운명적인 것이다(운명성).

④ 진지하고, 연민과 공포를 자아내며, 그와 같은 정서의 카타르시스를 이룩할 수 있다(정서의 심화와 그로 인한 어떤 심미적 효과).

'비극'이라는 개념은 『시학』에서 출발했고, 동서양 대부분의 연구자들이 이것을 인정한 기반 위에서 비극을 논하고 있다. 따라서 비극문학이라면 이 네 가지 특성을 구비하고 있어야 하며, 적어도 이 네 가지 특성들에 기반하여 비극문학을 논의해야 문화권을 넘어 보편적인 소통이 가능할 것이라고 생각된다. 이렇게 보면, 비극문학은 '보통사람보다 우월한 주인공이 피할 수 없는 어떤 운명에 의하여 행복으로부터 불행으로 떨어지는 진지한 이야기로, 연민과 공포를 통해 강력한 정서적 · 심미적 효과를 불러일으키는 문학'이다.

2. 비극의 미학적 보편성: 자아와 세계의 이원성

서양비극은 그리스 비극을 출발점으로 영웅적인 인물을 내세운 작품들이 주류를 이루었다. 따라서 서양비극의 중심은 영웅비극-운명비극에 있다고 할 수 있다. 이에 비해 한국비극소설은 「운영전」(雲英傳)과 같은 높은 수준의 비극작품을 낳은 애정소설(愛情小說)에 비해 영웅적인 인물을 다룬 것은 작품의 수나 수준에 있어서 내세울 만한 것이 적어 보인다. 이렇게 된 것은 물론 첫째로 지금 우리가 지닌 서양적 비극관과 당대 작가들이 지닌 비극관이—조금 더 넓혀 말하면 그 기반이 되는 인생관 혹은 철학이— 달랐기 때문이다. 따라서 우리 비극문학을 제대로 이해하기 위해서는 지금 우리가 지닌 기준인 서양비극 옆에 우리 작품들을 세워놓고 키 재기를 하기보다는 그 이면의 차이가 지닌 역사적이고 미학적인 의미를 읽어내야 할 것이다. 하지만 차이를 알기 위해서라도 우선 서양에서 논의되는 비극에 대한 지식이 필요하다. 비극의 경우 이 용어가 서양의 문예적 전통에서 형성·발전되었기에 더욱 그러하다. 우리가 우리 작품을 '비극적'이라고 할 때에도 그것은 단지 '슬프다'거나 '비참하다'는 것과 다르며, 심지어 미학적으로는 매우 깊이 관련되어 있지만 '비장(悲壯)하다'는 것과도 꼭 같을 수는 없다. 따라서 여기서는 한국의 비극문학을 염두에 두면서 서양에서 논의되는 비극성에 대해 살펴보기로 한다.

비극을 가장 엄밀하게 정의한다면, 전술했듯이, 그것은 하나의 역사적 장르인 그리스 비극을 가리킨다. 그리고 그리스 비극을 토대로 가장 먼저 비극을 연구하고 지금까지도 비극이라는 개념의 기반을 이루는 이론을 전개한 사람이 아리스토텔레스이다. 이 때문에 필자는 앞에서 그의 『시학』(詩學)을 중심으로 비극 개념의 보편성과 한계를 가늠하고 일반적으로 수용될 수 있는 네 가지 조건을 제시했다. 그것은 ① 하강의 서사구조, ② 인물의 우월성, ③ 운명성, ④ 정서의 심화와 그로 인한 어떤 심미적 효과(카타르시스)로 요약된다. 이것은 『시학』의 논의를 상당히 일반화한 것으로 이 같은 특징들은 한국의 영웅좌절담류 서사문학에서도 발견된다. 하지만 각론에 들어가면 차이가 부각될 수밖에 없다. 그런데 이 차이는 서양과 동양뿐 아니라, 그리스 비극과 셰익스피어 시대의 영국 비극, 그리고 한국문학 안에서도 상층문학과 하층문학에서 광범위하게 드러난다. 한국의 비극문학이라고 해도 서로 큰 차이를 지녀서 한 번에 규명하기가 어렵다는 것이다. 특히 논란의 여지가 많은 것은 ④로, 카타르시스를 '어떤' 심미적 효과라고 한 것은 논의를 시작하기도 전에 논란에 휩싸이는 것을 방지하고자 한 것이다. 여기서는 이 ④를 중심으로 나머지를 셋을 포괄하면서 근대 이후의 논의와 그리스인들의 인식이 지니는 관계를 살펴 비극성에 대한 이해를 심화하는 데 목적을 두기로 한다.

비극을 비극으로 만드는 가장 기본적인 조건은 형식적인 면에서는 불행한 결과, 즉 하강(下降)의 서사구조였다. 받아들이기 어려운 어떤 참담한 결과가 없다면 비극은 성립하기 어렵다. 숭고한 인물의 죽음이 그 전형적(典型的)인 것이다. 그런데 이 결과 안에 사실은 과정이 들어 있다. 어떤 결과를 불행하고 참담하다고 느끼는 것은 그 결과를 납득하고 수용할 수 없는 까닭이다. 비열하고 악한 인물이 불행에 처해질 때 우리는 비극성을 느끼지 않는다. 그것은 당연하고 정당한 일로 납득된다. 그래서 불행에 처해지는 사람은 어떤 의미에서든지 위대해야 한다. 이것이 '인물의 우월성'이다. 왜 아무런 잘못도 없고 정당하고 고상한 성품과 목적을 지닌 이 사람이 이렇게 어처구니없이 죽어야만 하는가? 그런데 이 받아들이기 어려운 결과는 현실에서도 흔히 발견된다. 비극은 이러한 현실을 매우 진지하게 반영한다. 단지 반영할 뿐 아니라 이러한 부조리(不條理)에 정면으로 포커스를 맞추고 심지어 과장(誇張)하기까지 한다. 그리고 '연민과 공포를 자아내는' 이 같은 부조리한 상황을 간접 경험함으로써 '그와 같은 정서의 카타르시스를 이룩할 수 있다'고 주장한다. 여기에 비극의 미학적 본질이 있다. 인간이 처해 있는 부조리한 운명을 자각(自覺)하고 이를 직시(直視)함으로써 어떤 심미적 효과—카타르시스를 얻는다.

부조리한 운명을 자각하고 받아들이는 것, 쇼펜하우어(Arthur Schopenhauer, 1788~1860)는 이것을 일종의 체념으로 보았지만, 니체(Friedrich Wilhelm Nietzsche, 1844~1900)는 여기에서 아주 멀리 나아갔다. 다음은 니체가 인용하고 있는 쇼펜하우어의 비극에 대한 언급이다.

> 모든 비극적인 것에 마음을 고양시키고 독특한 비약력을 주는 것은 다음과 같은 깨달음을 얻는 데 있다. 즉 세계와 인생은 어떠한 참된 만족도 줄 수 없다는 것. 따라서 세계와 인생은 우리들이 집착할 만한 것이 못 된다는 것이다. 여기에 비극적 정신이 있다. 그러기에 비극적 정신은 체념과도 통한다.[12]

여기에 대해 니체는 "디오니소스(비극정신)가 나에게 말한 것은 얼마나 다른 것이었던가! 오오, 바로 모든 체념주의 자체야말로 당시의 나에게 얼마나 인연이 먼 것이었던가!" 하고 강력하게 부정한다.[13] 이러한 부정 위에서 그는 모든 낭만주의와 형이상학을 버리고 비관적 현실과 맞서는 초인—또는 괴물—의 자세를 지향한다.

> 너희들은 먼저 차안의 위로인 예술을 배워야 할 것이다. 나의 젊은 친구들이여! 어디까지나 비관주의자로 머물기를 원한다면 너희들은 웃는 것을 배워야 할 것이다.
>
> 그렇게 되면 너희들은 언젠가는 웃는 자로써 모든 형이상학적 위로를 악마에게로 주게 될 것이다—형이상학을 제일 먼저!
>
> 혹은 '차라투스트라'라고 불리는 저 디오니소스적인 괴물의 말을 빌어 말하면,
>
> "나의 형제들이여, 너희들의 가슴을 펴려무나. 높게, 더욱 높게! 그리고 두 다리 또한 잊지 말지어다! 너희들 훌륭한 무용자들이여! 너희들의 발을

12 F. Nietzsche, 곽복록 옮김, 『비극의 기원』, 범우사, 1995, p. 27.

13 F. Nietzsche, 곽복록 옮김, 『비극의 기원』, 범우사, 1995, p. 27.

치켜 올리려무나. 그리고 물구나무를 선다면 더욱 좋으리라!"[14]

여기에서 차라투스트라는 신을 넘어선다. 신은 개인이 어찌할 수 없는 냉혹한 현실, 운명을 의미한다. 그리하여 디오니소스적인 것과 아폴론적인 것의 결합으로 운명애(運命愛, amor fati)에 이른다. 이것은 운명의 극복이며 또한 체념의 극복이다. 니체가 디오니소스에게 들은 비극의 비밀, 비극의 진정한 의미는 비극이 지향하는 것이 부조리한 운명에 대한 굴복이 아니라 저항이며 정복이라는 것이다.

그리고 이것은 야스퍼스(Karl Theodor Jaspers, 1883~1969)에게 있어서 카타르시스와 직접 관련되면서 미학적인 문제로 전환된다. 그에 의하면 카타르시스는 '어쨌든' '인간이 자기존재에 접하는 사건'이다.[15] 그런데 인간이 자기존재(自己存在)에 접한다는 것은 무엇을 의미하는가? 그것은 인간의 한계, 부조리한 운명과 마주하는 것이다. 야스퍼스는 "존재가 죄악이다. 포괄적 의미에서 죄악은 존재 그 자체와 동일하다"고 선언한다.[16] 이 같은 선언은 물론 그리스로부터 거듭된 서양철학의 한 핵심이다. 니체가 말한 것처럼 그리스 사람들은 '존재한다는 것의 공포와 전율'을 안다고 느꼈다. 그리고 이 같은 앎은 키르케고르와 실존주의자들에게로 이어졌다. 하지만 이 앎은 비극의 전제를 안 것이지, 진정한 깨달음에 이른 것은 아니다. 야스퍼스는 비극에서 다음과 같은 역설을 발견한다. '승리는 싸움에서 이긴 자의 것이 아니라 패한 자의 것이다. 실패를 견뎌낼 때 패배자는 승리하고 있는 것이다.'[17] 이것은 스토아학파의 사유

14 F. Nietzsche, 곽복록 옮김, 『비극의 기원』, 범우사, 1995, p. 30.

15 K. Jaspers, 황문수 옮김, 『비극론 · 인간론』, 범우사, 1999, p. 32.

16 송옥 등, 『비극과 희극, 그 의미와 형식』, 고려대학교 출판부, 1995, p. 47.

17 송옥 등, 『비극과 희극, 그 의미와 형식』, 고려대학교 출판부, 1995, p. 45.

와 맥락을 같이한다. 비극의 요소에 관한 야스퍼스의 관찰은 다음과 같이 이어진다. 비극은 보편적인 것—세상의 질서·법칙·영원—이 이에 저항하는 인간의 위대함을 무너뜨리는 것이다. 하지만 사실은 아무것도 승리하지 못한다. 보편적인 것도 초월적인 존재—신·자연—에 비해서는 상대적이다. 하지만 초월적인 존재도 승리하지 않는다. 지배하거나 굴복하지 않고 단지 존재할 뿐이기 때문이다. 승리와 실패에서 해결책을 얻어가는 과정에서 새로운 역사적 질서가 탄생하며 시간이 바뀌면 덧없는 것이 된다. 비극시인은 이 승리와 실패, 그리고 그들의 해결책으로부터 이끌어낸 내용에 의해 서열이 정해진다.[18]

일정한 차이에도 불구하고 서양에서 비극성이란 분명한 한계를 지닌 인간이라는 존재가 보편적인 것에 맞서 좌절하는 과정을 간접 경험함으로써 존재론적 한계 속에 서 있는 자신의 운명과 마주하며, 이를 통해 그 한계를 극복하는 어떤 깨달음을 얻는 데 있다. 카타르시스는 결국 이러한 깨달음에 이를 때 나타나는 심미체험이다.

그러나 서양비극이 언제나 이와 같은 보편적 깨달음에 이르는 것은 아니다. 여기에는 신 혹은 자연을 넘어서고자 하는 그들의 욕망이 작용한다. 그리고 넘어설 수 있을 때 그것은 이미 지배하거나 굴복하지 않고 단지 존재할 뿐인 그런 초월자가 아니다.

지금까지 우리는 비극을 설명하는 데 필요한 몇 가지 개념들을 지나왔다. 그것을 몇 개의 용어로 정리하면 다음과 같다. 먼저 비극문학에는 '비극적 세계상'이 드러난다. 비극적 세계상이란 결정적인 책임이 없는데도 세계와의 불화 속에서 좌절하는 인간으로 형상화된다. 하지만 비극적 세계상이 있다고 모두 비극이라고 할 수는 없고 이 비극적 세계상에

18 송옥 등, 『비극과 희극, 그 의미와 형식』, 고려대학교 출판부, 1995, pp. 45~46에서 요약.

의해 '비극적 세계관'이 환기되어야 한다. 비극적 세계관이란 비극적 세계상을 인식하는 사유구조를 말한다. 자아의 욕망이 언제나 세계(전체)와 일치할 수는 없다는 이원성에 대한 인식에서 출발해 자아와 세계의 불화는 결국 자아의 좌절로 귀결될 수밖에 없다는 것을 알고 그러한 현실을 인정하는 것이다. 이러한 비극적 세계관은 체념을 통해 염세주의로 갈 수도 있고, 극복을 통한 달관으로 움직일 수도 있다. 체념이 아니라 극복으로 가기 위해 인간은 필연적으로 체념과 싸워야 하며 그러기 위해 우리는 세계에 맞선 주인공의 노력이, 좌절에도 불구하고 의미 있다고 해야 한다. 비극적 세계상에 맞서는 주인공과 체념에 맞서는 수용자의 의지가 곧 비극정신이다. 따라서 비극정신은 운명에 대한 저항 의지를 포함한다. 이 저항을 통해 운명에 대한 수용과 저항을 통합함으로써 '비극적 깨달음' 혹은 '비극적 앎'에 이를 수 있다. 오이디푸스는 운명에 저항했기에 고귀하고 결국 그를 받아들였기에 거룩하다. 하지만 이 비극적 깨달음은 대단히 추상적이어서 체화되기 전까지는 관념 혹은 느낌일 뿐이다. 아리스토텔레스가 스승과는 달리 시인의 역할에 관심을 가진 것은 이 깨달음의 체화에 예술, 특히 비극이 큰 역할을 할 수 있다고 여겼기 때문이다. 또 이 깨달음은 오직 하나의 길만 있는 것은 아니며, 체화의 방식과 수준도 다양할 수가 있다. 여기서 저마다 다른 여러 양상의 비극이 가능해진다.

3. 한국적 사유의 특수성: 물화(物化)와 정(情)

우리는 서양식 근대가 보편화된 시대를 살아가고 있다. 그리고 우리는 이 현재로부터 과거를 본다. 우리는 21세기 한국인의 시각으로 고대, 중세의 비극문학을 볼 수밖에 없다. 게다가 비극은 나와 세계에 대한 사유를 형상화하는 대단히 철학적인 문학양식이다. 따라서 한국비극문학의 특수성을 살펴보기 위해 먼저 우리 안에 보편화된 서양을 재인식할 필요가 있다. 그래야 이와는 다른 우리 내면의 모습이 보일 것이다. 다음에는 훨씬 오래전부터 우리 속에 녹아 우리의 것이 된 동아시아적 보편사유를 재인식하고, 그러고 나서야 그러한 공통기반 안에서도 다른 동아시아 문화단위—민족·지역 등으로 구분되는—와는 달리 우리에게 더욱 두드러진 어떤 모습을 찾아낼 수 있을 것이다.

여기에서는 먼저 우리가 무의식 속에 받아들이고 있는 서양적 사유의 보편화 양상을 살펴보면서 그 본질에 접근해보겠다. 이 수용양상에 대한 이해가 있어야 서양적 사유의 본질, 특히 한국적 사유와의 차이에 대해 수긍할 수 있을 것이다. 이 서양적 사유는 우리에게 이미 완전히 우리의 것이며 심지어 다음에 제시될 동아시아적 사유보다도 더 우리의 것이 되었기 때문이다.

다음으로 우리가 쉽게 인식할 수는 없지만 우리 문화 속에 뿌리박은 동아시아적이고 한국적인 사유체계가 서양적 사유와 어떻게 다른 것인지 고찰하고자 한다. 이것은 앞에서 살펴본 비극의 보편성과는 달리 서양비극과 한국비극의 차이를 만들어내는 요인을 밝히고자 하는 것이다. 이 차이는 실로 적지 않지만 우리, 현대의 한국인들은 이 두 가지 사유를 모두 내면화하고 있다. 차이에도 불구하고 우리가 서양적 사유를 받아들일 수밖에 없는 이유와 과정이 있었기 때문이다.

이 장의 마지막 작업으로 서사무가를 통해 앞 항에서 고찰한 동아시아적 사유의 한국적 형상화 양상을 살펴볼 것이다. 이 절에서 무가를 다루는 이유는 무가 작품들이 비극이어서가 아니다. 이 작품들을 통해 비극

연구를 위해 필요한 한국인의 세계 인식과 그 태도를 살피고자 하는 것이다. 무속신의 형상 속에 내재된 한국적인 비극정신—비극적 세계관을 인식하면서 이에 저항하고 이를 넘어서고자 한다는 의미에서—을 확인하는 것은 이후 다양한 유형의 한국비극을 이해하는 중요한 기초가 될 것이다.

여기에서 서양의 비극론이나 『주역』과 같은 철학적 이론이 아니라 기층구전물인 서사무가를 텍스트로 한 것은 한국비극문학에서 양반 지식인 이상의 중요한 역할을 한 한국 민중의 사유를 고찰하는 데 가장 적합한 자료이기 때문이다. 양반들이 동아시아적 보편사유를 나름대로 심화하면서도 그다지 변형하거나 왜곡하지 않은 것은 그들이 보편문어인 한자에 대한 높은 식견을 지니고 있었기 때문이다. 반면에 한국적인 변형이 있었다면 그것은 기층민중의 문화를 통해 일어났을 것이다. 이들은 양반 지식인들을 압도하는 다수이기도 하다. 이들은 철학적 논변이 아니라 그들의 생활이나 종교적 신념을 통해 자신들의 사유를 표현했다. 종교는 사유의 정화이다. 이 때문에 한국인의 정체성을 밝혀내기 위해서 한국무속에 주목해야 한다는 주장이 나오기도 했다.[19]

1) 보편화된 다위니즘

(1) 다위니즘의 속류화: 강한 것은 아름다워

1980년대 초 한국만화사에는 공전(空前)의 히트를 기록한 기념비적인 작품이 하나 등장한다. 『공포의 외인구단』이 그것이다.[20] 수많은 사람이

---

19 탁석산, 『한국의 정체성』, 책세상, 2000. 이 같은 주장은 과거 문학・예술 분야에서 여러 차례 주장되어왔는데, 이 책도 언어와 함께 무속에서 한국의 정체성을 찾을 가능성을 제기한다.

20 이현세, 「공포의 외인구단」, 1983. 이 만화는 당시의 관례대로 대본소 만화로 출간되었으나, 지금도 서점에서 팔리고 있다.

읽었을 뿐만 아니라 결국 영화로 만들어지기까지 했다.[21] 한국만화 최초의 블록버스트라는 수식이 어색하지 않다. 이 만화는 재능이 없어 온갖 천시와 모멸 속에 살아가던 인물들이 혹독한 훈련을 거쳐 최강의 야구선수로 재탄생하여 무적의 신화를 창조한다는 줄거리에, 사랑에 목숨을 거는 주인공의 극단적 행동이 예측 불가능한 변수로 작용하고 있다.

대중문화에도 이념이 있다. 아니 대중문화야말로 가장 이념적인 것일지도 모른다. 그런데 이 대중문화에서 가장 오래된 이념이 바로 사랑과 힘의 절대성이다. 『공포의 외인구단』은 이 두 이념을 극단화하고 그 사이의 갈등을 통해 지속적인 서사적 긴장감을 창출하는 매우 뛰어난 통속물이다. 선수들은 감독의 혹독한 훈련에 증오를 느끼면서도 '강한 자가 모든 것을 지배한다'는 그의 신념에 동화되어간다. 아니 그들은 경험을 통해 이 명제의 참됨을 이미 알고 있었던 것이다.

이것은 서세동점(西勢東漸)의 엄중한 시기에 동아시아인들이 다위니즘을 받아들인 과정과 일치한다. 그리고 우울하게도 그 내용마저도 동일하다. 탈아입구(脫亞入歐)를 내걸고 재빨리 서양식 군비를 갖춘 일본을 제외하고 한국과 중국을 포함한 동아시아, 아니 유럽과 미국을 제외한 대부분의 지역이 열강의 식민지로 전락해가면서 오랜 역사 속에 이어져온 가치관을 송두리째 버려야 했다. 그리고 그 빈자리를 '적자생존'(適者生存)의 다위니즘으로 채웠다. '적자만이 생존한다'는 명제는 곧 '생존하는 것이 적자이다'로 변질된다. 그리고 적자란 결국 경쟁에서 승리한 자를 의미하게 된다. 경쟁에서 이기기 위해서는 강해야 한다. 적자는 곧 강자이며, 옳은 자이다. 이제 약하다는 것은 부끄러운 것이 된다. 그래서 식민지에

21 이장호 감독, 안성기·최재성·이보희 주연의 이 영화는 만화 출간 후 3년 만인 1986년에 만들어져 당시로서는 대단한 성공을 거두어, 속편이 제작되기도 했다.

서 태어난 사람들은 부끄러움을 안고 살아야 했다. 이 부끄러움을 씻는 길은 오직 강해지는 것밖에 없다.

그리고 오랜 시간이 지나 그 식민지들은 대부분 독립했다. 그러나 '약한 것은 부끄럽고, 강한 것이 옳은 것'이라는 생각은 더욱 강해졌다. 영화 「공포의 외인구단」의 주제가, 「강한 것은 아름다워」는 전 세계 모든 통속서사의 주제가이기도 하다. 그 성지는 할리우드이다. 할리우드의 영화들은 '사랑'과 '가족'을 표제로 내걸고 '강한 것은 아름답다'고 외친다. 주인공은 강한 미국의 강한 아빠, 강한 애인, 강한 남편들이다. 그러나 영화의 바깥에는 부끄러움을 안고 사는 약한 아빠, 약한 애인, 약한 남편 그리고 약한 나라의 백성들이 있다.

(2) 신채호, 제국주의를 긍정하다

20세기 초 조선에는 부끄러운 나라의 백성 신채호(申采浩, 1880~1936)가 있었다. 그는 한학자(漢學者)에서 엘리트주의적인 민족주의를 거쳐 무정부주의로 변화해간 사람으로 이해된다. 신채호는 평생을 반제국주의, 반봉건의 기치를 들고 나아가야 했다. 그리고 이것은 철저한 부정의 과제였다. 전자가 외세(外勢)에 대한 부정이라면, 후자는 바로 자신에 대한 부정이다. 그런 만큼 이 두 과제는 상호 모순되어 보이기도 한다. 외세에 대한 부정은 그 기반으로 자기에 대한 긍정을 필요로 한다. 한편 자기에 대한 부정도 그 대안을 요구한다.

외침(外侵)에 맞서 유학자들은 더 강한 쇄국을 요구했고, 일부는 자결로 맞서기도 했다. 그들은 아직 스스로를 부정하지 않아도 되었기에 행복했다고 할 것이다. 신채호는 그러지 못했다. 그는 전통적인 한학 교육을 받고 성균관 박사에 이른 유학자이자 한학자였다. 당대의 현실에 대해 비분강개(悲憤慷慨)하기는 「절명시」(絶命詩)를 지은 황현(黃玹, 1855~

1910)과 다름이 없었다. 그러나 그는 1900년을 전후한 외세의 침탈 과정을 지켜보며, 황실과 조정대신들의 무능을 뼈저리게 느껴야 했다. 이 때문에 그는 철저한 반외세사상과 함께 철저한 자기부정으로서의 반봉건 사상을 지니게 된다. 신채호 사상의 전개 과정은 이 두 가지, 반제국주의와 반봉건의 과업을 통합하여 실현하려는 불굴의 의지 없이는 설명되지 않는다.

한학자이면서 애국계몽운동가로 20대를 시작한 신채호는 조정대신들의 매국적 행위에 분노하면서 교육과 언론운동에 뛰어들게 되고, 자신이 지닌 원칙을 결코 양보하지 않는 비타협적이고 전투적인 삶을 살아가게 된다. 시대적 과업에 대한 투철한 인식과 전사적인 기질, 이 두 가지는 결코 별개의 것이 아니다. 역사를 대아(大我)와 소아(小我), 혹은 아(我)와 비아(非我)의 투쟁으로 파악하는 단재사관의 뿌리가 여기일 것이기 때문이다.

1908년 5월, 광학서포에서 펴낸 「을지문덕」은 신채호 사상이 지닌 전체상을 보여주는 비교적 초기의 작품이다. 여기서 신채호는 중세의 선비·학자들을 다음과 같이 비판한다.

> 아아! 아깝다. 수백 년 오활한 선비의 손으로 붓을 뽑아 '무공은 문치만 못하다'며 마구잡이로 휘갈기고, 몇 십대 조정의 무능한 신하들은 혓바닥을 놀려 '어진 이는 작은 나라로 큰 나라를 섬기는 법'이라고 제멋대로 떠벌렸다.[22]

문(文)을 앞세워 무(武)를 억눌렀다는 것과 사대주의(事大主義)가 신채호가 우리 중세를 비판하는 출발점이다. 따라서 이 작품은 결국 을지문덕

22 신채호, 송재소 편저, 「을지문덕」, 『꿈하늘』, 동광출판사, 1990, p. 173. 이 책은 철자법 정도만 바꾸었을 뿐 원작을 거의 손상 없이 옮긴 것이어서 가독성 등을 감안해 이 책에서 인용하기로 한다.

의 혁혁한 전공을 살피고 밝혀, 우리 민족의 자부심을 북돋우고, 상무(尙武)의 기풍을 진작하며, 사대주의를 끊고 주체성을 회복하자는 의도에서 쓰여진 것이다. 이 같은 의도는 작품의 곳곳에서 선명하게 드러나기 때문에 중언부언(重言復言)할 이유가 없을 것이다.

그런데 이렇게 '무 또는 힘'을 숭상하는 신채호의 인식은 당대 개화파 학자들에게 널리 알려진 '사회진화론', 즉 다위니즘의 영향 하에 생성된 것이다. 그러나 제국주의 세력과 정직한 전쟁을 해서 이길 수 있는 상황은 아니다. 이 같은 사실과 을지문덕의 천변만화(千變萬化)하는 계교에 대한 칭송은 관련이 있다.

> 아아! 이 때 우중문 등이 "족함을 알아 그만둘 것"을 원했던들 공이 그것을 허락하였으랴? 영웅은 사람을 잘 속인다는 말이 역시 빈말이 아닌 것이다.[23]

> 당당한 충신이 홀연 또 거짓 반신이 되어 현신하고, 쩡쩡한 명장이 홀연 또 거짓 패장이 되어 현신하며, 순식간에 나타났다 어느 결에 사라지며, 숨었다 나타났다 멀어졌다 가까워졌다 일어났다 엎드렸다 하니 저 의기양양하게 요동에 나왔던 적국의 임금과 신하가 일시에 자유를 잃고 을지문덕의 술수에 좌지우지되고 말았다.[24]

이 같은 생각은 신채호의 평생을 통해 실천되었다. 그는 언제나 무력투쟁을 지지하고 적극 실천하는 입장에 섰으며, 암살 · 폭파 · 화폐위조와 같은 극단적인 방법도 마다하지 않았다. 민족적 승리라는 목표를 위한 모든 수단을 정당화한 것이다. 그는 여기에서도 멈추지 않았다.

---

23 신채호, 송재소 편저, 「을지문덕」, 『꿈하늘』, 동광출판사, 1990, p. 193.

24 신채호, 송재소 편저, 「을지문덕」, 『꿈하늘』, 동광출판사, 1990, p. 194.

그런 까닭에 을지문덕주의는 적이 커도 나는 반드시 나아가고 적이 강하여도 나는 반드시 나아가며 적이 정예하든지 용감하든지 나는 반드시 나아가는 것이니, 한 발짝을 물러나면 땀이 등을 적시고 한 오라기를 양보하면 피가 가슴속에 들끓는다. 이것으로 자신을 다그치고 이것으로 동료를 북돋우며 이것으로 온 국민을 일떠세워, 사는 것도 조선 때문이요, 죽는 것도 조선 때문이며 한번 숨을 쉬고 한 끼 밥을 먹는 것도 조선 때문에 한 결과 여진 부락이 모두 우리의 식민지가 되었고 중국의 천자를 거의 우리 손으로 사로잡을 뻔했던 것이었으니, 아아! 땅덩이가 넓다 해도 그 나라가 큰 것이 아니다. 군사와 백성이 많다 해도 그 나라가 강한 것이 아니다. 오로지 자강자대하는 자가 있으면 그 나라는 강대해지기 마련이니, 현명하다. 을지문덕주의여. 을지문덕주의는 무슨 주의인가? 이는 곧 제국주의이다.[25]

신채호는 '현명하다. 제국주의여'라고 말한 것이다. 그가 아직 제국주의의 개념을 정확히 알지 못했다고 하더라도 놀라운 말이다. 위의 문장만으로 본다면 신채호는 제국주의를 긍정하고 칭송했다고 할 수 있다. 그렇다면 제국주의 침탈에 대한 그의 맹렬한 증오는 또 어떻게 된 것인가? 이에 대한 설명은 이때 신채호가 이미 '아와 비아의 투쟁'으로 역사를 이해하고 있었음을 인정해야 가능하다. 역사가 어차피 나와 적의 투쟁일 뿐이므로, 일본이든 러시아든 그것이 나의 적일 때는 그것만으로 맹렬하게 증오할 수 있는 것이다. 다위니즘이 만든 모순이다. 물론 신채호가 이런 증오에 끝내 안주한 것은 아니다. 그는 크로포트킨(Peter Kropotkin, 1842~1921)의 무정부주의적 상호부조설을 통해 다위니즘을 극복할 때까지 끊임없이 사상을 갱신해나갔다.[26] 그러나 한때나마 약소국의 한학자

25 신채호, 송재소 편저, 「을지문덕」, 『꿈하늘』, 동광출판사, 1990, p. 186.

신채호로 하여금 기꺼이 제국주의를 찬양하게 한 다위니즘의 설득력은 다른 어디에 있었던 것이 아니라 핍박받는 민족의 현실이었다. 그러므로 신채호가 무장투쟁을 향해 진군한 뒤에도 대부분의 민족주의자들이 준비론에 안주한 것은 외인구단의 선수들이 감독을 미워하면서도 그의 논리에 설득당한 것처럼 일본처럼 되는 것 외에는 다른 길이 보이지 않았던 것이다.[27]

군사력과 물질문명을 앞세운 제국주의의 침탈에 맞서면서 힘을 길러 독립하자는 절대 과업에 이의를 제기할 수 없었던 우리 조상들은 아(我)와 비아(非我)의 대결을 운명으로 받아들이는 서양의 이원적 세계관을 받아들여야 했다. 그리스 비극에 나타난 주제는 말하자면 결코 이길 수 없는 운명이라는 것을 이길 수 있는 유일한 길을 탐색하는 것이었다. 비극이 강조하는 운명애는 니체의 말처럼 체념이나 순응이 아니라—물론 개별적으로는 많은 작품에서 그렇게 나타나는 것처럼 보이기도 하지만—그것에서 가장 먼 어떤 것이다. 그것은 피할 수 없음을 인정해야만 그것과 싸울 수 있다는 깨달음이었던 것이다. 죽지 않을 수는 없지만, 죽음의 운명 앞에서도 의연하게 자신의 위엄을 지킬 수 있는 힘을 그들은 갈구했다. 그것을 위해 그들은 운명과의 대결도 피하려고 하지 않았다.

이런 힘, 굳건함에 대한 절대적인 찬양은 통속적이고 대중적인 문화를

26 신채호의 무정부주의 사상에 대해서는 신일철의 『신채호의 역사사상 연구』(고려대학교 출판부, 1983, p. 173)와 신용하의 「신채호의 무정부주의 독립사상」(『신채호』, 고려대학교 출판부, 1990, pp. 80~144) 등을 참조할 것.

27 준비론 및 그 다위니즘적 성격에 대해서는 배용일의 「朴殷植과 申采浩 思想의 비교연구」(성신여자대학교 박사학위논문, 1997), 한점돌의 『한국근대소설의 정신사적 이해』(국학자료원, 1993), 양문규의 「1910년대 한국 소설 연구: 사회사적 관련 양상을 중심으로」(연세대학교 박사학위논문, 1991), 김경미의 「1910년대 이광수 문학에 나타난 '준비론'의 양가성」(『어문학』 86호, 한국어문학회, 2004) 등을 참조.

통해 우리들의 사유 곳곳을 휩쓸었다. 하지만 우리의 서사무가는 이 문제에 대해 전혀 다른 질문을 제기한다.

"왜 운명과 싸워야만 하는가? 운명이 왜 나의 적인가?"

서양비극론의 관점에서 이 질문은 대답할 수 없는 것이다. 오히려 이 질문은 다음과 같이 돌아오게 된다.

"어떻게 운명과 싸우지 않을 수 있는가? 싸우지 않고도 넘어설 수 있는가? 싸우지 않아도 비극이 성립될 수 있는가?"

이 질문들에 답하기 위해 우리는 서양적 사유와 동아시아적 사유의 본질적인 차이에 주목해야 한다.

2) 동아시아적 특수성: 서양적 이원론을 넘어서는 동양적 원형사유

(1) 진화론과 이원적 세계관

하나의 전혀 새로운 세계관이 기존의 세계관을 밀어내고 이를 대체한다는 것은 거의 불가능에 가깝다. 사람들은 기존의 세계관 속에서 사유하고 이 세계관의 언어로 말한다. 그러므로 사실 세계관의 전변(全變)이란 존재하지 않으며, 부분적으로 새로운 어떤 사유가 기존의 세계관 사이로 비집고 들어가 오랜 시간에 걸쳐 주류로 자리 잡는 것만이 가능할 뿐이다.[28]

이런 점에서 진화론의 전파는 지동설과 함께 거의 예외적인 현상으로 보인다. 진화론은 인류가 받아들인 그 어떤 사상보다도 새로운 요소를 여러 가지 가지고 있었다. 그중에서도 가장 중요한 것은 인간 중심적 사유체계를 뒤흔든 부분이다. 다른 모든 동물과 마찬가지로 인간도 하등

---

28 쿤(T. Kuhn)은 이 같은 세계관의 교체 과정을 과학자 사회에 투영하여 과학관의 변화 과정을 패러다임 변화로 규정하고 이를 『과학혁명의 구조』(까치, 1999)에서 논증한 바 있다.

한 생물에서부터 진화해왔다는 것이다. 이 가능성은 그 가능성만으로도 큰 충격을 주기에 충분했다. 성서는 인간이 신으로부터 선택받은 이 세상의 지배자임을 분명히 하고 있다. 인간만이 신을 닮은, 신의 숨결을 부여받은 존재이다. 신약으로 넘어오면 이것은 더욱 자명해진다. 인간을 위해 신의 아드님이—그 자체로 신이기도 한—직접 인간의 몸으로 강림(降臨)해 모욕을 받고 죽어간다. 우주의 중심은 신이 아니라 인간이다. 그래서 인간이 신을 닮는 것이 아니라, 신이 인간을 닮는다. 인간이 신을 위해 사는 것이 아니라, 신이 인간을 위해 죽는다.

이 뿌리 깊은 인간중심주의는 서양적 사유의 한 축을 이룬다. 그리스 신화의 신들은 인간과 같은 부류이다. 그들은 더 많은 힘과 불사(不死)의 축복을 받았을 뿐이다. 그들은 인간의 눈으로 보기에 아름다운 몸과 강한 힘을 지니고, 인간과 똑같이 사랑하고 질투하고 분노하고 용서한다. 올림포스의 권좌가 정해지기까지 서로 싸우던 그들은 우주의 질서가 형성되고 인간이 등장하자 이제 온 신경을 인간사(人間事)에 기울인다. 최고의 지위에 있는 신, 제우스가 인간 여자의 사랑을 얻기 위해 수고를 마다하지 않으며, 인간들이 벌인 전쟁 때문에 신들의 패가 갈린다. 인간들이 사는 땅은 가만히 있는데 아폴론이 태양을 몰고 수고로이 하늘을 돈다. 오랫동안 믿어져온 천동설 역시 인간중심주의의 산물이다.

인간중심주의는 그러나 인간이 가장 위대하다는 것은 아니다. 인간은 약한 존재다. 인간들이 신을 부르고 복종하는 것은 스스로가 약한 존재임을 자각하기 때문이다. 거대한 세상의 힘 앞에서 인간은 하잘것없는 존재이다. 이로부터 인간은 두려움을 느낀다. 인간은 5분 뒤의 일조차 모른다. 나는 5분 안에 어떤 사소한 일이 발생하여 예기치 못한 죽음을 맞을 수도 있는 연약한 존재일 뿐이다. 인간사에 빈번한 불행한 사건들을 목격하면서 사람들은 '세상일이 참 내 뜻대로 되는 것이 아니구나' 하고 깨닫는다. 자아와 세계의 불화와 이 불화에서 빚어지는 자아의 필연적인 패배에 대한 인식, 이것이 비극적 세계관이다.[29]

인간중심주의와 비극적 세계관은 모두 아(我)와 비아(非我), 자아와 세계의 이원적 대립으로 세상을 사유하는 이원적 세계관을 기반으로 한다. 인간은 자신의 존재에 대한 두 가지 인식을 가진다. 하나는 내가 사유하고 욕망하는 중심으로서의 자아라는 것이고, 다른 하나는 나 역시 이 우주만물의 일부라는 것이다. 이것이 서양에서는 인간중심주의와 비극적 세계관으로 나타났지만 언제나 전자의 욕망이 강했다. 서양에서는 비극적 세계관조차 인간중심주의로 회귀한다.

다윈의 『진화론』은 적어도 두 가지 이상의 새로운 사유를 표명하고 있었지만, 그중에서 제대로 받아들여진 것은 '적자생존'과 관련된 일련의 패러다임뿐이다. 나머지 하나, 그러니까 인간도 다른 모든 생물종과 마찬가지로 원시적인 하등생물에서 오랜 시간을 거쳐 진화해왔다는 생각, 다시 말해 인간과 다른 생물종 사이의 근본적인 동질성에 대한 사유는 결코 받아들여지지 않았다. 진화했다고 해도 그것은 인간이 특별하고 또 가장 강한 존재였기 때문이다. 다위니즘은 인간중심주의라는 서양사유의 전통과 타협함으로써 널리 유포될 수 있었던 것이다.

(2) 비극성의 근원으로서 이원적 세계관과 동서양의 차이

이 글이 비극에 주목하는 이유는 비극정신이 바로 서양정신—이런

29 이 글에서 '자아'와 '세계'는 문맥에 따라 '나, 我, 자신, 자기'와 '운명, 신, 전체, 非我, 자연' 등으로 바꾸어 사용된다. 이것은 문맥 속에서 언급되는 사상·사유에서 사용되어온 관례를 따른 것인데, 그 사상적 배경에 따라 자아와 세계는 보다 대결적인 성격을 띠기도 하고, 보완적이고 동질적인 성격을 띠기도 한다. 이 의미의 차이를 무시할 수 없기 때문에 용어의 혼선을 감수하는 것이 더 나을 것이다.

것이 있다면—이며, 이것이 다위니즘의 뿌리이기 때문이다. 서양에서 비극은 그리스 문화의 정수로, 그 철학의 육화(肉化)로 여겨진다. 하지만 사실 세네카(Seneca, BC 4년경~AD 65년경) 시대 이후 비극은 무대극은 고사하고 독서물로도 창작되지 못하였다. 그런데 거의 15세기가 지나 엘리자베스 시대에 들어서서 비극은 다시 꽃을 피운다. 이 시기는 신대륙의 발견 이후 모험정신으로 무장한 인물들의 무용담이 떠돌던 때로, 비극의 내용도 꽤나 격렬해 거친 폭력과 유혈이 등장하는 이른바 '피의 비극'들이 창작되기도 한다.[30] 이 시기, 16세기 말 혹은 17세기 초부터 서구 유럽의 식민지 개척이 시작되었으며 이 불길은 결국 동아시아와 한국을 향해 번져왔다.

세네카의 비극은 그의 스토아 철학과 관련된 것으로 여겨지며, 소포클레스를 비롯한 그리스 후기 비극은 아리스토텔레스에 의해 가장 고귀한 가치를 지닌 예술로 취급되었다.[31] 그리고 그 뿌리는 결국 그리스 신화에 닿는다. 이것들이 공통으로 지닌 사유를 요약한다면 그것은 '이원적 세계관과 그 극복의지'이다. 그리스 신화는 아버지신을 제거하고 권좌에 오르는 아들신의 거듭된 투쟁으로 문을 연다. 세계는 끝없는 투쟁의 장이다. 이 투쟁은 인간에게도 마찬가지이다. 그리스는 트로이와 트로이는 그리스와 싸운다. '아(我)와 비아(非我)=자아와 세계'의 이원적 세계상이 그리스 신화의 핵심인 것이다. 그런데 이 투쟁이 신(운명)과 인간의

30 이 시기의 비극이 그리스 비극보다 세네카의 이른바 서재극의 영향을 더 받은 것은 분명하다. 그리고 이 시기의 시대적 분위기가 비극을 폭력적으로 만든 것처럼 세네카의 비극 역시 네로 황제 시대 로마의 분위기를 반영한다고 할 수 있을 것이다. 이런 작품으로 토마스 키드(Tomas Kyd, 1558~1594)의 「스페인 비극」(The Spanish Tragedy)을 들 수 있다. 여기에 대해서는 이경식, 『엘리자베스 시대 비극의 세네카 전통』(서울대학교 출판부, 1991) 참조.

31 L. Clifford, 문상득 옮김, 『비극』, 서울대학교 출판부, 1985, pp. 17~26.

대결로 전개될 때 인간은 큰 곤란에 빠진다. 인간은 운명을 이길 수 없기 때문이다. 그리스 비극과 스토아 철학이 공히 이 문제에 주목한다. 그리고 비슷한 답을 제시한다. '운명을 받아들여라, 그러나 결코 두려워하지 말고 네 자신의 자유의지로 내면의 고귀함을 지켜라.'[32]

이 수용은 결코 굴복이 아니다. 운명의 놀림감이 되어 가장 불운하고 끔찍한 범죄자가 된 오이디푸스는 자신이 세웠던 원칙에 따라 스스로를 단죄하고, 자기에게 일어난 일들이 아폴론의 힘에 의한 것임을 인정하면서도 "하나 이 두 눈은 다른 사람이 아니라 가련한 내가 손수 찔렀다"라고 힘주어 말한다.[33] 이것이 운명을 받아들이면서도 굴복하지는 않는 서구비극의 영웅상이다. 어떤 상황에서도 자신의 자유의지로 자기 내면의 평화와 고귀함을 지키는 것만이 인간이 비극적인 세계로부터 자신을 구원하여 위대해지는 유일한 길이다. 그리스 최고의 영웅 헤라클레스는 스스로 자신을 불태움으로써 신들마저 굴복시킨다. 질 수밖에 없는 싸움에서 이기는 단 하나의 방법을 그리스 신화와 비극은 보여준다. 여기에서 숭고하고 비장한 비극의 아름다움이 피어난다. 니체(F. W. Nietzsche, 1844~1900)는 별개로 치더라도 쇼펜하우어(Arthur Schopenhauer, 1778~1860)와 키르케고르, 야스퍼스(K. T. Jaspers, 1883~1969) 같은 많은 근대 철학자들이 이 아름다움 앞에 기꺼이 꽃을 바쳤다.

그런데 아도르노(T. W. Adorno, 1903~1969)와 호르크하이머(M. Horkheimer, 1895~1973)는 조금 시각을 달리한다. 이들은 그리스 신화, 특히 「오디세이

32 사실 궁극적으로는 에피쿠로스학파의 지향과도 일치한다. 그러나 즐거움을 추구한 이 학파는 스토아학파처럼 널리 자리 잡지 못했다. 어떤 점에서 에피쿠로스학파의 原子說 등은 동아시아적 사유와 일맥상통하는 점도 있는 것 같다. 그러나 여기서 그것을 논증할 필요는 없을 것이다.

33 Sophocles, 천병희 역, 『오이디푸스 왕 외』 제3판, 문예출판사, 2006, p. 251.

아」에서 정복욕에 불타는 파시즘을 읽어낸다.[34] 세계대전의 포연(砲煙) 속에서였다. 이 파시즘은 타인만이 아니라 자연과 신, 즉 운명마저 정복하려는 멈추지 않는 욕망이다. 이 욕망의 촉발(觸發), 즉 지리적 발견과 식민지 개척의 열풍은 16세기 이후 비극의 부흥과 무관하지 않다. 이것은 자아와 세계를 분리하는 철저한 이원적 세계관에서 기인한 것이다. 그리스는 수많은 신이 모두 존중되는 다신론적인 신앙체계를 지녔지만 이 신들은 모두 인간과 같은 형상과 성품을 지닌 인격신이었다. 다시 말해 모든 신들은 내가 아닌 타자이다.[35]

이원성(二元性)에 대한 관념은 인간이 분별하는 지혜(이성)를 지니면서 형성되는 것이다. 하늘과 땅, 낮과 밤, 남자와 여자, 높고 낮음, 선과 악, 그리고 나(我)와 나 아닌 것(非我) 혹은 자아와 세계. 이 중에서 자아와 세계라는 이원성의 원리는 수많은 이원적 분별의 하나이면서도 특별한 지위를 지닌다. 자아는 생각하고 욕망하는 나이고, 인식과 욕망의 중심이기 때문이다. 그런데 이 독특한 지위에 대해 동아시아인들은 그리스인들이 부여한 만큼의 가치를 부여하지 않았다. 중국을 중심으로 한 동아시아의 한자문화권에는 이 같은 이원성(二元性)의 원리를 매우 체계적이고 일관되게 적용한 책이 있다. 『주역』(周易)이다. 이 책은 국가와 개인의 대소사(大小事)를 점쳐보는 방식과 원리를 정리하고 있는데, 그 주요한 사유를 정리하면 다음과 같이 말할 수 있을 것이다.[36]

---

34 T. W. Adorno, M. Horkheimer, 김유동 역, 『계몽의 변증법』, 문학과지성사, 2001, pp. 80~130.

35 스토아 철학자들이 운명에 대한 겸허함을 강조하고 죽음을 통해 기꺼이 자연으로 돌아간다는 사상을 심화할수록 신들의 모습은 점점 범신론(汎神論)화되면서 자연의 이법(理法)에 가까운 어떤 것이 되었다. 하지만 그들의 문학에서 신들은 마지막까지 인간의 모습을 지켰다.

36 주역의 원문은 『備旨具解原本周易』(학민문화사, 1996), 乾・坤 양권을, 번역은 김석진의 『주역전의대전언해』(대유학당, 1996) 상・하 두 권을 주로 참고했다.

(가) 모든 것은 끊임없이 변화(變化)한다.

(나) 이 변화의 기저에는 음(陰)과 양(陽)이라는 두 개의 상반되면서도 상호보완적인 기운이 있다.

(다) 음(陰)과 양(陽)은 변화의 원인일 뿐 아니라 만물의 존재를 가능하게 하는 두 원리이다.

(라) 따라서 음양(陰陽)은 어디에도 있으며 언제나 상호 조화된 상태를 지향한다.

(마) 이때 조화(調和)란 양적인 균등(均等)이나 기계적(機械的) 균형(均衡)이 아니라 그때그때의 시공간에 가장 적합한 어울림을 뜻한다. 이런 점에서 서구적 사고와는 다른 동양적 화변(化變)의 개념이 있다.

(바) 이렇게 모든 것은 음양의 원리에 따라 변화하므로 사람도 여기에 응하여 행(行)해야 길(吉)하다(『주역』은 결국 이런 길함의 길을 좇도록 음양[陰陽]의 원리에 따른 점사[占辭]를 제공한다).

(사) 그러나 궁극적인 근원으로서 음양의 분별 이전의 상태인 태극(太極)이 있다. 이 태극은 무한하며 언제나 어디에나 있으면서 없다(만물의 근원이며 돌아갈 곳으로의 태극).

(가)~(사)의 사상을 역(易)에 기반한 사유, 역학적 사유라고 하는데, 이것이 주자학의 기반이 되며, 도가의 기반이 되고, 심지어 동아시아 불교사상에도 영향을 미치게 된다. 그러므로 이 태극음양(太極陰陽)의 역학적 사유를 동아시아의 가장 중요한 원형사유라고 해도 과함이 없을 것이다. 『주역』은 음양을 상징하는 육(六)과 구(九), 두 효(爻)의 중첩으로 육십사괘(六十四卦)를 구성해 보이는데, 이것은 마치 이진법(二進法)으로

모든 정보를 표현하는 컴퓨터 언어와 같이 무한한 정보를 모두 표현할 수 있음을 보여준다.[37] 이 사유에 의하면 모든 것은 음양의 기운(氣運)에 따라 만들어지고 흩어지며 변화한다. 여기에는 예외가 없으며 사람도 마찬가지이다. 남효온(南孝溫, 1454~1492)은 「귀신론」(鬼神論)에서 "기(氣)가 모여서 사람이 되고 기(氣)가 흩어져서 귀신(鬼神)이 되는 것"이라 하고, "무극태극(無極太極)은 이(理)요, 음양오행(陰陽五行)은 기(氣)"라고 했다. 이렇게 동아시아인은 자신을 포함한 모든 사람과 귀신을 모두 음양(陰陽)의 조화(造化)로 나타나는 수많은 것 중 하나로 인식했다. 그렇다고 생각하고 욕망하는 나(자아)라는 존재가 사라지는 것은 아니지만, 자연(세계)에 순응하는 것이 당연한 것이 된다. 자연과 운명에의 순응이라는 것이 서구에서와 같이 끊임없는 수양을 통해서만 획득되는 어려운 것이 아니라 쉽고 자연스러운 것이 된다. 이것이 우리의 전통 비극문학이 지닌 미학적 특징을 서구의 고전비극과 크게 다르게 하는 원인이 된다.

또 하나 이런 경향을 심화하는 중요한 특징이 있는데 그것은 사람의 운수(運數)를 관장하는 것이 인격화(人格化)된 신(神)이 아니라 추상적 관념인 태극(太極)이나 음양(陰陽)이 된다는 것이다. 그리고 이것들이 어떤 일관된 의도를 가질 리 없기 때문에 운명의 개념 또한 서구와는 달라진다. 인간이 마음대로 할 수 있는 것은 아니지만 고정불변의 것도 아니다. 기미(機微)를 살펴 조심하면 불운(不運)을 피할 수도 있고, 함부로 살면 불운을 불러들일 수도 있다. 이렇게 되면 당연히 인간, 즉 자아 쪽의 책임이 커지게 된다. 그리스 비극의 영웅들에게서도 성격적 결함이 발견되지만 그것들은 대개 '사소한' 것으로 치부된다. 물론 괜찮다는

37 라이프니츠(Leibniz, 1646~1716)가 이진법 이론을 완성하는 데 선교사 친구가 보내준 주역도해가 큰 도움을 주었다는 일화는 유명하다.

것은 아니지만, 운명을 받아들이는 겸허함에 비하면 상대적으로 크지 않은 것이다. 오이디푸스의 기질에는 결함이 있지만 큰 것은 아니다. 그의 범죄는 받아들일 수 없는 것이지만 관객들은 그에게 그 책임을 다 묻지 않는다. 오히려 그의 의지를 높이 산다. 크나큰 불행이 있었지만 왜 이렇게 되었는지 묻기는 어렵다. 그것은 신(神)의 뜻(運命)이었다. 하지만 한국 설화에서는 왜 그렇게 되었는지에 대한 관심이 크게 나타난다. 좌절(挫折)된 장수들의 이야기에는 주인공의 성격적 결함이나 배신, 흔히 음양오행(陰陽五行)과 관련된 금기(禁忌)에의 저촉 등, 일이 틀어진 이유에 대한 삽화가 많다.

운명이나 배경보다 '사람'에 초점이 맞추어지는 것이다. 그렇다고 해서 사람 혹은 자아를 중시하기 때문은 아니다. 전술했듯이 오히려 나조차도 다른 모든 것들과 본질적으로 동일하게 보는 데서 이런 경향이 나온 것이다. 이런 점은 비극적 세계관의 극복을 위한 수양(修養)의 방식조차도 다르게 한다. 스토아 철학은 끊임없는 성찰을 통해 지혜를 심화하고자 하는데, 이를 위해서는 엄격한 자기절제가 요구된다. 하지만 동아시아의 철학자들은 자연 속에서 즐기라고 한다. 즐기면서 자기도 모르게 동화되라는 것이다. 공자는 예악(禮樂)을 중시했고, 장자는 자연(自然)과 하나가 되어 노니는 삶을 추구했다. 절제(節制)하되 절제가 절제가 아니라 즐김이 되고 편안함이 되어야 한다는 것이다. 이것은 말하자면 일종의 심미적 수양관(修養觀)이다. 이렇게 동아시아적 사유는 이원적(二元的) 분별(分別)과 그 극복이 통합된 사유이다. 물론 누구나 물아일체(物我一體), 물화(物化)의 경지에 도달하고 항상 거기에 머무를 수는 없다. 따라서 보통 사람들은 세계 속에서 자신의 한계를 발견할 수밖에 없고 그래서 비극문학이 있는 것이다. 하지만 그 인식의 체계와 형상화의 방식에 이 같은 사유—심미적이고 통합적인 비극관—의 특징이 드러난다.

3) 서사무가: 비극적 세계관을 넘어서는 한국적 방식

(1) 제주 창세신화에 나타난 역학적 사유와 이원성에 대한 태도

민간신화에는 한국비극의 전형이 깃들어 있다고 해도 과언이 아니다. 무엇보다 비극적 세계관과 그 극복이라는 문제를 분리하지 않고 동시에 사유하는 한국적 특징을 여실히 드러내 보여주기 때문이다. 특히 서사무가는 이원성으로 인한 비극적 세계상을 선명하게 드러내면서도 이에 대한 낙관성과 자연과 신에 대한 어떤 믿음, 동류의식에 가까운 믿음을 보여준다. 먼저 제주의 민간 전승형 창세신화인 「베포도업침—천지왕본풀이」에 나타난 원형사유로서의 음양사상과 이원성에 대한 태도를 살펴보고,[38] 보다 깊은 비극성을 지닌 「제석본풀이」의 당금애기 신화와 「오구풀이」의 바리데기 신화를 살펴보기로 한다.[39]

제주에는 창세신화라고 할 만한 것이 있는데 그 줄거리는 세상이 아직 혼돈에 잠겨 있을 때 삼황닭이 울거나 옥황(玉皇)의 조화(造化)로 하늘과 땅이 갈라지고 음양오행(陰陽五行)의 조화에 따라 만물이 생겨났다는 것이다. 여기에 이미 창세의 순간부터 작용하는 음양오행의 개념이 있어 조물주(造物主)를 대신하거나 조물주의 의도에 상응한다. 이처럼 음양의 원리가 창세의 순간에 직접적으로 작용하는 신화는 그리 흔치 않다. 역학적 사유가 제주 민중들에게까지 큰 영향을 미치고 있었음을

38 이 제주의 창세신화와 이어지는 천지왕의 아들들 이야기에 대한 최근의 논의로는 김헌선, 「「베포도업침, 천지왕본풀이」에 나타난 신화의 논리」(『비교민속학』 28집, 비교민속학회, 2005)를 참조할 것.

39 당금애기 신화의 다양한 양상은 방창환 · 조홍윤의 『제석님과 제석굿』(문덕사, 1997)을, 바리데기 신화의 다양한 양상은 김진영 · 홍태한의 『서사무가 바리공주 전집』 1 · 2(민속원, 1997)를 참조할 것.

보여준다. 세상이 대충 자리 잡자, 하늘의 옥황 천지왕과 지상의 대부 수명장자의 싸움이 일어나고 당연히 천지왕의 승리로 귀결된다. 이 과정에 천지왕이 지상의 한 여인과 잠자리를 같이해 이승의 주재자인 소별왕과 저승의 주재자인 대별왕을 낳게 된다. 이들은 힘을 합쳐 고난을 이겨낸 끝에 아버지를 만나고, 두 개씩인 해와 달을 하나씩 없애라는 임무도 잘 완수한다. 이것은 과양과음(過陽過陰)을 제거하여 조화에 이르는 것으로 역시 역학적 사유의 반영으로 볼 수 있다.

그 다음 당연히 이승을 맡아야 할 형 대별왕에게 동생 소별왕이 이승을 자기에게 넘겨달라고 하면서부터 문제가 발생한다. 능력과 품성에서 우위에 있는 대별왕이 동생의 속임수에 넘어가 거듭된 내기의 한판을 진다는 것이다. 패배의 이유는 정직했기 때문이다. 대별왕은 이의를 제기하고 힘과 권위로 동생을 누를 수도 있었다. 하지만 그는 결과를 순순히 받아들인다. 이 이야기가 비극이라고 주장하려는 것이 아니다. 대별왕은 이미 신의 반열에 올랐기 때문에 이 패배가 그렇게 심각한 것이 아닐 수도 있다. 오히려 그가 결과를 받아들이는 태도에 주목해야 한다. 이것이 운명을 받아들이는 한국적인 방식이기 때문이다. 그리고 더욱 중요한 것은 이 신화가 표명하는 세계의 이원성에 대한 해명이다. 이 이야기는—속임수를 쓴 소별왕이 이승을, 공명정대한 대별왕이 저승을 다스리게 되어— 그래서 이승에는 질투, 속임수 등이 많고 저승에는 공명정대(公明正大)한 질서가 서게 되었다는 것이다. 이것은 이 이야기가 이승에서의 삶이 항상 정당한 결과를 가져다주지 않는다는 생각, 세상이 내 마음대로—이 말은 대개 정직한 나를 상정하고 있다— 되어주지는 않는다는 생각, 즉 이원적 세계관을 반영한다. 또 그런 불합리의 이유를 해명하면서 그 보상이 저승에서는 이루어진다는 생각도 보여준다. 일종의 생활신앙(生活信仰)인 셈인데, 여기에는 내 잘못에도 불구하고 믿음을 보고 나를 구원해주는 인격신의 모습은 없다. 대별왕과 소별왕은 자연이법(自然理法)의 민중적 형상일 뿐이다. 이렇게 이 신화는 한국 민중의 생활화된 원형적 사유를 잘 보여준다.

전통적인 서양비극에서 운명은 의도를 지닌 인격신의 작용으로 인식되는데 반해, 우리 비극의 사유는 운명을 자연의 이법 같은 비인격적 추상으로 파악하는 경향이 있다고 지적한 바 있다. 그런데 우리에게 인격신이 없는 것은 아니다. 대별왕·소별왕만 해도 그들이 그리 고도로 관념화된 신격은 아니다. 다만 이들이 인간의 행동에 일희일비(一喜一悲)하거나 사사건건 개입하는 그런 신이 아니라 뒤로 물러나 앉아 자연의 조화를 관장하는 존재라는 점에서 자연이법의 형상화라는 것이다. 한국 민중들에게는 말 그대로 인격신, 정말 인간 같은 신들이 있다. 당금애기·바리데기·액운애기 같은 무조신(巫祖神)들이 그것인데 이들은 원래 인간이었고, 보통사람보다 별로 나을 것 없는 연약하고 불쌍한 여인들이었다.

(2) 서사무가에 나타난 신과 운명, 극복과 어울림

서사무가는 민간의 제의행사에서 불리는 노래로 된 민간신화이다. 이 중 당금애기와 바리데기는 가장 널리 알려진 것으로, 이 두 신은 무속신 중 가장 중요하고 지위도 높다. 이 무가들은 모두 이들이 어떻게 해서 신이 되었는가 하는 이야기이다. 하지만 정작 인간이 어떻게 신이 될 수 있었는가에 대한 답은 나오지 않는다. 창자(唱者)나 수용자 모두에게 별로 중요하지 않았다는 이야기이다.

당금애기와 바리데기의 삶은 신이 되었다는 것만 빼면 그야말로 고난의 연속이며 비극적인 인생이다. 당금애기는 자신의 의사와는 달리 힘에 눌려 세존(世尊)과 잠자리를 같이한다.[40] 그리고 세존이 떠난 후 아비 없는 자식 셋을 낳아 기른다. 이 과정에서 가족들의 비난을 받고 돌함에 갇히거나 어머니가 몰래 넣어주는 밥으로 아이들을 기르는 등 모진 고난을 겪었다. 그리고 아이들이 큰 다음에는 아버지를 찾아가게 되어 있어서 다시 이별을 겪는다. 세존의 강압과 임신은 상대가 상대니만큼 당금애기에게 운명일 수밖에 없다. 그녀는 이에 저항하지만 이길 수 없다. 그리고 이 어쩔 수 없는 패배의 결과로 그녀는 온갖 고난을 겪는다. 선명한 비극적 세계상이 드러난다. 그런데 여기에서부터 비극적인 삶을 영위하는 당금애기의 모습이 어떻게 그려지는지 주목해야 한다. 한마디로 말하면 보통 여인의 모습이다. 창무(唱巫)의 사설과 음성에는 당금애기의 고통을 함께 느끼는 듯 아픔이 배어나기도 하지만, 사설 자체는 오히려 담담하다. 상대가 세존이라는 것은 아무나 겪을 수 없는 일인데도 마치 누구에게나 있을 법한 팔자 이야기를 듣는 것 같다. 그녀를 위대하게 그리려는 어떤 노력도 보이지 않는다. 운명 앞에 당금애기는 그저 힘없는 한 여인일 뿐이다. 여기에서 환기되는 강한 비극적 정서로 인해 한국인은 한(恨)이 많다는 이미지가 만들어진 것이다. 하지만 이것은 무가의 세계를 잘못 이해한 것이다. 역설적으로 말해 이런 연약하고 평범한 모습 때문에 당금애기는 삼신이 된 것이다. 삼신은 산모와 아이들을 보살피는 신이다. 모든 인간, 특히 모든 어머니가 겪어야 하는 아픔을 가장 가혹하게 겪은 그녀에게 삼신의 자리를 줌으로써 민중들은 안심할 수 있게 된다. 당금애기는 가녀린 처녀의 몸으로 큰 고난을 겪고 가족에게까지 고통을 받았지만, 그래도 아이들을 건강하게 길러냈다. 그녀가 해낸 것은 이것뿐이고, 이마저도 그다지 적극적으로 해낸 것은 아니다. 어머니의 도움이 없었다면 낭패를 보았을 수도 있다. 하지만 그녀가 신이 되는 데 이것으로 충분했다. 여기에 한국 민중들의 낙관성이 있다. 힘든 삶에서 아이들을

---

40 여기에서 세존은 무속신으로서의 부처님, 석가세존이다.

낳고 기르는 여인들은 그것으로 충분한 삶의 의미를 찾을 수 있었던 것이다. 그리고 그녀들은 어려운 일이 있을 때, 자신들과 똑같은 어려움을 먼저 겪은 삼신할머니의 인정(人情)을 믿을 수가 있었다.

바리데기도 마찬가지다. 그녀는 아버지에게서 버려진 딸이었다. 그녀에게 그것은 육신(肉身)은 물론 커다란 마음의 상처를 주었다. 그래서 아버지에게 다음과 같이 하소연한다.

> 젖유모 비단 공단에다가 연지 닷 말 분 닷 말에 젖유모 징여서 곱게곱게 자라 내던 큰형이며 둘째 형은 어이 허고 시궁창에 몰아넣어 썩어 죽으라던 버러데기를 부르오 마구간에 몰아 넣어 썩어 밟혀 죽으라던 버러데기를 부르며는 외양간에 몰아넣어 소한테 밟혀 죽으라던 버러데기를 부르시오. 나 오뉴월 삼복제절이면 다 핫것 입혀 태양 빛이 내놓아 떠 죽으라던 버러대기 아니 죽고 살아나던 버러데기를 부르며는 동지 섣달으 설한풍에 백설이 나리던 데 마포 옷을 입혀 북풍받이 내놓아 얼어 죽으라던 버러데기를 부르시면 할 길 없이 다 오늘 거저 갈 곳 없이 쫓겨나던 버러데기를 부르오[41]

이 같은 하소연은 바리데기의 효심이 어떤 이념에 근거한 것이 아니라 육친(肉親)에 대한 정(情)에 근거한 것임을 보여준다. 상처도 효심도 모두 정 때문이다. 그녀는 자기를 버린 아버지를 살리기 위해 고난의 길을 자처한다. 저승으로 아버지를 살릴 약수를 구하러 떠난 것이다. 그녀는 칠 년간 빨래하고, 칠 년간 밭 갈고, 무장승의 일곱 아들을 낳아주는 등 무속적으로 설정된 오랜 기간 고난을 거쳐 비로소 약수와 꽃을 구해 돌아온다. 이 때문에 그는 저승길을 인도하는 신이 된다. 바리데기에게도

---

41 박현국, 「바리데기(시왕풀이) 무가 고찰」, 『굿거리 5』(민속학술자료 총서 455), 우리마당터, 2004, p. 281.

그다지 큰 권능은 보이지 않는다. 아버지를 살리긴 했지만 그것이 그녀가 자유로이 사용할 수 있는 권능이 된 것은 아니다. 그녀가 약수를 얻기 위해 수많은 고난을 감내하는 동안 각인되는 것은 아버지의 죽음이라는 운명을 뛰어넘기 위해 오직 정에 의지하여 외로운 투쟁을 지속해야 한다는 것이다. 당금애기와 달리 그녀는 죽음이라는 절대적인 운명과 대결한다. 그러나 그녀는 연약하고 평범한 여인의 모습으로 그 투쟁을 수행한다. 비록 아버지가 살아나고 자기는 신이 되었지만, 그것이 그녀에게 충분한 보상을 준 것 같지는 않다. 신이 되었다는 결말까지 모두 듣고 나서도 수용자들의 마음은 여전히 비감(悲感)하다. 당금애기의 경우도 그러하다. 청중들은 우리들 자신을 포함한 모든 인간들의 운명을 들은 것 같다. 미학적으로 비극적 세계관을 지니게 된 것이다. 하지만 여기에는 위안도 있다. 그토록 평범하고 정 많은 여인들이 신이 된 것이다. 그녀들이 신이 되었음을 믿지 않는 사람들에게도 위안은 있다. 이 작품의 핵심은 정이다. 민중들이 비극적 세계관 안에서 극복의 길을 찾기 위해서는 약간의 신앙과 많은 정이 필요하다. 가족, 인간이야말로 현세적인 민중들이 위안을 얻는 마음의 고향이다. 범인(凡人)도 자식을 위해서는 생명을 버린다.

한국의 무속신은 신뢰할 만한 강력한 힘과 권위 때문에 신이 된 것이 아니다. 그녀들은 인간의 존재론적 한계, 즉 운명 앞에 나약하고 힘없는 존재로 온갖 고난을 겪었기 때문에 신이 된다. 그녀들이 한 일은 그 고통 속에서도 포기하지 않고 아이들과 아버지—가족에 대한 애정을 지킨 것이다. 민중들로서는 이 점이 어떤 강력한 권능보다도 더 믿음직했던 것이다. 비극적 세계관을 넘어서게 해주는 이 정에 대한 갈구와 믿음은 한국인들에게 그리스 지식인들의 '지혜에 대한 애정' 못지않은 높은 가치를 지니고 있다. 바리데기와 당금애기의 이야기에서 세존이나 무장승과의 결연은 사랑이라는 이름을 붙일 수 없는 운명의 수용이거나 운명 앞에 쓰러짐일 뿐이지만, 이 이야기를 통째로 지배하고 있는 것은 한(限)이라는 포장지 안에 들어앉은 궁극적인 '낙관성'과 '정'(情)이며, 이 두 가지가 한국 서사무가의 본질이다. 이 둘은 자연 · 운명 · 신들과 느끼는 동질감의 미학적 표현인 것이다.

4) 물화(物化)의 직관과 상생상극(相生相剋)의 이치

그리스인들은 무척 자존심이 강했다. 그들은 신이나 운명 앞에서도 품위를 잃지 않으려고 했다. 이길 수 없는 싸움에서도 지지 않는 법을 찾아냈다. 그런데 동아시아인들은 운명과 싸우거나 이에 굴복할 필요가 없었다. 스스로가 운명의 한 부분이었기 때문이다. 장자는 자기를 놓아버리고 자연과 하나가 되는 것을 물화(物化)라고 했다. 스스로 무엇으로든 화(化)할 수 있기에 지인(至人)은 무한한 자유를 누릴 수 있다는 것이다. 본시 만물은 그 본질이 같기 때문에 물화의 경지는 다만 근본으로 돌아가는 길을 찾은 것이다. 나비가 되고, 물고기가 되어 자유로이 노닐거나, 바람이나 구름을 타고 소요한다. 더 이상 무엇이 있으랴.

아도르노는 돛대에 묶여 세이렌과 싸우는 오디세우스와 밀랍으로 귀를 막은 그 부하들에게 안타까움을 표한다. 세이렌의 노래에 자신을 던지는 충만함을 꿈꾸는 것이다. 예술은 나와 이웃, 인간과 자연, 자아와 세계의 동질성을 직관하게 해주는 충만한 충동의 장이다. 이 충만함과 장자의 비어 있음이 다르지 않다. 자아와 세계를 하나로 파악하게 하는 전일적(全一的) 시야를 열어주는 것이다.

이 전일적 시야는 아름다움을 느끼는 힘, 직관과 심미안의 개입 없이는 열리지 않는다. 그리고 그 직관과 심미안을 작동시키는 에너지는 정(情)이다. 정은 곧 물화다. 장자가 연못 속의 물고기가 즐거움을 아는 것은 물고기의 마음을 느끼기 때문이다. 한국 민중들의 서사무가에는 이런 정에 대한 자각과 신뢰가 넘쳐난다. 그들은 당금애기와 바리데기를 통해 생사의 자연현상에 대해 두려움을 넘어선 신뢰를 표명한다. 지식인이 아닌 그들이 생사의 길에서 발견해낸 것은 아이들과 부모에 대한 깊은 정이다.[42] 한결같은 자연의 정을 그런 식으로 표현한 것이다. 정은 만물의 본성이다.

그러나 당금애기와 바리데기가 직면한 세계는 그들에게 끝없는 인내와 도전을 요구한다. 그들이 당면한 현실이 곧 민중들의 현실이다. 이것은 자아와 세계의 불화에 대한 인식이 아닌가? 이것은 싸움이 아닌가? 물론 그렇다. 한국 민중에게도 현실은 고통스러운, 싸워 넘어야 할 운명이다. 그러나 이 싸움은 나만의 싸움이 아니며, 이 싸움만의 싸움이 아니다. 나는 자연 속에서 모든 이들, 모든 것들과 연결되어 있고, 모든 싸움은 다른 싸움과, 모든 어울림은 다른 어울림과, 모든 싸움은 모든 어울림과 연결되어 있다. 인간은 싸워야 하고 결코 세계를 넘어설 수 없지만, 그것은 나만의, 인간만의 운명은 아니다. 모든 존재의 운명이고, 그것들이 모여 세계가 된다. 음양이 하나인 것처럼 상생과 상극이 하나라는 깨달음, 그것이 물화의 심미적 앎이다.

비극적 세계관을 넘어서는 동아시아적이고 한국적인 방식, 그것은 자연과 운명을 나와 한가지로 느끼는 데 있다. 여기서 이원적 세계관은 그 출발부터 이미 극복을 포함한다. 싸우면서도 어울림을 생각하는 이 같은 사유는 한국적 비극정신의 근간이 된다.

---

42 여기서 우리는 바리데기가 아버지에 대한 정으로 인해 병자와 죽은 자를, 당금애기가 아이들에 대한 정으로 인해 살고자 태어난 아이들을 보살피는 신의 자리에 오르게 되었음을 상기해야 한다.

제2장

영웅비극소설의 기원과 전개

1. 영웅비극의 개념과 그 분류

여기서는 2장의 연구 대상이 되고 있는 '영웅', '영웅비극'의 개념을 밝히고, 그 작품들을 계열화하기 위한 분류의 기준에 대해 논의하도록 한다.

'영웅비극'이란 물론 영웅적인 주인공이 활약하는 비극을 말한다. 이때 영웅이란 적어도 세 가지 특징을 지닌다. 하나는 그가 추구하는 가치가 공공성 내지는 보편성을 지녀야 한다는 것이다. 둘은 그 가치를 실현하고자 하는 강력한 의지이다. 셋은 보통 사람들보다 뛰어난 능력이다. 이런 점에서 영웅은 보통 사람들보다 우월하다. '비극의 주인공은 보통 사람들보다 우월하다'는 아리스토텔레스의 말은 그리스 비극에서 영웅과 비극이 불가분의 관계에 있음을 지적한 것이다. 하지만 니체나 야스퍼스를 비롯한 근대철학자들은 비극의 요체인 비극성을 인물이나 서사구조보다 한계자로서 인간존재에 대한 성찰과 그 극복의지라는 비극정신에서 찾았다.[1] 결국 영웅비극은 이 비극성이 주인공의 영웅성으로부터 직접 파생되는 비극을 말한다.

향유자들이 두루 공감할 수 있는 공공선을 추구하는 주인공이 그 실현을 기대할 만한 뛰어난 능력과 하고자 하는 강한 의지에도 불구하고 넘어설 수 없는 운명의 벽 앞에서 좌절하는 모습을 통해 유한자(有限者)로서 인간존재의 한계를 느끼게 하는 것이 영웅비극이다. 그러나 이것이 전부가 아이다. 뛰어난 비극은 그러한 한계를 넘어서고자 하는 극복의 의지를 불러 일으켜, 이를 통해 다시 인간 존재에 대한 진지한 성찰로 돌아가게 하는데, 이것이 비극정신이다.

개별 작품 하나하나의 계승관계를 밝히는 것이 사실상 불가능한 상황에서 이 글은 이미 이루어진 성과들을 기초로 한국영웅비극의 여러 양상을 그 사회·미학적 특성에 따라 몇 가지로 나누고, 이를 그 기원이라고 할 수 있는 고대의 신화·설화·현실과의 관계 속에서 살펴봄으로써 한국비극문학의 계보를 모색해보고자 한다. 또 '상층비극 : 기층비극'이라는 개념과 주인공의 가치 지향 유형에 따른 '성정영웅 : 이념영웅'이라는 개념을 통한 영웅비극의 계열화도 시도해보겠다.

먼저, 상층비극과 기층비극은 비극작품들의 양상이 그 작가와 향유층의 성향에 따라 상당한 차이를 보인다는 데 착안한 개념이다. 따라서 작가와 향유층의 성향을 중심으로 작품의 배경, 주인공인 영웅의 신분, 그 미학적 전통을 확인할 수 있는 서사적 유형 등을 종합적으로 고려하여 '기층비극'과 '상층비극'을 구분하기로 한다. '민중비극'이나 '하층비극'이라는 용어가 가능할 수 있지만, 민중이라는 개념은 '상층'과 대(對)가 되기 어렵다고 보아 '기층'으로 대신하기로 한다. 하층이라는 개념이

1 여기에 대해서는 전술한 바 있다. 1장 2절을 참조할 것.

상층과 선명한 대를 이루지만, 기층이 하층과 그 상위의 서민들을 포괄하는 장점이 있고 널리 사용되어온 점을 고려했다. 상층영웅과 민중영웅은 주인공의 계층적 성향을 나타내는 말로 사용할 수 있지만, 구분의 기준으로 삼고자 하면 상층비극이나 기층비극과 중복된다.

상층과 기층의 구분이 주로 그 향유층의 사회미학적 특성을 고려한 것이므로, 다음 기준은 작품 내적 특성에 더 주목할 필요가 있다. 앞에서 상술한 것처럼 영웅비극은 무엇보다 주인공의 영웅성으로부터 그 비극성이 파생되는 특징을 지닌다. 주인공인 영웅의 형상이 절대적인 중요성을 지니게 되는 것이다. 따라서 주인공이 지향하는 가치, 의지를 실현하는 양상, 능력을 드러내는 방식 등에 따라 구분하기로 한다. 이때 의지 실현의 양상이나 능력 표출 방식 등은 그 지향하는 가치에 따라 큰 영향을 받을 수밖에 없으므로 지향하는 가치에 초점을 두고 '성정영웅'과 '이념영웅'으로 구분하겠다. 여기에서 이념영웅은 어떤 이념적 가치를 추구하는 인물로 사회적으로 공인된 가치에 대한 강한 신념을 그 바탕으로 한다. 성정영웅은 그 반대로 인간이 지닌 본성에 의해 긍정되는 가치를 지향하는 인물로, 인간으로서 자신의 욕망을 좇아 마음껏 살아보려는 의지를 그 바탕으로 한다. 따라서 성정영웅이 영웅이 되려면 그가 지향하는 가치가 인간의 본성에 따른 정당한 것으로 향유층 사이에 인정될 수 있어야 할 것이다.

이렇게 해서 성정영웅이 활약하는 기층비극인 기층성정영웅비극과 이념영웅이 활약하는 기층비극인 기층이념영웅비극, 성정영웅이 활약하는 상층비극인 상층성정영웅비극과 이념영웅이 활약하는 상층비극인 상층이념영웅비극이라는 네 범주가 설정되었다.[2]

---

2 이 용어들은 구분 및 분류의 기준으로 사용될 것인데, 그 외에 기층민=민중, 상층인=상층

하지만 모든 작품에 대해 일거에 이러한 기준을 적용하여 논의를 펴는 방식은 바람직하지 않다. 실제로 고대로 갈수록 신화와 설화들이 원형적이고 복합적인 경향을 보이고, 중세 완숙기라고 할 조선시대의 작품들은 상대적으로 이러한 구분이 용이했다. 이런 경향은 구전과 기록의 차이에서도 나타나 설화가 복합적인 반면 소설의 경우는 상대적으로 분류가 편한 작품이 많다.

따라서 고대의 신화와 설화를 대상으로 하는 2절에서는 초기 서사라는 특수성을 고려해 복합적인 서사 속에 형상화된 원형을 찾아 그 속에서 점차 모습을 드러내는 세계의 이원성에 대한 인식을 살펴보고자 한다. 이 초기 서사들은 주로 『삼국유사』와 『삼국사기』 등을 대상으로 하였는데, 이 기록들은 시각의 차이에도 불구하고 모두 국가의 건국 및 흥망성쇠라는 역사적 시각 속에서 사건들을 기술하고 있다. 동시에 이 기록들은 상층·기층을 가리지 않고 고대인의 사유를 드러내고 있으며 상당수의 기사는 구전을 바탕으로 한 것으로 추측된다. 따라서 이 기술들에 상층과 기층, 성정과 이념이라는 기준을 들이대기 전에 먼저 고대인들의 비극적 세계관과 더불어 그 극복의지, 즉 비극정신이 어떻게 형성되는지를 살펴보는 것이 선행되어야 한다. 이 작품들을 분류하는 것은 그 다음의 일로서 5절에서 시도될 것이다.

3절은 설화와 소설의 관련 문제에 대한 고찰이다. 다양한 설화를 다루기보다는 깊이 있는 고찰을 위하여 아기장수 설화를 중심으로 하겠다. 영웅비극설화는 반란군 장수나 의병장 등을 주인공으로 한 것과 이름 없는 장사, 도둑 등을 주인공으로 한 것이 있다. 특이한 것은 이름난 장수의 경우, 그 누나를 주인공으로 한 것들이 꽤 있다. 하지만 그 서사의

등의 용어가 화용론적 관습에 따라 사용될 것이다.

핵심은 모두 '영웅의 좌절'이다. 이런 점에서 아기장수 설화는 가장 단순하면서도 가장 전형적인 영웅비극이다. 역사적인 특정인물을 주인공으로 하는 설화들이 역사적 사실과 그로 인한 여러 이미지들에 영향을 받는 데 비해 아기장수 설화는 영웅비극의 핵심 요소를 살피기에 적합하다. 이 설화와 「임진록」의 김덕령 이야기, 임경업 장군 일대기의 소설화인 「임장군전」을 비교하면서 앞의 분류 기준들을 실험해보겠다. 이 장의 목표는 분류가 아니라 오히려 명확한 분류가 얼마나 어렵고 때로는 무의미한지 보여주는 데 있다. 분류와 계보의 작성은 명확한 구분을 위한 것이 아니고 작품 이해를 위한 도구이다.

4장은 사실에서 취재한 소설을 다룬다. 모든 작품에 이념이 개입되지만 현실을 말할 때, 특히 이념을 위해 자신을 던진 영웅, 실재한 이념영웅의 형상화는 시종일관 사실과 허구화의 욕망이 빚는 변증법적 과정이라고 해도 좋을 것이다. 사실 위에 입혀지는 작자의 의도는 그의 욕망과 이념의 반영이기 때문이다. 여러 충신, 열사의 전기 중에서 「양산숙전」을 택한 이유는 이 작품이 사실과 허구의 경계 위에 걸려 있는 전형적인 작품이기 때문이다. 사실 상층영웅비극의 주인공들은 정도의 차이는 있지만 대다수가 양산숙과 같은 이념적 영웅의 자질을 지닌다. 「양산숙전」과 같은 항전인물전류는 그 이념적 정당성 때문에 입전된 경우로 이념과 비극성의 문제를 다루는 데 적격이며 이런 경우에는 그 이념을 이해하는 것이 작품의 비극성을 이해하는 중요한 관건이 된다.

이렇게 논의 과정에서 기층-성정, 상층-이념이 더 강한 고리를 갖는 것이 확인될 것인데, 이는 이념을 중시하는 상층양반과 성정을 중시하는 기층민중의 성향에 기인한 것이다.

5절에서는 이런 점을 감안하고 논의의 상호 연결성을 고려하여 서술의 순서를 기층비극에서 상층비극의 순서로 하되 기층비극에서는 성정영웅을, 상층비극에서는 이념영웅을 먼저 다루기로 한다. 하지만 중세 이후의 작품이라고 하더라도 이념이 민중에 침투하기도 하고, 성정에 대한 긍정이 양반들을 이념에서 해방시켜 휴식을 주기도 할 것이다. 따라서 이 각각의 범주는 다른 오래된 범주들과 마찬가지로 서로 교차되거나 모호한 경우도 많이 있다. 이것은 문학작품이 지닌 복잡한 특성에 근거한다. 이에 대해서는 논의 과정에서 거듭 재론하게 될 것이다.

2. 초기 서사에 나타난 비극적 세계상과 그 서사적 전개

이 장에서는 한국비극소설의 기원과 초기 서사의 양상을 살펴보고자 한다. 여기에서 초기 서사란 삼국시대를 배경으로 하고 고려시대까지 문자로 정착된 것들을 지칭하는 것으로 그 중심에는 『삼국사기』와 『삼국유사』 소재 서사들이 있다. 이 두 저작들에 실린 이야기들이 모두 삼국시대에 발생되고 완성되었다고는 할 수 없겠지만, 삼국시대로부터 고려시대 사이에 발생, 구비전승, 기록의 과정이 끝난 텍스트임은 분명하다. 따라서 이로부터 우리 서사문학의 기원과 원형을 탐색하는 작업이 많이 있어왔다.

결국 이 절의 목적은 고대신화와 설화—엄밀하게는 그 기록— 속에 드러난 비극적 세계상의 단초로부터 비극문학의 기저를 구성하는 비극적 세계관과 그 서사적 형상화의 한국적 전통이 형성되는 과정을 탐색해보는 것이다. 이를 통해 지금까지 이루어져온 한국비극서사문학에 대해 기존 연구들이 지니지 못했던 사적(史的) 인식과 미학적 기반을 구축하는 단초를 마련할 수 있을 것이다.

한국소설의 기점에 대한 여러 가지 연구들이 제출되면서 소설의 시작에 대한 견해는 점점 더 고대로 거슬러 올라가고 있다. 결국 「최치원전」이나 「조신전」, 「김현감호」 등 삼국시대에 그 기원을 둔 작품들로까지 소급되었다.[3] 필자는 소설이라는 장르 개념이 지닌 이중성을 극복하기 위해 여러 가지 장르론적 접근을 전개하면서 소설은 독서물로 창작, 유통된 허구기술서사물을 일컫는 장르적 명칭으로, 기술(記述)되어 읽힌다는 물리적 조건들로 인해 구술서사물과는 다른 여러 가지 형식적·내용적 특징을 지니며, 그것이 소설의 장르성을 구성한다는 견해를 밝힌 바 있다.[4] 이렇게 본다면 위에 언급한 작품은 물론 『삼국유사』나 『삼국사기』 등에 실린 허구적 서사물은 모두 소설이거나 적어도 소설적 특성을 지닌 것으로 볼 수 있다.[5] 이렇게 기존 연구를 인정하거나 혹은 필자의 판단에 따르거나 비극소설에 대한 논의 역시 이들 초기 서사에서 시작하는 것이 타당성을 지닌다.

하지만 소설의 기원에 대한 논의에는 소설이 설화보다 진일보한 어떤 것이라는 발전론적 전제가 내재되어 있다. 여기에는 소설이 근대, 혹은 근대형성기를 전후해 발전한 근대적 장르라는 근대소설, 즉 노블에 대한

3 임형택, 「나말여초의 전기문학」, 『한국한문학연구』 5, 한국한문학회, 1981; 이헌홍, 「최치원전의 전기소설적 구조」, 『수련어문논집』 9, 부산여자대학교 국어교육과, 1982; 김종철, 「서사문학사에서 본 초기소설의 성립문제」, 『고소설연구논총』, 경인문화사, 1988; 박희병, 「한국고전소설의 발생 및 발전단계를 둘러싼 몇몇 문제에 대하여」, 『관악어문연구』 17, 서울대학교, 1992; 박일용, 「소설의 발생과 수이전 일문의 장르적 성격」, 『조선시대의 애정소설』, 집문당, 1993.

4 여기에 대해서는 김창현, 「서사문학사의 전개원리와 소설: 매체전환기 서사의 미래탐색을 위한 예비적 고찰」, 『국제어문』 45집, 국제어문학회, 2009 및 김창현, 『한국적 장르론과 장르보편성』, 지식산업사, 2005, pp. 84~135 참조.

5 위 작품들 중 일부는 저자가 들은 이야기(구술서사물)를 기술한 것일 수 있다. 이런 경우에도 기술되는 과정에 소설의 장르적 특성들이 실현된다.

인식이 작용하고 있다. 소설은 곧 근대소설이거나 혹은 근대소설적인 어떤 특성을 조금이라도 가지고 있어야 한다는 다소 막연하지만 끈질긴 관습적 인식이 존재한다. 이로 인해 고소설이라고 해도 소설인 이상 설화보다 발전된 어떤 예술성을 지녀야 한다고 생각되어왔다. 이 인식의 중심에는 '갈등'을 불러일으키는 구조(플롯)와 예술적 완성도가 맺고 있는 관계가 있다.[6]

이 글은 이른바 비극서사에 대한 연구이며, 따라서 자아와 세계의 갈등에 주목하게 될 것이다. 하지만 필자는 이 논의가 소설의 기점에 대한 논의로 수렴될 가능성을 경계하고 싶다. 이 글이 이 지점에서 출발하는 것은 소설의 기점 혹은 기원이 여기이기 때문이 아니라 다만 우리가 지닌 서사물의 자료가 여기에서 시작되기 때문이다. 이 작품들 이전에도 좋은 서사물, 어쩌면 소설이 있었을 것이다. 서사가 사적(史的)으로 서로 관련을 지니지만 그것이 예술성이나 소설성이 점차 발달해왔다는 것을 증명하지는 않는다. 소설사·서사사의 내적 관련성은 다만 우리가 지닌 서사문화의 자산과 토양을 알게 해줄 뿐이다. 따라서 이 절에서는 '소설'이라는 용어를 고집하지 않고 '서사'라는 용어를 사용하기로 한다. 그러나 이 (비극)서사들로부터 (비극)소설이 시작, 혹은 기원했다는 사적 인식은 이 글의 중요한 기반이다.

1) 일원적 세계관에서 이원적 세계관으로

아이러니하게도 비극은 신화에서 비롯되었다. 신들이 다스리는 조화로운 사회에 대한 그리스인들의 상상력은 결국 그렇지 못한 인간들의

---

6 여기에 대해서는 김창현, 『한일소설형성사: 자본이 이상을 몰아내다』, 책세상, 2002, pp. 22~46 참조.

운명으로 이어졌으며, 헤라클레스 같은 대영웅은 물론 오이디푸스나 안티고네와 같은 다소 평범한 인물들의 비극도 낳았다. 신화는 신의 뜻에 의해 다스려지는 조화로운 세계, 일원적 세계상을 보여주지만, 인간들에 의해 만들어진 신화적 상상력이 인간 자신들의 모습을 비추기 시작하면 곧 세계의 이원성에 대한 인식이 나타난다. 거대한 세계 앞에서 있는 인간은 만사(萬事)가 자신의 뜻대로는 될 수 없다는 자아와 세계의 분리를 경험한다. 유한자(有限者, 한계 지워진 존재)인 개인을 발견하는 것이다. 이러한 이원성에 대한 인식에서 비극적 세계관이 싹튼다. 그리고 인간은 비극적 세계 속에서 그것을 넘어선 세계를 갈망한다. 그러므로 일원적 세계관이 이원성에 대한 인식을 낳았다고 단언할 수 없다. 어쩌면 이원적 세계관, 즉 부조리한 현실에 대한 인식이 일원적 세계에 대한 꿈, 즉 신화를 낳았다고 할 것이다. 다시 말해 이원적 세계관과 일원적 세계관, 신화와 비극은 서로가 서로를 낳는 순환적 관계망 속에 있다는 것이다. 아이러니는 우리가 이런 진실에 도달하지 못하는 데서 나오는 혼란의 다른 이름일 뿐인지도 모른다.

한국문학에서도 신화는 자아와 세계가 혼연일체가 된 세계상을 보여준다고 얘기된다.[7] 특히 건국신화의 경우 다른 세력과의 대결에서 승리하여 나라를 세운 선조를 기리고 건국의 명분을 강화하려는 의도에 따라 철저히 승자(勝者)의 문학이라는 성격을 지닌다. 세상이 비록 불완전했지만 건국시조의 출현으로 그러한 불완전이 극복되어 조화롭고 완전한 세계로서 나라가 세워졌다는 논리이다. 하늘로부터 신이(神異)한 지도자

7 김학성, 『한국고전시가의 연구』, 원광대학교 출판국, 1980. 조동일은 서사와 극을 모두 자아와 세계의 대결로 보기 때문에 이를 상호보완적인 입장에서의 대결이라고 하지만 같은 의미이다.

가 강림하는 이야기가 건국신화의 한 전형이다. 우리 민족 최초의 건국신화인 단군신화도 이 전형에 속한다. 천신(天神)인 환인(桓因)의 아드님 환웅(桓雄)께서 무질서 속에 고통 받는 인간을 돕고자 강림하셨다는 것이다. 이 신화는 이 주제를 강화하기 위한 여러 가지 장치를 지니고 있는데 순환적 구조와 상징적 수리체계도 그 하나이다. 설중환이 이 순환구조를 역학적(易學的)으로 해명한 바 있고,[8] 송재국·윤종빈 등 여러 철학자들도 그러한 노력을 지속적으로 전개해왔다.[9] 이러한 노력에 의해 단군신화에 역학적 사유가 내재되어 있다는 것이 어느 정도 분명해졌다.

그런데 이 역학적 사유는 이원화된 세계의 궁극적 일원성을 말한다. 땅 위에 사는 인간들을 위해 하늘의 천신이 강림하는 이야기는 그 자체로 이원적 세계관과 그 극복을 상징한다. 땅 위의 인간들은 자기들을 둘러싼 세계 속에서 결코 행복하지 못했다는 것이다. 하지만 신화는 이 상황을 종식시키기 위해 하늘의 신(환웅)이 친히 강림했음을 말하고자 한다. 그의 강림에 따라 인간들이 경험했던 이원적 고립이 해소된다. 하늘의 완전성이 땅위에도 실현된 것이다. 그가 건국을 위해 데리고 온 인물들과 웅녀가 참아야 했던 삼칠일(三七日), 백일(百日) 등의 숫자도 모두 조화와 완전을 상징하고 있다.

웅녀는 하늘의 완전성과 땅의 불완전성이 지닌 이원적 구조와는 또 다른 이원적 인식을 보여준다. 환웅이 하늘을 의미한다면 그녀는 땅을 의미한다. 이것은 그녀가 땅속(동굴)에서 인간이 되는 것으로 형상화된다. 여기에서 보이는 것은 하늘과 땅, 남자와 여자라는 이원성, 즉 음양(陰陽)

8 설중환, 「단군신화의 순환구조에 대한 역학적 고찰」, 『인문대논집』 13집, 고려대학교, 1995.

9 이을호, 「단군신화의 철학적 분석」, 『월간조선』, 1980년 10월호; 송재국, 「단군신화의 역철학적 해석」, 제4차 조선학 국제학술토론회 발표논문, 1992. 8; 김만산, 「단군신화에 나타난 한국인의 윤리의식에 관한 역학적 고찰」, 『동서철학연구』 14호, 1997.

의 이원성에 대한 인식이다. 그러나 이 이원성은 본원적으로 일원성을 지향하는 이원성이다. 이것은 동아시아적 원형사유이다. 마늘과 쑥은 각각 음과 양을 상징하면서 동시에 음양의 통합과 조화를 상징한다. 이로써 단군은 하늘과 땅, 남자와 여자, 신과 인간, 음과 양의 조화로운 관계의 산물이며, 그 조화 자체를 상징하게 된다. 결국 단군신화는 음양의 이원성을 거듭된 상보작용 속에 조화로운 일원성으로 구성하는 이야기다. 여기서 우리는 단군신화가 그리스 신화나 다른 서양 신화들에 비해 일원성과 이원성의 순환적 관계 혹은 궁극적 일원성이라는 동아시아 특유의 사유 속에 구축되어 있음을 확인할 수 있다.

하지만 이 완전한 신화적 세계 속에도 비극적 좌절을 맛보는 인물이 있다. 웅녀와는 달리 인간이 되겠다는 꿈을 이루지 못하고 좌절한 호랑이가 그것이다. 그는 웅녀와 같은 목표를 지향하지만 실패한다. 단군신화의 조화로운 세계 속에서 호랑이만이 이질적이고 불완전한 존재로 남는다. 이 호랑이에게서 강한 외래족[단군]에 저항하다 패배한 세력의 운명을 상상하는 것은 감성적으로 당연한 귀결이다. 그래서 그는 성취하고 선택받기 위해—즉 조화로운 세계를 위해 인내와 복종이 필요하다는 웅녀의 교훈을 강화한다. 책임은 호랑이에게로 돌아가고 그는 잊혀진다. 그래도 그가 승자의 적대자였다고 본다면 단군신화는 그에게 비교적 관대한 편이다. 설화의 세계에서 실패자가 경험하곤 하는 불행에서 그는 비켜나 있다.[10] 웅녀와 환웅의 결연—단군의 탄생을 위한 장식의 역할을 하고, 다만 잊혀질 뿐이다. 그의 결함은 사소하고 다만 웅녀가 위대해 보인다.

10 설화에서 실패자는 흔히 성공자와 비교되어 웃음거리가 되거나 자신의 불행을 징험(徵驗)한다. 이것은 대개 이야기의 교훈성을 강화해준다. 하지만 단군신화에서는 그런 양상을 찾을 수 없다.

그러나 호랑이에게서 세상과 섞이지 못한 쓸쓸한 패배자, 혹은 소외자의 모습을 분명히 볼 수 있다. 그에게서 세계 밖을 배회하는 자아의 모습, 자아와 세계의 이원성에 대한 인식을 발견하는 것이다. 그리고 이러한 이원성에 대한 인식은 결국 완전한 세계에 균열을 일으키는 비극적 세계관의 단초가 된다. 이러한 균열을 막기 위해 호랑이는 응징되지 않고 잊혀지는 것이다. 그리스 신화에서는 신들이 권좌를 두고 다투며 패배한 신들은 가혹하게 처벌된다. 올림포스의 질서는 투쟁을 통해 쟁취된 것이지만, 그들 역시 권리와 서로 다른 인간에 대한 애정으로 인해 끊임없이 투쟁한다. 그러므로 단군신화에서 호랑이가 항거하지 않으며 응징되지도 않는 것은 이 신화의 세계관이 투쟁이 아니라 상생을 지향한다는 것을 보여준다. 그것이 홍익인간(弘益人間)의 이념으로 선언된다.

이러한 상생, 궁극적 일원성에 대한 이념이 다소 약화된 것이 주몽신화이다. 주몽신화의 특징은 건국시조의 탄생과 자립 과정에서 이원적 세계상이 좀 더 선명하게 드러난다는 것이다. 주몽 탄생까지의 주인공은 유화이다. 그녀의 역할은 단군신화의 웅녀와 같은 것이다. 하지만 자율적이고 적극적인 모습으로 그려진 웅녀와 달리 유화는 타율적이고 소극적이다. 그녀는 해모수에게 버림받고 아버지에게 끔찍한 형벌을 받아 비참하게 버려진다. 주몽을 임신하고 낳는 것도 그녀의 의지가 아니다. 그녀가 피해도 빛이 그녀를 놓아주지 않는다. 이것은 하나의 운명이어서 그녀가 피해갈 수 없는 것이다. 세계가 지닌 거대한 힘 앞에 한계 지워진 개인의 모습이다. 물론 이것만으로 유화를 비극의 주인공이라고 할 수는 없다. 그녀에게서 냉혹한 이원적 세계상을 엿볼 수 있지만 이것은 지상 최고의 영웅, 주몽의 어머니가 되기 위한 과정이다. 주몽이 태어난 후 그녀는 어머니가 되어 자신의 역할을 자율적으로 수행한다. 주몽 신화는 어머니 혹은 물 위에 아버지 하늘(해)의 힘이 압도하고 있어서 역동적이지만 단군신화의 조화와 균형 지향에서 많이 이탈해 강한 신의 힘이 부각되고 있다. 이것은 강화된 왕권을 보여주는 것이면서 서사적으로 평화적 공동체의 이상이 무너지고 힘이 지배하는 냉혹한 현실을 반영하는 것이기도 하다. 호랑이, 웅녀와 마찬가지로 서사적 결말에서 유화는 잊혀지고 있지만 그녀 위에 형상화된 세계는 인간에게 가혹한 이원적 세계이며, 약자의 눈물과 고난을 선명하게 담고 있다.[11]

유화처럼 구체화된 형상을 보여주지는 않지만, 호랑이보다 더 나아간 비극적 인물은 비류이다. 그가 바닷가에 도읍하고자 한 데에는 이유가 있었을 것이다. 해양대국에의 야망이나, 어쩌면 온조를 추종하는 세력과 정치적인 알력이 있었을지도 모른다. 그러나 이야기 속에서 그는 다만 어리석을 뿐이다. 그럼에도 그에게 자신의 나라를 세우겠다는 의지가 있었던 것은 분명하다. 그는 꿈을 가졌지만 뜻대로 되지 않았다. 그리고 결국 죽음을 맞았다. 더구나 그는 '부끄러워서 죽었다'(慙悔而死).[12] 실패와 죽음. 이것은 이 인물이 맞선 비극적 세계관의 크기가 결코 작지 않았음을 말해준다. 어느 순간 자신의 실패를 깨달았을 때, 그는 세계를 넘어설 수 없는 자신의 한계를 뼈저리게 느꼈을 것이고, 그것을 받아들일 수밖에 없었을 것이다. 그것을 받아들이는 것이 얼마나 고통스러운 것이었는지 그의 죽음은 말해준다. 그러나 그의 죽음이 운명에의 순응을 통한 한계의 극복이라는 서양적 비극성의 온전한 발현이라고 보기는 어렵다.[13] 제한된 문맥에서 우리는 비류가 비극적 세계관에 마주해 있었다

11 그럼에도 불구하고 주몽 역시 해모수와 유화, 즉 남녀, 음양의 통합으로 태어난 존재임을 간과해서는 안 된다. 이것이 한국비극의 특수성을 구성하는 원리이기 때문이다.

12 『三國史記』卷第二十三, 百濟本紀第一, 始祖 溫祚王.

13 그리스 비극에서 영웅은 결국 자신의 비극적 운명을 받아들임으로써 운명이 더 이상 자신을 괴롭히지 못하도록 한다. 그러나 이것은 자신(개인)에 대한 포기가 아니라 자신의

는 사실만을 알 수 있을 뿐이다. 하지만 비어 있는 문맥을 복원할 때 그는 얼마든지 완전한 비극적 영웅의 면모를 지닐 수 있을 것이다. 비류는 신화의 시대가 끝나가고 있음을 보여주는 인물이다. 그는 온조의 경쟁자이자 형이었지만, 적대적으로 그려지지도 않았고 미화되지도 않았다. 주몽에게 도전한 인물들은 사회적으로 우위에 있으면서도 두려움을 지닌 소인배의 모습으로 그려졌다가 서사적 임무가 끝나면 사라진다. 서사는 조화롭고 완전한 세계상을 향해 움직이고 그 완전성에 상처를 줄 만한 것들은 서사 밖으로 밀려난다. 서사는 건국이라는 완성을 향해 질주한다. 하지만 비류와 온조의 이야기에서 이런 건국신화의 원리는 느껴지지 않는다. 무언가 조심스럽게 숨겨져 있지만, 밖으로 드러난 사실—비류의 죽음—은 기록된다. 역사의 영역으로 성큼 들어온 것이다. 하지만 그의 자살은 문학적 상상력을 자극하기에 부족함이 없다. 무엇보다 비류는 호랑이와 유화 위에 드리워진 토템적 신성성과 결별한 완전한 인간, 거대한 세계 앞에 좌절할 수밖에 없었던 한 개인의 모습으로 그려진다. 이 개인이 이길 수 없는 정당한 싸움을 시작하면 거기에 완전한 비극적 세계상이 구현되는 것이다. 물론 비류는 아직 그 싸움을 시작하지 않았다. 아니 백제 건국의 이야기는 우리에게 그 싸움을 보여주지 않은 것이다. 한국문학에서 비극서사의 본격적인 모습은 보다 더 투지를 지닌 인물의 형상을 기다려야 했다.

2) 비극적 세계관과 비극정신의 형성

(1) 『삼국사기』 열전의 인물들

『삼국유사』와 『삼국사기』에는 비극적 세계상을 보여주면서 강렬한

고귀함을 지키고자 하는 의지의 표명이어야 한다(이 책, 1장 2절 참조).

비극적 정조를 띠는 이야기가 제법 많다. 『삼국사기』 열전(列傳)의 김유신(金庾信)조 원술 부분이나 도미부인 · 온달 · 관창 등이 그런 면에서 널리 알려져 있다.

이들의 이야기는 이원적 세계상에 대한 인식을 넘어 강한 비극성을 띠는데, 그것은 주인공들이 일정한 정당성과 강한 의지를 지니기 때문이다. 아리스토텔레스에 의하면 '비극의 주인공은 평범한 보통 사람들보다 우월하'며, 그래서 그들의 운명적 파멸은 '연민과 공포를 자아낸다.'[14] 하지만 역시 비극을 보다 비극답게 하는 것은 비극적 운명에 도전하는 주인공의 강렬한 의지이다. 비극의 주인공은 세계가 쳐놓은 어떤 장애물 앞에서도 결코 물러서지 않고 자기가 지향하는 가치를 실현하고자 한다. 이 때문에 비극정신은 부정정신과 통한다. 그러나 비극정신은 단순한 부정정신이 아니다. 비극의 주인공은 결코 자기를 포기하지 않는다. 자기의 존엄성을 지키기 위해 운명을 받아들인다.[15] 오이디푸스가 결코 자기가 의도하지 않았던 죄에 대해 스스로를 단죄하는 것처럼. 그는 억울함을 항변할 수도 있었다. 그러나 그는 자신의 운명이 신들에 의한 것임을 알면서도 그래도 자신의 눈은 '바로 이 내 손으로' 찔렀다고 천명한다. 자기의 죄를 받아들임으로써 비극적 영웅이 된 그는 결국 자기의 운명을 받아들임으로써 신들의 저주에서 풀려난다.[16] 이렇게 비극은 운명—세계를 부정하며 맞서는 통상의 부정을 넘어 운명을 받아들여 운명과 싸우는 비극적 아이러니를 낳는다. 이렇게 자신을 제한하고

14 L. Clifford, 문상득 옮김, 『비극』, 서울대학교 출판부, 1985, pp. 1~2.

15 이 운명은 극 중에서 주인공을 파멸로 이끈 바로 그 운명이다. 여기서 비극의 역설, 비극적 아이러니가 발생한다.

16 살아 있는 동안 누구에게도 용납 받지 못했지만, 신들은 그의 시신이 묻히는 도시를 축복하기로 한다. 그는 신(운명)을 받아들임으로써 신(운명)을 극복한 것이다.

파멸로 이끄는 운명이라도 받아들이는 것이 바로 운명애다. 그리스인들은 비극을 통해 이 깨달음에 도달하고자 했던 것이다.

이렇게 비극의 주인공은 진지하고 심각하며 자신에게 주어진 파멸의 운명에 대해 이를 거부할 만한 일정한 정당성을 지니고 있다. 이런 점에서 전형적인 비극은 영웅적인 주인공을 지닌다고 할 수 있다. 위에서 예를 든 원술이나 도미부인, 관창 등은 모두 그러한 정당성을 지닌다. 원술은 명예롭게 죽고자 했으나 담릉이 이를 저지하여 결국 부모에게 버림받은 수치스런 삶을 살아야 했다. 도미부인은 정절을 지키고자 하였으나 왕의 권력 앞에 불운한 삶을 마쳤다. 이들의 과오는 평범한 사람들의 시선으로 볼 때, 과오랄 것도 없는 사소한 것이었다. 그러나 그 때문에 그들은 불행에 빠졌다. 그런데 이들의 부정정신은 상당한 차이를 지닌다. 원술이 부정한 세계는 자신이다. 그는 담릉으로 인해 그르쳤다고 한탄하지만 결국 죽지 못한 것은 결단력 부족한 자신이다. 관창이 살아 돌아오고도 거듭 사지에 뛰어들어 결국 죽음을 쟁취한 것과 비교할 때 원술의 문제는 곧 드러난다.

그런데 여기서 주목할 것은 완벽한 정당성을 지니고 죽은 관창의 이야기보다 일정한 정당성과 사소한 과오를 지니고 살아남은 원술의 이야기가 더 슬프게 여겨진다는 사실이다. 물론 여기서 '슬프다'는 것이 곧 더 비극적이라는 뜻은 아니다. 비극은 슬프면서도 숭고한 것이다.[17] 원술의 삶이 더 슬프지만, 관창의 죽음이 보다 더 숭고하다. 관창의 죽음을 헤라클레스의 죽음에 비길 수 있다면, 원술의 삶은 오이디푸스의 삶에 비할 수 있다. 관창은 자신의 죽음으로 나라를 구한 영웅이 되었다.

17 그래서 하르트만은 숭고와 비극을 분리하지 않고 '숭고로서의 비극'을 논했던 것이다. 여기에 대해서는 N. Hartmann, 전원재 옮김, 『미학』, 을유문화사, 1995, pp. 407~461 참조.

그는 스스로 죽음 앞에서 초연했을 뿐만 아니라 스스로 죽음을 향해 걸어 들어갔다. 그 숭고함이 슬픔조차 압도한다. 그러나 원술의 경우는 다르다. 그는 보통 사람보다 위대했으나 결국 만류를 뿌리치고 죽지는 못했다. 그것이 죄가 되어 어머니에게조차 용납 받지 못했다. 오이디푸스가 어디에도 용납되지 못한 채 눈먼 몸으로 평생을 헤맨 것과 비길 만하다. 다만 그가 딸들을 제외한 누구에게도 용납 받지 못했다면, 원술은 오직 부모에게 용납 받지 못했다는 사실만이 다르다. 어느 쪽이 더 고통스러운 것인지는 판단하는 자의 몫일 것이다. 오이디푸스 신화처럼 원술의 이야기는 숭고와 슬픔이 균형을 이루어 우리에게 더 많은 연민과 감동을 안겨준다. 비극이 그 미적 효과를 극대화하기 위해서는 숭고와 슬픔이 균형을 이루어야 하는 것이다.

이렇게 보면 우리 설화 속의 비극과 그리스 신화의 비극이 그 요체가 같다고 보일 수도 있겠다. 하지만 관창은 헤라클레스보다 더 국가적 이념에 가깝고, 아버지의 기대를 받아들인 면이 강하다. 또 원술이 오직 부모에게 용납 받지 못한 것으로 평생을 한을 안고 산 것에서도 같은 면을 찾을 수 있다. 가족(또는 가문)과 국가의 이념이 강조되며, 이때 가족과 국가는 서로 다른 것이 아니라는 것이다. 가족의 확장이 국가이다. 이러한 차이는 아직 미적인 것, 즉 비극성의 본질에 대한 차이는 아니다. 문화적 제도적 환경의 반영일 뿐이다. 하지만 문화적 환경은 결국 미적인 영역에도 영향을 미친다.

그러한 예를 온달에서 볼 수 있다. 온달은 한미한 가문의 남자다. 그래서 그의 이야기는 주로 평강왕의 공주가 자신의 신념을 아버지에게 인정받는 내용으로 이루어진다. 하지만 이 이야기의 중심은 공주의 가문인 왕실이나 국가적 이념인 충의에 놓여 있지 않다. 전반부는 주로 공주의 영웅적인 면모가 부각되고, 후반부에서는 온달의 무용담이 전개된다.

전반부는 공주와 가난한 남자의 신비로운 결연에 초점이 맞추어지고, 후반부는 그 사랑이 낳은 기적에 무게가 실린다. 결국 이 이야기는 사랑 이야기이다. 사랑의 힘으로 유명한 바보에서 대영웅이 된 온달이 전사한다. 그러나 서사는 그 장렬한 죽음에 별로 관심이 없다. 그냥 유시(流矢)에 맞아 죽었다고만 서술한다. 중요한 것은 죽음 그 자체가 아니라 그 이후에 있기 때문이다. 그의 영구가 움직이지 아니한다. 그리고 공주가 와서 관을 어루만지며 달래고서야 관이 들려서 장사를 치렀다는 것이다. 이 이야기의 비극성은 온달 개인의 정당성이나 투지와 좌절에서 결구되지 않는다. 이들의 정당성도 투지도 좌절마저도 모두 두 사람의 관계에서 나온다. 바보와 결혼한 공주의 정당성도 공주와 결혼한 미천한 온달의 정당성도 모두 결국 이들의 사랑이 빚어낸 기적, 온달의 성장에서 나온다. 온달의 성장을 가능하게 한 투지도 공주에 대한 사랑에서 나온 것이다. 뜻을 이루지 못한 죽음이 좌절이 되는 것도 사랑하는 공주가 있기 때문이다. 그래서 그의 손길이 닿아서야 죽음을 받아들이는 것이다. 이렇게 이야기가 가문이나 국가를 떠나도 주인공 한 사람의 것으로 귀결되지 않는다.

(2) 호동왕자와 낙랑공주

지금까지의 이야기들은 어떤 인물에 대한 설화적 전승의 구성물이다. 사관의 창작이 아니다. 사관은 오히려 읽고 전해들은 바를 가급적 사실적으로 기록하고자 했을 것이다. 상층이 이룩한 문학에서 가장 많은 비중을 차지하는 것이 역사에서 제재를 가져온 것이다. 그중 상당수는 적어도 기록자에게는 허구보다 사실의 기록이라는 성격이 강하다. 그러나 많은 경우 사관에게 이 '사실'의 개념은 '있었던 그대로'가 아니라 '전해들은 그대로'를 의미한다. 허구임이 분명하더라도 그 이상의 객관적 사료가 없다면 사관은 그것을 기록한다. 따라서 이 이야기들이 문학의 영역에 들어오는 첫 번째 조건은 전승 과정에서 개입한 허구성이다. 이것은 물론 특정 개인의 것이 아니라 전승이 거듭될수록 공동체의 전통과 가치를 반영하게 될 것이다.

사관이 전해들은 바를 기록하지만, 그것을 그대로 믿어 기록하는 것은 아니므로 여기에는 취사선택, 배열(재구성)과 논평을 통해 편집자의 의식이 개입한다. 오늘날에도 수많은 소설들이 실제 사실을 제재로 하고 있다. 팩션(faction)을 운운하지 않더라도 사실과 허구의 경계가 불분명해지는 경우는 문학에서 허다하다. 이런 작품들은 사실을 배열하고 재구성하는 수법에 주목해야 한다. 결국 전승의 기록・재구성인 작품들에는 누적된 전승자들의 사유와 가치가 포함되어 있으며, 이것은 공동체의 창작이라는 성격을 띠게 된다. 한편 그 편집・구성의 논리나 논평 등에서는 기록자(혹은 기록한다는 의식을 지닌 작가) 자신의 견해도 찾아볼 수 있을 것이다.

위와 같은 전제 하에서 『삼국사기』 열전은 인물들에 대한 기록과 전승의 재구성물이다. 하지만 역사의 재구성인 본기(本紀)에 온달이나 관창 못지않게 유명한 비극적 이야기가 전한다. 아직 신화적 신성함이 채 사라지지도 않은 『고구려본기』(高句麗本紀) 대무신왕조(大武神王條)의 호동왕자(好童王子)와 낙랑공주(樂浪公主)의 이야기가 그것이다. 호동이 자결했다는 『삼국사기』의 기록은 사서(史書)의 성격으로 보아서도 사실일 것이다. 그는 자기를 참소하는 왕비에 대해 자신을 변호하라는 측근의 권유를 물리치고 어머니의 악함을 드러내어 왕께 근심을 끼치는 것은 효가 아니라며 자결한 것으로 되어 있다.[18] 이렇게 호동은 이념적・윤리적

18 『三國史記』 卷第十四, 十五年.

으로 고상할 뿐 아니라 왕비가 태자의 자리를 빼앗길까봐 두려워할 정도의 능력을 지닌 인물이다. 여기서 드러나는 호동의 모습은 여러 기록문학들이 그리고 있는 이념적 영웅의 모습인 것이다.

이 이야기의 허구성을 보여주는 명확한 표지는 자명고(自鳴鼓)의 존재이다. 적이 쳐들어오면 저절로 울린다는 이 자명고는 아마도 실재한 것이 아니라 상상력의 개입에 의한 어떤 문학적 상징일 것이다. 그렇다면 호동왕자 이야기는 사실과 상상력의 혼합물이며 문학적으로 연구될 충분한 가치를 지닌다. 이렇게 보면 일단 호동과 낙랑공주의 애절한 사랑 이야기가 한편 성립된다.

호동의 죽음과 관련된 이야기를 아는 사람은 그가 비록 전쟁에서의 승리를 목적으로 했다고 해도 낙랑공주에게 한 결연의 약속을 어길 것으로 보기는 어렵다. 낙랑공주의 행위는 나라와 아버지에게는 배신이다. 그러므로 그녀의 죽음은 이념적으로는 당연하다. 하지만 이 이야기를 수용하는 사람들은 감정적으로 그녀를 용서한다(적어도 연민을 느낄 것이다). '사랑'이라는 보편욕망이 지닌 힘이 그렇게 강한 것이다. 한 사람을 사랑한 그녀의 선택이 안타깝게 느껴진다. 이렇게 이입된 감정이 그녀를 이해하게 해서 비극성을 심화시킨다. 수용자들은 문맥에 드러나지 않은 그녀의 고심을 추체험(追體驗)한다. 이것이 상상력의 힘이며, 예술의 힘이다. 살아남아 호동을 얻는 것이 더 행복했을까, 아니면 그대로 아버지의 손에 죽은 것이 차라리 나았을까, 호동의 마음은 어떠했을까, 그는 낙랑공주를 이용한 것은 아닌가. 이런 의문들이 쏟아진다. 그런데 여기서 마지막 질문은 비극성의 아름다움을 훼손할 수 있는 것이다. 이 이야기에서 낙랑공주의 정당성은 객관적으로 혹은 윤리적으로 보증되는 것이 아니라 그녀의 사랑이 지닌 애절함으로 형상된다. 따라서 사관이 이 이야기를 보다 미적으로 꾸미고자 했다면 호동을 합리화하여 이 사랑을 완성해주었을 것이다.[19] 아마도 설화전승이 있었다면 민중들은 그런 시도를 했을 것이다. 하지만 사관은 여기에 대해 더 설명하지 않고 다만 호동의 죽음을 첨언(添言)한다. 불확실한 인물들의 내면이나 후일담들을 기록할 필요가 없었던 것이다.

역사적으로야 무엇이 더 중요한 사실이든, 미학적으로 중요한 것은 사랑에 목숨을 버린 낙랑공주 다음에 부왕(父王)을 위해 목숨을 버리는 호동의 장엄한 죽음이 온다는 것이다. 이 두 죽음의 중첩으로 이 이야기는 운명에 대한 통찰을 불러일으킨다. 낙랑을 죽게 한 호동은 자신도 천수를 누리지 못하고 요절했다. 하지만 이 요절은 하늘의 징계가 아니다. 그는 스스로 죽음을 택했으며, 죽음 앞에서도 초연했다. 무엇 때문일까? 그는 충효를 겸비한 영웅이었던 것이다. 여기서 그가 낙랑을 이용하고 버린 것이 아니냐는 질문은 빛을 잃는다. 두 연인은 결국 모두 요절했다. 하나의 죽음이 아니라 연속되는 죽음의 이미지는 비극적 세계관, 즉 유한자인 인간의 운명을 상기시키고, 연민과 공포를 강화한다.

여기서 또 되돌아보아야 할 것은 낙랑과 그의 부왕, 호동과 그의 부왕의 관계이다. 낙랑은 사랑을 위하여 부왕과 나라를 배신한 결과 결국 죽음을 당했다. 그녀는 충효의 가치 위에 사랑 혹은 여인의 도리를 놓은 것이다. 호동은 부왕의 마음을 편하게 하기 위해, 즉 충효의 가치를 위해 스스로 죽었다. 그는 자신의 생명과 바른 진실이라는 가치 위에 왕인 아버지에 대한 충효를 놓은 것이다. 이 두 연인은 아주 묘하게도 충효라는 당대의 핵심적인 가치와 함께 사랑이라는 문제를 되돌아보게 한다. 이 작품의 비극성은 이런 문제의식 때문에 어느 한 인물에 머무르지 않고 관계망 안에서 구성된다. 낙랑과 호동의 기본 관계 위에 낙랑과 그녀의 부왕,

19 실제로 호동왕자 이야기를 현대적으로 재창조하는 경우에는 그런 경향이 보인다.

호동과 그의 부왕을 주요 축으로 하고 두 나라의 여러 인물들이 연결되어 있는 것이다. 이렇게 두 이야기는 마치 한 사람의 작가가 쓴 것처럼 한 편의 비극을 완성하고 있다.

이 일련의 두 사건이 지닌 비극적 힘은 사관을 움직여 다음과 같은 논평을 남기게 했다.

> 논하여 말하기를, 지금 왕이 참언을 믿어 무죄한 애자(愛子)를 죽이니 그 불인(不仁)함은 족히 말할 것도 없거니와, 호동도 아주 죄가 없다고 할 수는 없다.[20]

이 논평은 물론 순(舜) 임금과 신생(申生)의 예를 들어 인의(仁義)와 대의(大義)로서의 효를 밝히기 위해 쓴 것이다. 하지만 웬만한 사건에는 논평을 삼가고 있는 사관이 구태여 긴 논평을 단 이유는 이 사건이 매우 비극적이어서 이런 일이 다시없도록 경계해야 한다고 느꼈기 때문이다. 이렇게 사건을 반성하여 파국을 피할 길은 없었나 되돌아보는 것은 비극을 접한 수용자들이 보이는 일반적인 반응들 중 하나이다. 사실 이 이야기는 대무신왕의 권위에도 도움이 되지 않고 『삼국사기』의 세계관에 비추어보아도 그리 요긴한 이야기는 아니다.[21] 한 나라의 흥망과 관련된 널리 알려진 애절한 이야기여서 기록했을 것이다. 오래 전해지고 널리 퍼진 이야기는 여러 사람과 시간의 도움을 받아 다양하고 짜임새 있는 구조를 지니게 되고, 기록자는 그런 것을 외면하지 못하고 기록하는

20 『三國史記』 卷第十四, 十五年. "論曰 今王信讒言 殺無辜之愛子 其不仁 不足道矣 而好童不得無罪."

21 김부식의 입장에서는 허황된 자명고와 낙랑공주 이야기는 빼고 호동의 죽음만 기록하는 것이 역사적 교훈이나 신빙성이라는 면에서 더 나았을 것이다.

데 이런 것들이 비교적 높은 문학성을 지닌다.

(3) 『삼국유사』 김제상과 김현감호

이념적 인격적 영웅과 사랑 이야기가 결합된 것으로 『삼국유사』 기이(紀異)편에 김제상(金堤上)과 그 부인의 이야기가 있다. 이 이야기는 『삼국사기』 열전에도 있어 비교가 가능하다. 먼저 눈에 띄는 차이는 『삼국사기』에는 박제상으로 되어 있어서 성이 다르다는 것이다. 이것은 제상이 왕실의 핏줄이며, 세 성씨가 돌아가며 왕위를 계승했던 신라의 현실에서 비롯된 오류로 『삼국유사』 쪽의 착각인 것으로 보인다.[22] 그러나 문예적인 면에서 더욱 중요한 차이는 제상의 부인이 그를 기다리다 치술령(致述嶺)의 신모(神母)가 되었다는 이야기가 『삼국사기』 쪽에는 없다는 것이다. 『삼국사기』의 사관이 보기에 이 이야기는 신빙성이 없었던 것이다. 낙랑공주의 자명고 이야기는 비록 허황되지만 한 나라의 패망과 관련이 있어 다루지 않을 수 없었지만 치술령 신모 이야기는 기록할 가치가 없었던 것이다. 하지만 문학적인 면에서 본다면 치술령 신모의 이야기는 박제상의 이야기에 민중들의 상상력이 개입된 중요한 증거이며, 그러한 상상력이 개입될 수밖에 없는 공동체의 미적 가치를 탐구하는 데 중요한 근거가 된다.

박제상이 왕의 두 형제를 구했다는 것은 역사적 사실일 가능성이 높다. 그것은 결코 쉽게 이룰 수 있는 일이 아니었으며, 그가 결국 왜국에서 온갖 고초를 겪고 죽었다는 이야기가 전해졌을 것이다. 이러한 제상의

22 『삼국사기』가 그를 파사(婆娑)이사금의 5대손으로 지정하는 등 그의 가계에 대한 설명이 더 자세하기 때문에 이를 신뢰하기로 한다(『三國史記』 卷第四十五, 列傳第五, 朴堤上 참조).

헌신적인 충절과 죽음은 그를 비극적 영웅이 되게 하는 데 전혀 손색이 없다. 그러나 관창의 경우와 마찬가지로 그의 태도가 너무 단호해서 비극적 정조를 읽어내는 데는 어려움이 있다. 그는 스스로 택한 길을 가기 때문에 운명의 장난감이 되거나 운명에 순응하는 모습을 보기도 어렵다. 물론 스스로 사지에 남고, 죽을 것을 알면서도 왜왕에게 신라의 신하임을 주장하는 모습은 인간 궁극의 운명인 죽음을 받아들임으로써 고귀해지는 비극적 주인공의 모습이다. 비극이 항상 운명에 순응하는 주인공을 그려야 하는 것은 아니다. 비극에서 운명을 받아들인다는 것이 단순한 순응을 의미하는 것이 아니기 때문이다. 부정정신의 승화로서의 운명애가 비극의 본질이다. 그리고 문학예술로서의 비극은 운명애에 이르는 주인공을 보여주어야만 하는 것도 아니다. 대개 3부로 이루어진 그리스 비극의 마지막편인 3부에서는 주인공들이 그런 모습에 접근하기도 하지만 셰익스피어 비극의 인물들은 단지 운명 속에서 스러질 뿐이다. 하지만 관객이나 독자들은 운명과 맞서다 스러지는 주인공의 모습을 통해 비극적 세계상—운명이나 세계의 힘 앞에 선 나약한 인간—을 인식하고, 여기에서 어떤 심미적 깨달음—대개 감상으로서의 느낌—을 얻을 수 있다. 하지만 제상의 죽음에서 우리는 스러지는 영웅이 아니라 오히려 승리하는 영웅의 상을 본다. 결국 동반 탈출에 실패하고 죽는 그 자체는 운명 앞에 좌절한 비극적 인간의 모습이지만, 죽음을 받아들이는 태도는 비극적 영웅의 깨달음이라기보다 이념적 영웅의 자기희생으로 여겨진다. 그는 운명과의 싸움에는 실패했지만, 이념적으로는 승리했다. 그리스 신화의 비극적 영웅들도 죽음을 의연하게 받아들인다. 하지만 그것은 또 다른 이념이 아니라, 운명 그 자체를 받아들이는 것이다. 운명을 받아들여 운명의 파괴적 힘을 무력화시킨다. 따라서 오이디푸스의 달관한 듯한 모습은 숭고하면서도 애처롭다. 이에 비해 제상의 죽음은 이념적 승리를 통해 강력한 숭고로 귀결된다. 그의 죽음은 비장하지만 애처롭지는 않다.

이런 차이 속에서도 이 작품이 한국적인 비극으로 귀결되는 것은 부인에 의한 것이다. 박제상의 부인은 『삼국사기』에서 떠나는 남편을 보고 통곡하며 '잘 다녀오라'는 인사를 전한 뒤 사라진다. 『삼국유사』 김제상의 부인도 율포 바닷가에서 멀리 배 위에 있는 남편을 불렀다. 하지만 남편은 손만 흔들어 보이고 그대로 떠나 다시는 돌아오지 않았다고 했다. 그런데 『삼국유사』는 이야기의 끝에서 다시 그녀를 불러낸다. 그리고 이야기가 조금 달라진다. 그녀는 제상이 집에 들르지도 않고 떠난다는 소식을 듣고 급히 뒤쫓았으나 미치지 못하여 망덕사 문 남쪽의 모래밭에 이르러 다리를 뻗고 일어나지 않았다. 그래서 그곳을 벌지지(伐知旨)라고 했다. 오래도록 남편을 기다리던 그녀는 사모함을 이기지 못해 세 딸을 거느리고 치술령에 올라가 왜국을 보며 통곡하다 죽어 신이 된다. 민중들은 사당을 지어 그녀를 모신다.[23]

현지(現地)에 남아 있는 설화도 『삼국유사』와 대동소이한데, 이보다 더 자세하다. 그녀는 기다리다 지쳐 돌로 화해 죽는다. 그리고 그 영혼은 바다 멀리 남편을 마중하는 새가 된다. 이로 인해 박제상의 이념적 승리 위에 운명의 힘 앞에 스러진 한 여인의 비극적 모습이 겹쳐진다. 운명 앞에 승리하는 것은 아무것도 없다. 충절은 충절일 뿐이다. 박제상은 패배자가 아니지만 운명에 대해서는 승자가 아니다. 돌이 된 그의 아내가 이 사실을 환기한다. 하지만 그녀도 패배자가 아니다. 그녀는 가혹한 운명 앞에서도 포기를 몰랐다. 그는 죽지 않는 돌이 되고 멀리 보는 새가 되고 그리고 치술령의 신모가 된다. 그리스 비극의 영웅들이 죽음

23 『三國史記』 卷第四十五, 列傳第五, 朴堤上.

앞에서도 명예나 영혼의 고귀함을 추구하는 자유의지를 버리지 않았듯이, 그녀는 남편을 향한 사랑의 마음—정(情)을 끝내 버리지 않았다. 헤라클레스가 죽음을 넘어 올림포스의 신이 되었듯이, 그녀는 자신이 끝내 지키고자 한 자리, 치술령에서 죽음을 넘어선 신이 된 것이다. 명예나 철학적 깨달음이 들어서는 자리에 사랑이 들어섰다. 이 이야기에도 민중들의 상상력이 포함되어 있을 것이다. 먼 옛일을 기록한다는 것이 이런 것이다. 시간이 사실과 허구를 뒤섞고 상층인과 기층민중의 생각을 뒤섞어 한 집단의 공동사유, 원형사유에 접근하게 한다. 인간이 신(神)이 되고 신이 되어서도 인간의 마음을 그대로 지니는 이런 신관(神觀)은 한국 민간신화, 특히 서사무가(敍事巫歌)의 기본 골격이다.

불교적이면서도 무속적인 성향을 보여주는 다른 비극으로 「김현감호」를 들 수 있다. 이 작품에서 호녀는 물론 토템적인 성격을 일부 지니고 있다. 그러나 그녀는 인간과 마찬가지로 운명 앞에 나약한 존재이다. 그녀는 오빠들에게 드리워진 운명을 알고 이를 자신의 몸으로 받아들이고자 한다. 악은 오빠들이 저질렀는데 죄는 자신이 받는 것이다. 따라서 그녀는 가혹한 운명 앞에 정당하다. 단지 스스로 죄가 없다는 사실을 넘어 그녀가 오빠들을 위해 죽음을 자청한다는 사실이 그녀의 정당성을 완성한다. 정당한—그러니까 착하디착한— 그녀의 죽음으로 비극성이 고조된다. 그러나 자신들이 살길을 얻었다고 기뻐하는 오빠들과의 관계에서 이 비극성이 완성될 수는 없다. 연인이 된 김현이 그녀의 청을 받아 그녀를 죽임으로써 이 작품은 고조된 비극성을 얻는다. 그리고 김현이 신의를 지켜 그녀의 은혜를 갚고, 죽음에 임해서도 그 일에 감동하여 전기(傳奇)를 씀으로써 하나의 비극이 완성된다. 이 이야기도 결국 두 연인의 관계가 정당성 구축의 핵심이 되고, 그 관계 즉 신의와 사랑을 지킴으로써 비극성이 구현된 것이다.

3) 초기 비극서사의 한국적 특징

앞에서 다룬 『삼국사기』와 『삼국유사』의 설화들은 한국문학에서 중요한 위치를 차지한다. 그것들에서 한국서사문학의 기원을 찾고, 원형을 찾는 작업이 계속되어왔다. 이 글 역시 우리 비극의 기원과 원형을 찾기 위해 두 저작을 중심으로 고대 설화 속에 구현되어 있는 비극적 작품들을 살폈다. 이러한 탐구의 결과, 그리스 비극과 마찬가지로 우리 비극도 역시 신화로부터 비롯되었다는 것을 확인했다. 자아와 세계가 혼연일체(渾然一體)를 이룬다는 신화로부터 자아가 세계로부터의 분리를 경험하는 비극이 나온다는 이 아이러니는 일정한 세계적 보편성을 지닌다. 그러나 이 아이러니는 그 반대의 순환에서 기인한다. 기실 신화란 세계의 폭력적인 힘 앞에 스러지는 나약한 인간의 현실로부터 벗어나려는 인간의 꿈의 표현이기 때문이다. 결국 비극적 현실이 신화를 낳고, 그렇게 만들어진 신화는 결국 그 안에 비극적 현실에 대한 인식을 포함하게 되기 때문에 그로부터 비극이 태어나는 것이다.

그런데 한국 신화는 자아와 세계의 대립과 유한자인 인간의 필연적인 좌절이라는 비극적 현실을 근본적으로 넘어서는 궁극적인 통합을 지향한다는 특수성을 지니고 있다. 그리스 신화의 신들이 투쟁을 통해 권좌를 차지하는 것과는 달리 한국 신화의 신들은 천지, 음양, 남녀의 통합을 실현하는 모습으로 그려진다. 특히 단군신화는 서사의 전(全) 영역에서 이 같은 근원적이고 전면적인 통합 지향성을 보여주었으며, 이것은 음양이라는 이원성 속에서 궁극적인 통합인 태극=무극(無極)의 경지를 엿보는 동아시아적 원형사유의 서사적 구현으로 나타났다. 이러한 성격으로 인해 한국의 신화들은 통합의 과정에서 희생되는 인물들 위에 현현하는 이원적 인식도 궁극적인 통합의 과정 속에 흡수하여 지워버린다.

이러한 통합의 사유는 한국 비극의 특징을 구성하는 원형사유이기도 하다. 자아는 세계의 비극 앞에 무너지면서도 세계와 끊임없는 통합을 시도한다. 악인의 파멸이나 비겁한 인물의 파멸에서는 비극성이 파생되지 않는다. 비극성은 운명을 수용하면서도 운명의 폭압성에 맞서 인간 자신의 존엄성을 지키는 데에서 나온다. 그래서 비극의 주인공들은 대개 보편적으로 인정받을 수 있는 가치를 추구하여 운명 앞에 정당성을 확보한다. 이와 같은 정당성 확보는 비극성 성립의 기본 조건이다. 서양 비극에서 주인공들이 추구하는 가치는 비록 보편성을 지니는 공공선의 모습을 하고 있지만, 그 정당성은 오직 주인공 자신이 개인으로서 그 가치를 추구함으로써 얻어진다. 하지만 한국고대설화의 인물들은 여러 인물들 사이의 관계 속에서 그 정당성을 구축한다. 앞에 온달이나 호동왕자, 김제상 이야기 등에서 보았던 것처럼 한국의 서사전통에서 한 사람의 주인공만 부각하고 마무리되는 비극은 좀처럼 찾아보기 어렵다.

인물들의 관계망 속에서 상층은 지배적인 이념에 무게 중심을 두는 경향이 있다. 그들이 국가를 운영하는 주체이기 때문이기도 하지만, 그들이 기록을 남기는 이유가 세상과 후인을 경계하려는 데 있기 때문이다. 이들이 온달·관창·박제상 등 충의의 인물을 집중적으로 부각하는 이유가 여기에 있다. 그런데 이들은 주인공들을 이념의 강력한 실현자, 즉 이념적 영웅으로 그림으로써 비극성이 숭고에 치우치는 양상을 보인다. 주인공의 신념에 압도되어 슬픔을 느낄 여유조차 사라지는 것이다. 이때 '슬픔'이라는 표현은 일반적으로 비장보다는 비애를 가리킨다. 비애는 일상적이고 부드러운 슬픔이다.[24] 비극성의 미적 표현인 비장은 숭고의 특수한 양상으로 여겨지기도 한다. 그러나 비장은 특유의 부정적 감성—

---

24 김창현, 「미적 범주에 대하여」, 『한국문학의 문예적 연구』, 월인, 2001, pp. 548~549 참조.

슬픔을 동반하여야 한다. 그러한 일정한 부드러움, 즉 우아가 있어야 비극성이 충분히 향유될 수 있다.[25]

기층민중은 정을 중시하여 비애에 치우치는 양상을 보인다.[26] 민중들은 전해진 역사적 사실 속에서 특히 사랑과 같은 인간의 정에 주목하고 상상력을 발휘하여 그런 부분들을 확장하고 의미를 부여했다. 박제상의 충의 다음에 그 아내의 기다림을 그리고, 온달의 죽음 다음에 공주의 위로가 있어야 관이 움직이는 이야기를 만들고 이를 구전하는 중심에 민중이 있었다. 이 정이야말로 부드러운 우아이며, 한국의 옛 민중들은 이 정이 그 자체로 아름다운 것이며 가장 소중한 것이라고 믿었다.

같은 사건을 두고도 상층은 이념적이고 논리적 접근을 하고, 기층은 생활적이고 감성적 접근을 해서 각자 서로 주목하는 부분이 다른 경우가 많았다. 상층 편집자는 대개 충의와 같은 이념이 부각되는 사건에 초점을 맞추지만, 기록이 부족하고 전승되는 이야기를 무시할 수 없는 경우가 있어서 상층의 해석과 하층의 상상력이 결합하는 일이 많았다. 이 때문에 사건에 대한 기록 자체도 충의를 주제로 한 사건 전후에 사람의 정을 주제로 한 상상적 이야기가 맞물린 이중의 서사구조를 띤 경우가 많았으며, 그런 경우 전체 서사의 차원에서는 숭고와 비애의 균형이 이루어지곤 했다.

상층의 편집·해석이 보다 강하게 작용한 경우나 하층의 상상력이 더 많이 작용한 경우나 모두 주인공 개인에서 머무르지 않고 관계를 중시한다는 점을 발견할 수 있었다. 그리고 전승의 재구성물인 많은

25 우아는 때로 순수미, 미 자체로 여겨지기도 한다. 모든 미적 수용에는 우아가 개입하며, 그래야 미감이 발생한다(김창현, 「미적 범주에 대하여」, 『한국문학의 문예적 연구』, 월인, 2001, pp. 539~551 참조).

26 '비애'는 비장에 우아가 스며든 부드러운 비장이다.

기록에서 상층과 하층의 개입을 동시에 발견할 수 있었다. 이렇게 공동체의 창작이라는 성격을 띤다는 점도 서양 비극의 기원인 그리스 비극과 크게 다른 점이라고 하겠다. 이것은 물론 작가 개인의 창작물로 여겨진 그리스 비극에 비해, 한국 허구서사의 중심이 민중의 구비 전승에 있어왔으며, 상층이 이를 비교적 있는 그대로 기록하고자 한 우리의 문화적 전통으로 인한 것이다.

4) 소결

이 장은 한국비극의 기원적 양상에 해당하는 고대신화를 다루고 그 연장선상에서 『삼국사기』와 『삼국유사』에 실린 영웅적인 인물들—정당성과 함께 운명에 맞설 의지를 지닌 인물들의 좌절이나 죽음을 그린 비극적 서사작품들을 살펴보았다.

고대신화의 일원적 세계상 이면에서 조금씩 불거지기 시작한 이원적 세계상은 점차 이원적 세계관을 분명하게 보여주면서 비극적 세계상으로 전화되었다. 그리고 호동왕자의 이야기에 와서는 분명한 비극적 세계관을 환기시키면서 보다 중요한 가치를 위해 적극적으로 죽음을 받아들이는 영웅을 그렸다. 비극정신의 발현이다. 이것은 일회성에 그치지 않고 박제상이나 원술, 관창 등을 비롯한 다른 여러 이야기에도 나타났다.

이 인물들의 이야기들은 주인공 개인의 정당성과 의지를 중시하는 서양 비극의 전통과는 달리 인물들 사이의 관계망 속에서 정당성이 구축되는 특징을 보였으며 상층에 의해서는 이념적 가치인 충의가, 하층에 의해서는 감성적 가치인 정이 부각되는 양상을 보였다. 특히 동일한 사건을 두고도 두 지향이 결합되어 비극성을 심화하고 완성하는 경우가 자주 있었다.

『삼국사기』와 『삼국유사』 이후에는 상층비극과 민중비극의 양상이 서로 크게 달라지면서 전개되어, 호동왕자나 박제상 등에 나타난 이념적·윤리적 영웅의 모습은 이후 「양산숙전」 등 주로 양반 지식인층의 전통으로 이어지고, 치술령 신모나 김현감호 등에 나타난 정을 중시하는 감성적 인물의 비극은 애정비극설화나 서사무가 등으로 이어졌다.[27]

좌절한 반란군 장수나 의병장 등 비극적 영웅에 대한 설화에서는 불완전한 이념적 영웅의 모습도 발견되지만, 많은 이야기가 아기장수설화의 원형 화소와 결합하거나 반대로 아기장수설화군에 화소를 제공하는 양상을 보였다. 이런 점에서 민중영웅비극에서 아기장수설화가 차지하는 문학사적 위치는 주목할 만하다고 생각된다. 아기장수 설화는 아기라는 이미지와 아기와 부모라는 관계 위에 설정되는 정이라는 면에서는 김현감호, 치술령 신모 등의 전통을 이었다고 할 수 있으면서, 강력한 힘, 왕권 등 기득권 세력에 주는 경계심 등에 있어서는 충의의 이념적 인물을 뒤집은 일종의 반영웅적 성격도 지닌다고 생각된다. 이제 아기장수로부터 좌절한 영웅들의 다양한 스펙트럼에 접근해보기로 하자.

3. 설화에서 소설로: 아기장수에서 김덕령, 임경업장군까지

앞에서 『시학』을 중심으로 '비극'이 되기 위한 보편적 조건들을 살펴본 바 있다. 여기서는 앞의 논의를 바탕으로 아기장수 설화에서 출발하여 우리 비극 영웅들의 몇몇 전형들을 분석하면서 우리 비극의 보편성과 특수성을 드러내 보이고자 한다.

---

27 이 설화들의 애정비극적 측면에 대한 고찰은 3장에서 이루어질 것이다.

그 전에 분석 대상으로 삼을 '아기장수' 설화의 텍스트를 확정할 필요가 있다. 아기장수 설화는 전국 어디에서나 발견되는 이른바 '광포전설'로, 그만큼 변형도 많아 아기장수의 탄생으로부터 죽음 사이에 수많은 삽화가 들고나는 것을 볼 수 있다.[28] 여기서는 설화의 전승과 변이를 다루고자 하는 것이 아니므로 하나의 구체적인 채록본을 제시하기보다는 이 설화의 일반적 특징을 잘 보여주면서 가장 간단한, 일종의 기본형을 제시하고자 한다. 이 기본형은 최래옥의 '이상적 완전형'에서 '부활과 2차 죽음' 화소를 생략한 것이다.[29] 이 2차 죽음은 첫 번째 죽음의 의미를 확장하는 한편 친자식을 죽이는 부모의 책임을 다소 완화해주는 기능을 하지만, 전체 설화의 의미에 큰 변화를 초래하는 것은 아니라고 본다. 설화의 맛을 살리기 위해 화소의 나열이 아니라 이야기의 형태로 재구성했다.

옛날에 힘없는 (평민 집안의) 농군 부부가 살고 있었는데 슬하에 자식이 없었다. 어느 날 그들이 아이를 얻었는데 튼튼한 사내아이였다. 그런데 사소한 일이지만, 이 아이에게는 이상한 일이 자주 일어났다. 안 본 사이 누운 자세가 바뀌거나 땀을 흘리고 있는 일이 잦았다. 이상하게 여겨 어느 날 아기 자는 방을 몰래 들여다보니 아기의 겨드랑이에 날개가 달려 있어서 천장을 날아다니는 것이 아닌가? 그러기를 잠시, 아기는 인기척을 느끼고 얼른 포대기 속으로 돌아갔다. 부모가 들어가 만져보니 온몸에 땀이 흥건했다.

아기의 날아다니는 모양을 훔쳐본 부모는 걱정이 태산 같았다. 그냥

28 최래옥, 『한국구비전설의 연구: 그 변이와 분포를 중심으로』, 일조각, 1981, p. 290.

29 최래옥, 「아기장사 전설의 연구: 한국설화의 비극성을 중심으로」, 『한국민속학』 11집, 민속학회, 1979, pp. 35~36 참조.

평범한 아이였으면 좋았으련만. 이 사실이 알려지면 소문이 날 것이고 그렇게 되면 역적이 될 가능성이 있다는 이유로 온 집안이 멸문의 화를 입을 것이다. 부부는 고민 끝에 아기를 죽이기로 결심한다. 여러 사람 다치는 것보다 아이를 포기하기로 마음먹은 것이다. 결국 부부는 맷돌을 가져다 아기 위에 올려놓고 눌러 죽인다. 아기장수가 죽자 어디에선가 날개 달린 용마가 날아와 슬픈 소리로 울며 하늘을 맴돌았는데 그 슬픈 소리가 천지를 가득 채웠다. 돌기를 마친 용마는 굉음을 내며 추락해 용소(마을의 연못, 또는 소, 바다)에 빠져 죽었다. 그 용소는 지금도 마을에 남아 있다.

1) 아기장수 설화의 비극성이 지닌 보편성과 특수성

우리는 비극에 대한 논의를 시작하면서 가장 먼저 『시학』을 토대로 '비극'에 대해 일종의 지적 소유권을 가졌다고 인정되는 서구의 비극 개념에서 보편적으로 인정될 수 있는 네 가지 중요한 특징들을 추출한 바 있다. 그것은 비극은 ① 행복에서 불행으로 하강하는 서사구조를 지니며, ② 이때 이 하강을 경험하는 주인공은 평범한 사람들보다—신분에서도 그렇지만 특히 도덕적으로— 우월한 존재로서, ③ 그의 추락은 타락이나 부패에 의한 것이 아니라 운명적인 것이고, ④ 이 같은 인물과 구성으로 이루어지는 비극은 진지하고 동정심과 공포를 자아내며, 결국 그와 같은 정서의 카타르시스를 이룩할 수 있다는 것으로 요약된다.

여기에서 비극의 가장 기초적이고 형식적인 조건은 그 서사가 행복에서 불행으로 하강의 구조를 지닌다는 것이다(①).[30] 이 점에서 이 이야기는

30 여기에서 아기장수 설화를 논하면서 괄호 안에 넣은 번호는 앞에서 설명한 비극이 지니는 특징 네 항목들과의 관련성을 의미한다.

의심할 여지없이 비극성을 지닌다. 아기의 탄생, 부모와 아기의 공존, 건강하고 날아다니는 아기의 힘은 '행복'이다. 그 자체로도 행복이지만 이 아기장수가 민중들의 새 세상을 향한 희망의 상징이라는 점에 주목하면 이 점은 분명해진다. 그러므로 아기의 죽음은 아기만의 불행이 아니라 모든 민중의 불행이기도 하다.

이 죽음의 비극성은 두 가지 이유로 배가된다. 하나는 억울한 죽음을 당하는 존재가 아기라는 것이다. 이 아기는 아직 세상에 아무런 해도 끼친 적이 없는 순진무구한 존재다. 아니 그 이상이다. 이 아기는 그 순진무구한 몸 위에 새로운 희망을 두르고 있는 이상적인 존재이다(②). 그러므로 아기의 죽음은 그야말로 '순진무구로부터 과오를 거쳐 파국에로 하강'한 것이다. 그런데 아기의 과오라는 것이 단지 날아다닌 것뿐이다.

비극성을 증대시키는 두 번째 이유는 아이를 죽이는 것이 부모의 손(혹은 배반)이라는 데 있다. 이 부모 역시 비난하기가 무척 어렵다. 아기를 죽일 만한 잔인한 성품을 가졌거나 무슨 다른 이득을 바래어서 한 것이 아니다. 이들은 다만 어찌할 수 없이 강력한 권력 앞에 무서워 떠는 힘없는 인간들일 뿐이다. 이 때문에 아기의 죽음은 운명이 된다(③).

날개달린 아기는 현재 지닌 순진무구함과 미래의 무한한 가능성으로 인해 숭고한 존재가 된다. 그러나 이 숭고한 존재의 죽음으로 이야기는 파국으로 치닫고 강렬한 비장미가 발생하게 된다. 아기장수는 결국 좌절된 숭고한 이상이다. 이 작품의 진지성은 여기에서 나온다. 한 아이의 죽음이라도 심각하고 비극적인 일이지만, 이 아이의 죽음은 그 이상의 의미를 지닌다. 모든 민중들의 희망의 상실이라는 의미이다. 이것은 서사시나 비극의 주인공의 운명이 국가나 세계의 운명과 연결되어 있을 때 더 심각하고 비장해지는 것과 같다. 그리고 이 진지함이 공포와 연민을 강화하고 더 섬세하게 느끼게끔 해서, 어떤 심미적 효과를 강화한다(④).

이 심미적 효과는 카타르시스이거나 혹은 그것의 또 다른 변형일 것이다. 카타르시스는 공포와 연민의 감정을 불러일으키고 더 섬세하고 더 강하게 느끼게 해서 배설하도록 하는 것이다. 이 같은 감정의 배설을 통해 수용자는 현실과 운명에 대해 더 많은 통찰을 하게 되고, 한 걸음 물러서서 그 본질에 접근할 수 있다고 생각된다. 이것을 카타르시스에 의한 정서의 순화라고 하는 것이다. 야스퍼스는 "카타르시스가 무엇인가 하는 것은 아리스토텔레스에 의해 명확하게 설명되지는 못했다. 그러나 어쨌든 인간의 자기존재에 접하는 사건이 카타르시스다"라고 정의했다.[31]

그런데 아기장수 설화와 그리스 비극에서 이어져온 서구 고전비극의 카타르시스는 그 양상이 전혀 다르다. 서구 고전비극의 결말은 보통 주인공이 죽음 혹은 파멸을 받아들임으로써 끝난다. 오이디푸스의 죽음이나 햄릿의 죽음이나 그런 점에서는 마찬가지다. 따라서 여기에서 얻어지는 카타르시스는 인간에게 주어진 비극적 운명을 관조하고 받아들이게 한다. 이렇게 서구 (신)고전비극의 주인공들은 무자비하고 비극적인 운명에 의해 파멸되면서, 그것을 받아들임으로써 고결해진다. 오이디푸스는 죽음으로써 비로소 운명에 의해 주어진 자신의 과오로부터 해방되며, 햄릿 역시 죽음으로써 아버지는 물론 어머니와 자신 앞에서도 떳떳한 존재가 된다. 그런데 아기장수는 다르다. 이 아기는 어떤 경우에도 자살하거나 자기의 죽음을 달게 받아들이지 않는다. 부모에게 죽어가는 경우, 이 아기는 그냥 말없이 죽어갈 뿐이고 그 파멸의 고통은 단지 부모들에게 남을 뿐이다. 부모들조차 서구 비극의 주인공들처럼 자신의 감정을 드러내는 어떤 미사여구도 발설하지 않는다. 이 점은 권력이 보낸 군사들에게 죽어갈 때에도 마찬가지다. 일어서려던 아이는 제대로 저항하지 못하지

---

31 K. Jaspers, 황문수 옮김, 『비극론 · 인간론』, 범우사, 1999, p. 32.

만 파멸을 받아들인 것은 아니다. 여기에는 비극적 한이 남는다.

서구 고전비극을 보고 일어서는 관객들은 주인공과 마찬가지로 인간의 운명을 관조하고 받아들임으로써 정서를 순화한다. 공포와 연민의 감정을 배설함으로써 이 같은 감정들을 불러일으키는 현실, 즉 인간의 약점과 비극적 운명을 관대하게 용인하게 되는 것이다. 하지만 아기장수 설화를 들은 청중들은 다른 모습을 보인다. 이들은 이 설화를 구연하고 들으면서 미처 인식하지 못하고 살아온 봉건 권력의 무서움을 재인식한다. 뿐만 아니라 이 권력에 대한 두려움이 자신들을 얼마나 옥죄고 있었는지, 자기 아이들의 미래가 얼마나 제약되어 있는지도 재인식할 수밖에 없다. 그러나 무엇보다 권력 앞에서 자신들이 얼마나 무기력하고 비겁한지를 재인식하게 될 것이다. 이 이야기의 아이가 자신들에게 죄를 묻지 않기 때문에 이 같은 재인식은 자발적인 것이 되고 그래서 더 심화된다. 요컨대 이 같은 재인식은 강요되는 것이 아니고 심미적 작용에 의한 것이라는 점이 중요하다.

이 같은 정서의 심미적 승화를 강화하는 장치가 이 설화의 전승형 대부분에 있다. 아기장수가 죽은 다음에 일어났다는 후일담이나 이 설화가 진실성을 지닌다는 것을 강조하는 증거물의 제시 등이 그것이다. 증거물의 제시 같은 것은 전설에 흔히 나타나는 것이지만 이 아기장수 같은 경우는 그 역할이 단지 '이 이야기는 진짜 있었던 일이야' 하는 데서 끝나지 않는다. 어떤 희망의 메시지가 되는 것이다. 아기장수는 완전히 죽은 것이 아니라 이 우물에 그 힘이 남아 있다는 암시가 되거나 언젠가 다시 이 세상에 돌아올 것이라는 암시가 되는 것이다. 이 암시는 그냥 암시로 끝나지 않고 희망이 되며, 이 희망은 슬픔과 합쳐져 민중들이 내면의 공포와 비겁에 맞서나갈 힘의 원천이 된다. 이 같은 심미적 효과는 아기장수의 죽음 앞에 공포와 연민을 느끼면서 이 같은 느낌을 배설하고 승화하면서 일어나는 것이다. 이것을 카타르시스라고 하지 않아도 그 메커니즘은 본질적으로 유사하다는 것을 알 수 있다.

그런데 어째서 동일한 메커니즘의 정서적 승화가 전혀 다른 감정, 삶의 태도를 부르는 것일까? 이것은 서구 고전비극이 엘리트 예술인데 비해 아기장수 설화는 민중들의 생활예술이라는 데 답이 있다. 상층 엘리트들의 경우 비극 속에 구현되고 있는 작중 상황이 인간존재의 근원을 보여준다고는 하지만 대개의 경우, 그것은 그들의 실제 현실은 아니다. 아직 닥치지 않은 비극적 운명 앞에서 그들이 겸손해질 수 있는 이유이다. 하지만 이 아기장수 설화의 경우, 작중 현실은 실제 생활에서도 곧 현실이다. 이야기의 세계를 빠져나와도 같은 현실이 눈앞에 버티고 있다면 이것을 관조하는 것은 달관의 경지에 이르지 않고는 불가능하다. 생활과 사고의 여유가 있는 상층지식인들은 운명을 관조하고 수용하는 태도를 고결한 것으로 받아들일 수 있지만, 민중들은 이 같이 추상적인 사유를 내면화하기 어렵다. 이들은 비극적 현실을 받아들이기 위해 여기에 희망의 샘을 그린다. 상층비극과 기층비극의 차이가 여기에 있다. 이것은 같은 종교에 심취하는 상층지식인과 민중들의 태도와도 비슷하다. 상층지식인들이—모두는 아니겠지만— 종교의 심오한 교의에 몰입할 때, 민중들은 기복신앙의 희망에 매달린다.

여기에서 우리는 기층민중비극으로서 아기장수 설화가 지니는 또 다른 특징들을 발견할 수 있다. 그것은 비극의 주인공과 관객의 관계이다. 상층비극인 서구 고전비극의 경우, 관객들은 작중 주인공과 자신을 동일시하며 작중 세계에 몰입한다. 하지만 아기장수 설화의 수용자들은 결코 자신과 아기장수를 동일시하지 못한다. 그렇다고 아기장수를 죽이는 관군・마을사람・부모와 자신을 동일시하지도 못한다. 결국 이 이야기의 청중들은 작중 세계와 자신을 분리한 채 작품을 감상하는 일종의 소격화 효과를 가지게 된다. 이 때문에 청중들은 이 작품의 메시지를 더욱 정확하고 강렬하게 인식하게 된다. 아이를 죽이는 부모와 현실 속의 자신들을 비교하게 되며, 이 때문에 권력이 주는 공포와 자신들의 비겁을 더욱 날카롭게 느끼는 것이다. 그런데 이것은 아기장수 설화만의 특징이 아니며, 한국비극문학의 중심 줄기인 기층민중비극의 일반적 특징이다. 탈춤 미얄과장에서 관객들은 미얄이나 영감, 그 누구와도 동일시할 수 없으며, 극중 세계에 몰입할 수 없다. 그런데 이 같은 사실이 미얄의 죽음이 주는 충격을 완화하지 못한다. 그래서 남강노인의 등장이나 진혼과 이완을 위한 뒤풀이가 필요하게 되는 것이다. 「변강쇠가」도 마찬가지다. 청중들은 누구와도 자신을 동일시하지 않으며 결코 몰입하지 않지만, 그래서 더욱 선명하게 작중 세계와 현실을 인식하게 된다.[32]

2) 「임진록」, 「임장군전」에 비추인 아기장수의 형상

(1) 상층비극과 민중영웅의 만남: 김덕령

아기장수 설화를 한마디로 요약하면 무한한 능력을 지닌 영웅이 대개는 권력의 형태로 나타나는 운명적 사슬에 의해 능력을 다 펴보지도 못하고 스러진다는 영웅좌절담이다. 그런데 이 이야기에는 숨어 있는 하나의 이야기가 더 있다. 그것은 단지 잠재적 위험요소(날개)를 지녔을 뿐인 '아기'와 맞서는 치졸한 권력의 이야기이다. 어떤 경우 이 권력은 공포의 날개를 펴고 암흑 속에 도사리고 있을 뿐이지만, 많은 경우 직접 등장하기도 한다.

아이를 죽이려고 볏섬을 올려놓고 누르거나 돌덩이(댓돌 따위)를 겹쳐 놓아

32 김창현, 『한국문학에 나타난 가족과 공동체』, 제이앤씨, 2004, pp. 3~34.

도 아이는 쉽게 죽지 않았다. 이때 아이가 자기 어미를 불러 말했다. "엄마, 나를 죽이려면은 나락섬 위에 맷돌(혹은 댓돌) 두 개를 포개놓고 누르세요. 그러면 내가 죽을 거예요. 그리고 엄마, 내가 죽거든 뒷산 큰 바위 아래에 콩 한말, 팥 한말과 같이 묻어 주세요. 그리고 혹 누가 묻더라도 묻은 자리를 알려주시면 안 되어요." 부모는 그 말대로 하여 아기를 죽인 뒤, 유언에 따랐다. 아기장수가 죽은 얼마 뒤, 관군이 엄마에게 와 아이 묻은 곳을 물었다. 엄마는 위협에 못 이겨 그 장소를 알려주었다. 관군이 가서 보니 콩은 군사가 되고, 팥은 말이 되어 아기장수와 함께 막 일어서려는 참이었다. 관군들은 그 자리에서 아직 채 일어서지 못한 아기장수를 다시 죽여 버렸다(그 바위가 아직도 남아 있다).[33]

이 이야기는 아기장수 쪽에서 보면 민중적 신앙으로서 그의 정체를 알려주는 흥미로운 내용이 된다. 그는 땅의 힘을 빌려 씨앗을 말과 군사로 키울 수 있는 존재다. 농경민의 본능적 신앙으로서 땅의 생명력을 상징하는 존재임이 틀림없다.[34] 하지만 다른 쪽에서 보면 미래의 잠재적 위험요소를 제거하기 위해 나선 권력의 모습을 보여준다. 그런데 그 잠재적 위험이라는 것이 권력은 물론 아직 아무것에도 어떤 위협도 가하지 않은 아기라는 데서 권력의 비겁함과 타락성이 드러나는 것이다. 공포에 의해 민중을 지배하는 권력은 스스로도 공포에 시달리게 되는 것이다. 이것이 권력을 더욱 타락시키고 비겁하게 만든다.

「임진록」에 실려 있는 김덕령에 대한 이야기는 이 같은 아기장수 설화의 뒷면을 부각시킨 또 다른 비극이다. 이것은 두 가지 이유에서

---

33 아기장수의 탄생, 날개 노출, 죽음, 후일담으로 이어지는 일반적 구조에 가장 흔히 삽입되는 전형적인 화소이다. 보통 1차죽음과 후일담 사이에 삽입된다.

34 김창현, 『한국문학에 나타난 가족과 공동체』, 제이앤씨, 2004, pp. 294~301.

가능했다고 생각된다. 하나는 「임진록」이 역사적 사실과 설화적 허구를 결합한 작품이라는 점이고, 다른 하나는 작가(또는 작가들)가 민중층의 인물보다는 권력의 속성을 더 잘 아는 식자였다는 점이다.[35]

「임진록」의 작가는 한글은 물론 중국 고사(古事)에도 어느 정도 식견을 가진 사람이다. 임진란의 생생한 실상을 실기(實記)류는 물론 현장에서 채집한 설화 전승까지 포섭하여 전하고자 한 것이 그 창작 의도였다고 생각된다. 그런데 역사적 진실보다 문학적 진실이 대중에게 더 설득력을 얻는 경우가 많았는지, 후자 쪽의 비중이 큰 이본들이 국문으로 더 널리 유통되었다. 이 때문에 김덕령이라는 인물에게는 설화적 형상이 많이 씌워져 있다. 이것이 김덕령 위에 아기장수의 형상이 겹쳐지게 된 이유이다. 김덕령은 우선 장가가기 전의 인물로 홀로 된 노모를 모시는 인물이다. 그가 전면에 나서 왜적을 쳐 없애지 못하는 이유로 거듭 천명되고 있는 것이 '몸이 초토에 있'다는 것이다. 결국 덕령은 나라보다는 가정(노모)에 매인 제도적으로 미성숙한 인물이다. 따라서 그에게는 아직 나라를 지킬 의무도 권리도 없다. 따라서 임진란의 책임소재에서 자유로운 결백한 인물이다. 이 점이 서사적으로 아기장수의 순진무구와 상통한다고 하겠다. 또 그에게는 하늘을 날아다니고, 단신으로 수만 병을 유린할 만한 신출귀몰한 재주가 있다. 그렇지만 이 재주는 아직 사회적으로 마음껏 사용할 수는 없는 것이다. 이 점에서 그의 능력은 아기장수의 날개가 지닌 서사적 의미와 같은 맥락으로 읽힌다. 심지어 그에게는 아기장수와 같이 자신의 숨겨진 혈통을 증명하는 표식(대개 다리의 비늘)도 있다.[36]

35 여기서는 임철호(『임진록 이본연구 I』, 전주대학교 출판부, 1996)에 의해 역사계열의 변형으로 분류된 경판본 「임진록」을 대상으로 한다. 「임진록」은 크게 역사계열, 최일영계열, 관운장계열 등으로 나뉘지만, 이 중에서 역사계열의 변형인 숭전대본이나 경판본의 김덕령 이야기가 역사적 사실에서 크게 벗어나지 않으면서 설화적 요소를 풍부하게 가지고 있다.

이렇게 덕령은 마치 죽음을 피한 아기장수가 아직 초야에 몸을 숨기고 있는 것처럼 보이는 그런 인물이다.

하지만 그런 대단한 능력을 갖고도 덕령은 부당한 권력의 판결을 받아들이고 죽어간다. 바로 여기에 김덕령 이야기가 지닌 비극성의 특징이 드러난다. 아기장수 설화가 기층비극이라면, 김덕령 이야기는 비록 그 형상을 민중들의 설화에서 가져왔지만 본질적으로 상층비극으로 재구성했다. 김덕령은 그 몸이 '초토'에 있는 일개 서민임에도 불구하고, 어머니에게는 효를 다하고 국가에 대해서는 충을 다하는 이념적으로 우월한 인물로 그려져 있다. 지인(知人)을 만나게 해달라는 사소한 청을 거절하는 금부도사 앞에서 '소나무를 무수히 작벌'하며 위협하는 모습도 보이지만, 나라의 나명(拿命)에 대해서는 항거하지 않는다.[37] 또 그 누구도 죽일 수 없는 몸이건만 '만고충신 김덕령'이라는 현판을 조건으로 스스로 죽음을 받아들인다. 무엇보다 바로 이 점에 주목해야 한다. 인간으로 하여금 파멸과 죽음을 수용케 하는 힘은 흔치 않으며, 그것은 대개 이념에서 나온다. 「임진록」에서 김덕령은 '초토'에 있는 몸으로 노모를 잘 봉양하고 있었다. 그런 그를 파멸로 내몬 과오는 도덕적으로는 결코 과오가 아니다. 오히려 진충보국(盡忠報國)의 도덕적 요청에 의한 숭고한 행위였다. 그러나 파멸은 친구에 의해 미리 예언된 바 있는 '운명'이다. 따라서 그의 출전은 '과오'이면서 동시에 '운명'이다. 그리고 그는 그 운명을 받아들인다. 이것은 「일리아드」의 아킬레스가 죽게 되어 있는 자신의 운명에 저항하면서도 결국은 명예로운 죽음을 받아들이는 것과 흡사하다.

---

36 경판본, p. 263. 이 비늘은 아기장수의 날개와 같이 김덕령이 신이한 존재임을 알려줄 뿐 아니라 그의 잠재된 능력을 상징하기도 한다. 온갖 시도에도 멀쩡하던 김덕룡은 이 비늘을 떼어내고서야 죽게 된다.

37 경판본, p. 262.

이렇게 보면 김덕령 이야기는 신분을 제외하고는 상층비극인 서구 고전비극의 특징들을 상당수 그대로 가지고 있음을 알 수 있다.

그런데 이 한 가지의 차이, 즉 김덕령이 왕족이나 귀족이 아니라 서민대중 속에 몸을 숨긴 민중영웅의 이미지를 지닌다는 것은 작은 차이가 아니다.[38] 여기서 아기장수와 같은 설화적 형상이 개입하고 이것과 작가에 의해 구축된 상층비극의 특징이 결합하면서 권력비판이 이 비극의 전면에 자리 잡게 되는 것이다. 이 대목에서 「임진록」의 저자는 임금이나 권력체제 자체에 대한 어떤 직접적인 비판도 가하고 있지 않다. 하지만 병조참판 이옥은 사실 여부도 모른 채 덕령을 고변하고 임금 역시 무고한 덕령을 잡아들이며, 그의 해명에도 귀 기울이지 않고 심지어 죽일 수 없는 그가 '만고충신'(萬古忠臣)의 현판을 요구하자 그를 죽이기 위해 그를 충신으로 인정하는 모순된 행동을 저지른다.[39] 이 모순 속에서 독자들은 자연스럽게 무능하고 비겁한 권력을 비판하게 되는 것이다. 결국 이 같은 행동들은 왜적에 대한 두려움, 그리고 김덕령의 신이한 능력에 대한 두려움에서 나온 것이기 때문이다. 아킬레스를 죽음으로 내몬 운명의 장난꾼들은 신이므로 호머의 수용자들은 이를 받아들일 수밖에 없는 반면, 덕령을 죽음으로 내모는 행위자들은 이념의 육화된 존재인 왕이므로 이 이야기는 필연적으로 봉건 이념의 부당성에 대한 인식을 유발한다.

살펴본 것처럼 「임진록」의 김덕령 이야기는 상층비극의 구조 위에 좌절된 민중영웅의 형상을 결합한 것이며, 이로 인해 임금과 병조판서로

38 여기서 김덕령이 '민중영웅'의 이미지를 지닌다는 것은 그의 실제 신분이 기층 민중이었다는 것이 아니라, 민중의 설화적 상상과 소망, 슬픔을 지닌 인물이라는 것이다. 조동일(「임진록에 나타난 김덕령」, 『이재수박사환력논문집』, 1972)은 김덕령이 서사적으로 민중적 영웅에서 민족적 영웅으로 발전하는 인물로 보기도 했다.

39 경판본, p. 263.

제유(提喩)된 권력에 대한 비판이 구체화되어 나타난 것이다. 김덕령이 상층비극의 주인공답게 죽음이라는 자신의 운명을 받아들이면서, '만고충신'의 현판을 요구하는 것은 일견 부질없고 엉뚱해 보인다. 하지만 이것은 엉뚱한 것이 아니다. 왜적이 아니라 자국의 권력에 의해 죽었다는 역사적 사실을 부정할 수 없는 조건에서 설화적 상상력은 죽음이라는 운명을 받아들이는 대신 역적이라는 불명예의 운명은 거부한다. 이렇게 상층비극의 구조와 민중비극의 구조가 충돌하면서 권력의 정점인 임금을 웃음거리로 만드는 통렬한 풍자가 발생한 것이다.

(2) 상층비극, 이데올로기화한 민족영웅: 임경업

「임장군전」도 역사를 소재로 허구를 결합한 소설이라는 데서는 「임진록」과 궤를 같이한다. 하지만 이 소설은 임경업이라는 역사적 개인의 비극성이 그대로 비극적 영웅으로 형상화되는 과정에 '좌절된 영웅'이라는 비극의 전통적 형상 및 구조, 원리가 개입된 것이다. 이처럼 상층에 속해 있는 역사적 인물에 이념적인 상층영웅의 이미지가 투영된 결과, 「임장군전」이 보여주는 권력(특히 인조와 당대 제신들)에 대한 비판의식은 아기장수 설화나 「임진록」의 김덕령 이야기와는 그 양상이 크게 다르며 약화되어 있고 변질되어 있다. 이것은 이 작품이 「임진록」과는 달리 설화적 민중영웅의 형상을 거의 수용하고 있지 않은 것과도 관련된다. 임경업의 활약상을 그리는 대목에 상상력이 개입하고 있으나 그것은 설화적 민중영웅의 형상이 아니라 병법이나 무용 같은 비교적 현실적인 상상들로 구성된다.

이 소설이 지닌 가치라면 상층영웅인 임경업 위에 민족영웅의 형상을 결합하고 있다는 것이다. 그런데 이 같은 민족영웅의 모습이 가장 화려하게 드러나는 장면은 조선군을 거느리고 외적을 맞아 싸울 때가 아니라,

황제와 호왕에게서 양국의 인수를 받아 양국군을 거느리고 가달을 치러가는 장면이다.[40] 중세의 세계질서를 상징하는 황제로부터 인정을 받아, 장차 중원을 차지하고 조선 임금을 무릎 꿇리게 될 호국이 쩔쩔매는 대적 가달을 간단히 격파하고 삼국에 이름을 드날리는 임경업의 모습은 독자들에게 커다란 민족적 자긍심을 느끼게 했을 것이다. 특히 여기에서 호국을 위기에서 구함으로써 경업은 이들에 대하여 언제나 정신적 우위를 점할 수 있게 된다. 여기서 볼 수 있듯 임경업이 상층과 기층민중 모두에게 인정받는 민족영웅의 형상을 지니게 된 것은 병자란 이후 일반화된 '숭명배청사상'(崇明排淸思想)의 영향도 있었다고 생각된다. 사실 이 작품의 대중성 내지 상업성도 바로 여기, 일반 서민들까지 폭넓게 지니고 있던 민족주의적 배청의식에 있다.

하지만 「임장군전」이 민족영웅을 제대로 형상화했다고 보기는 어렵다. 비극에서의 영웅이란 선량한 의지를 지니고 자신에게 주어진 운명에 맞서 한계상황까지 버티다가 장렬하게 스러지는 존재다. 이 같은 비극적 영웅의 형상이야말로 우리를 야스퍼스가 말하는 존재의 현시에 이르게 한다.[41] 민족영웅은 개인의 운명을 넘어 민족, 또는 국가의 운명에 맞서 싸우는 인물이다. 따라서 그의 선량한 의지는 국가와 민족을 앞세우는 이념적인 것이 되기 쉽다. 하지만 민족영웅의 좌절이 연민과 공포를 통해 어떤 심미적 효과를 획득하기 위해서는 이념으로는 부족하다. 이념을 넘어 경주되는 노력과 개인 또는 존재로서의 고통이 필요하다. 이 작품은 여러 차례의 고난에도 굴복하지 않고 나라와 임금에 충성을

40 한남서림본, p. 4. 스스로 조선군을 거느리고 싸워 이길 기회를 거의 가지지 못하는 경업의 모습은 안타깝게도 역사적 사실에서 기인한 것으로 이는 곧 이 작품의 한계이기도 하다. 여기에 대해서는 상론할 것이다.

41 K. Jaspers, 황문수 옮김, 『비극론 · 인간론』, 범우사, 1999, p. 32.

다하는 이념적으로 우월한 주인공을 내세웠지만, 그 우월함은 이데올로기적인 우월성일 뿐 민족의 운명에 맞서 고군분투하는 민족영웅의 모습에는 많이 모자란다. 이것은 작가가 임경업뿐 아니라 임금과 왕자들, 명의 천자는 물론 호왕에게까지도 '선량한 초상화가'의 태도를 견지한 결과이다.[42] 기존의 질서를 인정한 위에 새로 천하의 주인이 될 호왕까지도 배려하는 서술 태도는 작가가 세상을 바라보는 순일한 이데올로기적 관점을 말해준다.

여기에 임경업의 죽음 역시 민족영웅의 좌절과는 양상이 다르다. 그는 외적과 싸우다가 죽거나 전장에서 죽지 않는다. 이것은 임경업의 경우, 그 실제 행적이 비교적 소상히 알려진 유명인물이라는 점이 크게 작용했을 것이다. 그는 김자점의 밀명을 받은 형리에게 장살(杖殺)되는데 작품에서도 여기서 크게 벗어나지 않는 죽음을 그리고 있다. 다만 임금이 자점 앞에서 경업을 적극 옹호하고 자점과 함께 참여한 자를 금부에 가두도록 명령하는 내용을 넣어 임금에게 책임이 돌아가지 않도록 했다.[43] 이렇게 임금을 중심으로 한 중세 질서를 보호하려는 강한 이데올로기적 입장이 개입한 결과, 임경업의 형상 위에는 좌절하는 순백의 영웅, 아기장수의 형상이 겹쳐져 있는데도 불구하고 그 좌절의 심미적 체험을 통해 삶과 역사의 진실과 대면하는 비극적 앎이 나타나지 않는다. 이데올로기는 모든 사건을 단일한 논리로 해명하고 질서화하려는 강한 서사적 지향을 지니기 때문이다.

역사적 인물 임경업은 명의 반적을 소탕하고 총병(總兵) 벼슬을 얻어온

42 임금과 왕자들은 물론, 호왕까지도 경업의 충성심에 감복할 줄 아는 인물로 그려진다(한남서림본, pp. 19~21).

43 한남서림본, pp. 24~25.

일로 민족적 자부심의 상징이었고 청의 공격이 있었을 때에도 패전한 일이 없으며, 이후 청의 원병으로 나아가서는 명과 내통하여 피해를 줄이는 등 민족영웅의 면모를 갖추고 있었다. 하지만 「임장군전」은 임경업이 김자점과의 정치적 갈등으로 인해 죽었다는 기록에 바탕하고 있어서 그의 삶을 문학적으로 형상화하는 데는 엄격한 한계가 존재했다.[44] 다시 말해 그가 민족영웅으로 자리매김되기 위해서는 외적과의 대결이 중심에 서야 하는데, 인간 삶의 가장 비극적 사건인 죽음에 이르러서는 김자점과의 대결이 중심이 되고 마는 것이다. 이렇게 해서 임경업 형상의 중심은 민족영웅에서 불가피하게 역적 자점과 대립되는 충신의 모습으로 옮겨가게 된다. 이렇게 「임장군전」의 작가가 역사적 기록과 소설적 허구 사이에서 애매한 태도를 취하면서 이 작품은 상층비극으로서도 지나치게 이데올로기적인 성격을 지니게 된다.

여기에는 또 다른 커다란 문제가 있는데 그것은 죽음으로 해서 결국 임경업이 악인 김자점에게 패배하는 결말이 되고 만다는 것이다. 비극적 영웅의 죽음이 사소한 과오나 악인에 의해 일어날 수 있지만 그것은 결코 영웅의 패배로 귀착되어서는 안 된다는 것이 비극의 한 규칙이다. 이러한 패배는 카타르시스와 같은 정서적 승화를 저해하는 결정적인 요인이 되기 때문이다. 그래서 경업의 죽음으로 역사는 일단락되지만 작품은 완결되지 못한다. 실제 역사와는 다르게 경업은 죽자마자 왕실의 비호와 인정을 받으며 김자점은 제주로 유배되어 역모를 꾀한다. 이에 죽은 경업이 임금의 꿈에 나타나 자점은 당대에 삼족이 멸함을 당하게

44 임경업의 죽음과 김자점의 관계에 있어서는 이설이 있지만, 「임장군전」은 임경업의 죽음이 김자점으로 인한 것이었다는 설을 따르고 있다. 작품의 형상화에 있어서 무엇보다 핵심적인 문제는 민족영웅의 이미지를 지닌 임경업이 외적과의 싸움이나 정치적 압박이 아니라 국내에서 허무하게 죽었다는 데 있다.

된다.[45] 오셀로의 죽음은 이야고의 간계에 의한 것이지만, 그것이 결코 이야고의 승리로 이어져서는 안 되는 것이다.

이렇게 죽음으로부터 승리에 이르기까지 상당한 우여곡절이 서술되고 있어서, 죽음이 주는 연민과 공포는 상당히 상쇄되어버린다. 이 때문에 자점의 간계에 죽어가는 임경업의 모습은 비장하지 못하고 다소 허무하게 느껴진다. 나중에 경업의 자식들이 자점의 시신을 유린하며, 그 고기를 씹는 모습이나 경업의 아내가 충신인 남편을 따라 열녀가 되겠다고 자결하는 모습도 경업의 죽음에 비장미를 더해주지는 못한다.[46] 단지 이 작품의 이념적 색채를 강화시켜줄 뿐이다.

결국 「임장군전」은 역사적 사실의 제약과 상층의 유가적 이념이 강하게 투여된 결과 이념의 논리성과 역사적 맥락이 작품의 구조를 지배하는 서사화된 상층비극의 양상을 보인다고 하겠다. 이 때문에 작자는 임경업을 민족영웅으로 형상화하고자 했으나 결과적으로는 이데올로기화한 상층영웅의 형상 위에 민족영웅의 그림자를 덧씌우는 것으로 만족해야 했다.

3) 소결

이 장에서는 세계문화사적 보편성을 의식하면서 아기장수 설화가 한국기층비극에서 차지하는 위치를 확인하고 나아가 상층비극에 미친 영향을 확인하고자 했다. 영웅의 좌절이 세계사적으로 비극의 가장 중요

---

45 한남서림본, pp. 25~26. 실제로는 경업의 죽음 뒤에도 자신의 손자인 세룡(世龍)을 인조 소생인 효명옹주(孝明翁主)와 결혼시킴으로써 인조의 비호를 받아 전성기를 구가한다. 효종이 즉위한 후 북벌론이 일면서 입지가 축소되고 대간의 탄핵을 받아 유배되었다가 아들 익(釴)의 역모사건으로 처형된다.

46 한남서림본, pp. 26~27.

하고 보편적인 주제이며, 아기장수 설화는 그 비극으로서의 전형성뿐 아니라 거의 한반도 전역에서 전승된다는 점에서도 한국비극문학의 대표로 손색이 없다고 판단되기 때문이다.

이 같은 특징에 따라 아기장수 설화를 분석해보니, 이 설화는 아기장수의 죽음(하강의 서사구조), 순진무구함(도덕적 우월성), 피할 수 없는 권력의 공포(운명성)를 형상화하여 연민과 공포를 자아내고 이 같은 정서의 배출과 순화를 통해 현실을 재인식하는 심미적 효과를 지닌다는 사실을 알게 되었다. 하지만 이와 같은 전형적인 비극성을 보이면서도 부당한 운명을 수용하는 양상은 크게 달랐다. 서구 고전비극의 카타르시스가 파멸의 운명을 받아들이는 주인공을 형상화하는 데 비해 아기장수 설화는 이 같은 운명을 끝내 거부하는 주인공을 통해 미래의 희망을 암시한다. 궁극적으로는 언제나 개인으로 돌아가버리는 그리스의 영웅들과는 달리 아기장수는 물과 땅으로 상징되는 공동체의 생명력을 상징하기 때문이다. 이렇게 아기장수는 좌절되었지만 좌절되지 않은 그들의 희망으로서 순수한 민중영웅의 형상을 지닌다.

「임진록」의 김덕령 이야기는 얼핏 보기에는 아기장수 설화와 동일한 구조를 지닌다. 하지만 김덕령은 유가적 이념에 따라 재구성된 인물로 죽음이라는 운명을 비교적 순순히 받아들이는 모습을 보인다. 이처럼 이 이야기는 상층비극의 구조 위에 좌절한 민중영웅의 형상을 결합하고 있으며, 이로 인해 아기장수 설화에서는 표층 구조 이면에 도사리고 있는 권력 비판을 표면화한다.

「임장군전」은 실재했던 한 개인의 전기적 사실 위에 '영웅의 좌절'이라는 비극적 형상 및 구조·원리가 개입되어 이루어진 작품이다. 임경업은 역사적으로 상층영웅의 이미지와 민족영웅의 이미지를 동시에 지닌 인물이다. 따라서 이 작품도 상층영웅의 형상 위에 민족영웅의 형상을 결합했지만 전체적으로는 상층비극의 구조를 지닌다. 용납할 수 없는 억울한 죽음이었지만 꿈을 통해 복수와 명예 회복의 목표를 달성한 다음 자신의 죽음을 받아들이는 것이다. 하지만 민족영웅으로서 수용하기 어려운 죽음과 이데올로기적인 해결 방식으로 인해 이 작품의 대사회 메시지(권력 또는 외적에 대한 비판의식)는 크게 약화되어 있다.

살펴본 것처럼 영웅의 좌절을 다룬 한국 비극문학은 서구 고전비극과 본질적으로 유사한 상층비극도 있지만 기층비극이라고 할 수 있는 설화 등에서 더욱 두드러지게 나타나며, 영웅의 형상과 작품의 구조 사이에 다양한 결합이 존재한다는 것을 알 수 있다.

4. 항전인물전(抗戰人物傳)에 나타난 이념적 영웅의 좌표

앞 두 절에서 설화와 야담에 뿌리를 둔 다분히 민중적이고 허구적인 서사유형으로부터 우리 비극문학의 단초를 찾고자 했다면, 여기에서는 '전'(傳)이라는 양반지식층의 문학형식을 통해 그들의 비극적 인식과 비극성에 대한 감수성을 고찰해보고자 한다. 이 절은 상층비극의 주요한 양상에 대한 것으로 사실과 허구의 관련 속에서 이념과 비극성의 문제를 고찰하여 상층지식인들의 비극적 앎의 양상을 궁구해보고자 한다.

어떤 고귀한 가치를 위해 자신의 목숨을 던진 인물의 삶은 그 자체로 비극적이다. 따라서 죽음으로 가치를 지킨 충신·효자·열녀들의 전은 대개 비극성을 지니고 있다. 하지만 입전자(立傳者)가 자신의 이념적 입장과 주장을 지나치게 내세워 교훈성을 강화하는 경우에는 비극적 상황에 대한 인식이 제대로 부각될 수 없다. 강렬한 주제의식이 비장을 숭고의 영역으로 소환해버리기 때문이다.

「양산숙전」(梁山璹傳)을 주텍스트로 한 것은 이런 점을 고려한 전략적 선택이다. 논의 과정에서 드러나겠지만, 작자는 직접적 논평을 자제하는 가운데 주인공 산숙의 영웅성을 극대화하면서 특히 그의 죽음이 가지는 의미를 극적으로 형상화하는 데 주력한다. 이 같은 서술태도는 비극성을 구현하는 가장 효과적인 방식이다. 논평의 자제는 독자가 인물의 삶에 몰입하게 해준다. 또 이 책의 1장 1절에서 상술했듯이 범인보다는 영웅적인 인물의 운명적 좌절이 비극성을 강화하며, 죽음은 인간의 한계 지워진 운명을 환기하는 가장 강력한 소재이다.

1) 비극적 영웅서사문학으로서의 「양산숙전」

(1) 김조순(金祖淳)과 「양산숙전」의 입전의도(立傳意圖)

한국의 기록문학(記錄文學)에서 비극적인 작품이 차지하는 비율이 다소 적은 것은 사실이다. 하지만 임병양란이 지나가고 난 후 이를 소재로 한 작품들을 대상으로 한다면 이야기는 달라진다. 「강도몽유록」(江都夢遊錄)을 위시해 비극적 정조를 담은 몽유록 계통의 작품들처럼 보다 문학적인 것도 있지만, 외적을 맞아 끝까지 저항한 인물들을 입전(立傳)한 작품들 중에는 그들의 영웅적이고 비극적인 삶과 죽음을 감동적으로 그려낸 것들이 적지 않다. 송철호는 이 같은 작품들을 '항전인물전'(抗戰人物傳)으로 묶고, 그 특징 중 하나로 비극적인 것이 많다는 것을 든다.[47] 그에 의하면 특히 미천한 신분으로 외적에 맞선 항전인물(抗戰人物)의 경우 대부분이 비극적인 최후를 맞이했으며, 이런 인물의 입전은 당대 지배층

47 송철호, 「비극적 영웅서사문학, 「양산숙전」」, 『동의어문론집』 11집, 동의어문학회, 1998, pp. 363~364.

의 무능과 부패상을 보여주어 이를 비판・경계하려는 의도가 있다고 한다. 그런데 양산숙은 훌륭한 가계를 가졌음에도 불구하고 비극적인 최후를 맞이하는 것이 특이하다고 지적한다.

이렇게 보면 임병양란 이후 노비나 기생 등 미천한 출신의 충렬을 기사(記事)한 전들은 지나간 과오에 대한 반성이라는 역사적 특이성을 반영하고 있다. 이런 점에서는 임진왜란을 배경으로 하는 「양산숙전」도 마찬가지일 수 있다. 하지만 작품을 음미해보면 「양산숙전」은 비교적 보편적인 사대부적 인식을 문학화하고 있음을 알 수 있다.[48]

「양산숙전」은 김조순(金祖淳, 1765~1832)의 『풍고집』(楓皐集) 15권에 「이언진전」(李彦珍傳), 「한전전」(韓顚傳), 「이선생전」(李先生傳) 등과 같이 실려 있다. 저자 김조순은 정조(正祖)의 촉망 속에 성장하고 정조 사후 어린 순조(純祖)의 국구(國舅)로서 19세기 전반에 사실상 최고의 권력을 몸에 지니고 안동김씨 일문의 세도정치를 이끈 인물이다. 다시 말해 당대 최고의 기득권 인사였다는 것이다. 이 같은 사실은 『풍고집』에 고종의 친필어제 서문이 실려 있다는 것만으로도 확인된다. 이 때문에 이 작품이 '훌륭한 가계에서만 훌륭한 인물이 나온다는 17・18세기 가문의식의 반영이자 사대부의 의식적 한계'를 지닌다는 지적도 있었다.[49] 하지만 김조순은 양반 서얼의 관로 진출에 제한을 풀자거나 평안도 사람들에게도 벼슬길을 터주자는 건의를 하기도 했다. 이를 보면 양산숙

48 말하자면 미천한 인물의 전에서 핵심적인 장애로 나타나는 소통의 어려움이 「양산숙전」에는 거의 나타나지 않는다. 양산숙이 김천일을 부장으로 모시지만 천일은 산숙의 주장을 잘 받아들이는 편이다. 『유부수전』에서 노비 출신인 주인공, 유극량은 자신의 올바른 주장이 받아들여지지 않는 소통의 장애 속에서 고군분투한다.

49 송철호, 「비극적 영웅서사문학, 「양산숙전」」, 『동의어문론집』 11집, 동의어문학회, 1998, p. 374.

이라는 인물에 주목한 이유가 단지 양반이었기 때문은 아니라고 할 것이다. 그의 미학적 취향은 차치하고라도, 양반이라는 이유보다는 국가의 위기를 맞아 자신을 초개같이 버린 한 인물의 삶이 당대의 보편이념에 일치하고 따라서 그를 입전(立傳)하여 알리는 것이 도리를 바로 세워 나라에 도움이 된다는 인식이 우선이었다고 할 것이다.

실제로 김조순의 『풍고집』에는 왕실의 행사와 국가의 정책에 대한 공식적인 글들이 폭넓게 실려 있다. 예를 들어 정조의 능을 옮기자는 상소문은 당시 김조순이 아니면 올릴 수 없는 것이었으며, 위에 언급한 서얼과 평안도 사람들의 관로 진출 제한을 풀자는 건의도 여기에 실려 있다. 평생을 관료로 살면서 30년 가까운 세월을 사실상 권력의 정점에 있었기에 그의 의식이 국가경영자로서의 대부(大夫)에 기울어져 있었다는 것은 어쩌면 당연하다 하겠다.

권력의 중심부에 서 있는 인물들은 일반적으로 자신이 경영하는 국가에 대한 강한 자부심을 지니는 경향이 있으며, 이것은 민족주의적 경향을 띠기도 한다. 특히 명이 사라진 후 더욱 강화된 숭명배청(崇明排淸) 의식이 이제 우리가 중화라는 소중화(小中華) 의식으로 나타날 때 그런 경향이 강했다. 전은 기본적으로 사실에 기반하여 쓰이는 일종의 기록문학이다. 그렇지만 여기에는 어떤 식으로든 저자의 의식이 투영되게 마련이다. 그 대표적인 예가 양산숙이라는 인물의 가계에 대한 서술이다.

> 양산숙의 자는 회원으로 제주인이다. 그 선조는 양을나라 하는데 한라산 석굴 속에서 낳아 단군과 더불어 동시에 개국하였고 그 후손 탕이 비로소 신라와 통하였다. 그때에 객성이 신라에 나타나니 왕이 크게 기뻐하여 벼슬을 주어 성주(星主)를 삼고 드디어 양(良)을 고쳐 양(梁)으로 하였다. 조부 팽손은 홍문관 교리로 조광조와 함께 죽었다 하고, 부친 응정은 성균관 대사성이니

문장으로 이름이 있었다.[50]

이 서술은 양씨에 대한 일반화된 유형일 가능성이 크다. 하지만 이를 받아 기록하는 사람의 입장은 여러 가지일 수 있다. 아주 객관적인 입장이라면 마지막 한 문장만을 서술하는 것으로도 산숙의 출신을 드러낼 수 있다.[51] 그런데도 그의 먼 선조로부터 시작하는 것은 그의 신성한 혈통을 부각하려는 것이라고 하겠다. 그가 제주의 신령한 건국시조의 후손임을 밝힘으로써 그의 영웅적 면모는 더욱 부각될 수 있다. 객성(客星)의 출현도 같은 맥락이다.[52] 하지만 더 주목되는 것은 '단군과 더불어 동시에 개국'과 '조광조와 함께 죽다'라는 부분이다. 양을나의 개국과 단군의 개국이 시기적으로 비슷했다고 해도 역사적으로 그것은 전혀 무관한 별개의 사건일 뿐이다. 하지만 굳이 이 두 사건을 묶어 보는 저자의 의도는 양산숙의 가계사를 그 일문의 테두리에서 끄집어내어 민족적 사건으로 만들려는 것이다. 이렇게 해서 산숙에게는 민족영웅의 아우라가 드리워진다. '조광조와 동사(同死)'라는 것 역시 중요한 언급이다. 여기서 조광조는 사림(士林)의 정신적 지주로서 언급된 것이다. 다시 말해 조부가 그의 친구였다는 언급은 산숙이 사림의 굳건한 유가적 이념을 물려받았다는 것을 암시하는 것이다. 이렇게 해서 산숙은 처음부터 민족영웅이며 동시에 유가의 이념을 수호하는 이념적 영웅으로 형상화

50 梁山璹字會元 濟州人也 其先曰良乙那 生于漢拏山石窟中 與檀君同時開國 其後曰宕始通新羅 時客星見 羅王大悅賜爵位星主 遂改良爲梁 云祖彭孫弘文校理 與趙光祖同死父應鼎大司成 以文行稱(金祖淳, 『楓皐集』 卷15, 41면).

51 실제로 『선조수정실록』(宣祖修正實錄)에 보이는 양산숙에 대한 소개는 그의 字와 아버지를 소개하는 수준에 그치고 있다(卷27, 26年 6月朔 甲申條 참조).

52 영웅은 公共善 혹은 普遍善의 수호자라는 성격을 지닌다. 영웅의 여러 양상과 성격에 대해서는 이 장 1절의 논의를 참조할 것.

되기 시작한다. 이처럼 김조순은 직접적인 논평이나 가공의 사건을 창작하는 것이 아니라 수집된 사적을 취사선택(取捨選擇)하고 서로 관련지어 재구성하는 방식으로 산숙을 민족과 유자들의 영웅으로 형상화하려는 자신의 의도를 관철시켜나간다. 사실이면서 형상인, 다시 말해 사실의 형상화라는 '전' 장르의 특성을 고려한 서술전략이다.

(2) 기록과 허구 사이: 「양산숙전」의 문학적 가치

세심한 주의 없이 「양산숙전」을 읽으면 마치 객관적인 사실만을 서술한 것처럼 보인다. 입전인물(立傳人物)에 대한 논평조차도 엄격하게 절제하고 있어서 직접적인 찬사 같은 것은 찾아보기 어렵다. 하지만 송철호는 「양산숙전」을 입전인물과 관계가 없는 사람이 우연히 그에 대해 알게 되자 충격과 감동을 받아 입전(立傳)한 경우로 보았다.[53] 그리고 이런 작품은 사건 중심의 장면재현적 서술 태도를 지니며 문학적 수식과 허구가 개입되어 서사적 경향을 보이는 경우가 많다고 했다. 사실 관계없는 사람을 입전한다는 행위 자체가 그 사람의 어떤 공적이나 행위에 감동 받았음을 보여준다고 할 수 있다. 또 이러한 감동은 그 인물을 미화하고 찬양하고 싶은 충동을 유발시켜 문학적 행위—수식과 허구화—를 촉발하는 것이다. 그렇다면 김조순은 산숙의 삶 중 어떤 부분에서 감동을 받았으며, 문학적 수식과 허구는 어떤 방식으로 나타나는가를 살펴볼 필요가 있다.

양산숙에 대한 기록은 『선조수정실록』(宣祖修正實錄)의 것이 가장 자세하고 믿을 만하다.[54] 그런데 이 기록은 산숙에 대한 간단한 소개를 제외하

53 송철호, 「17세기의 정표정책과 임병양란인물전」, 『동양한문학연구』, 동양한문학회, 1997, pp. 173~174.

면 대부분이 진주성 싸움에 할애되어 있다. 저자가 이 기록을 기초로 했거나 다른 기록을 참조했다고 하더라도 이 부분에 주목할 수밖에 없었을 것이다.[55] 「양산숙전」에서 질과 양, 양면에서 가장 큰 비중을 지니는 것 역시 진주성 싸움이며, 그중에서도 최후의 패배에 이르러 산숙이 스스로 목숨을 끊게 되는 과정의 비중이 크다. 저자가 자세하고 강렬하게 표현했기에 독자들도 이 대목에 이르러 가슴이 에이는 통분을 느끼게 된다. 결국 저자는 산숙의 고투와 특히 죽음에 큰 감동과 충격을 받았다고 할 것이다. 결연한 의지와 보편선의 추구를 영웅의 표지로 볼 때, 산숙은 영웅이다. 결국 저자는 영웅의 좌절에서 큰 충격과 감동을 받았으며, 이것은 곧 비극성에 대한 미학적 감응이다. 이 때문에 이 작품을 '비극적 영웅서사문학'이라고 부를 수 있다.

그렇다면 문학적 수식과 허구는 어떤 방식으로 나타나는가? 여기에 대해서는 일단 상식적인 접근을 할 필요가 있다.

> 산숙이 태어나 성장함에 단아하고 학문을 좋아하니 어떤 사람이 과거 보기를 권했다. 이에 산숙이 성현의 학문은 공명을 위한 것이 아니라 하면서 이윽고 우계 성혼에게 사사했다. 우계가 생도들을 가르치며 말하길 양군은 내가 따를 수 없다고 하였다. 명종 때에 국가가 승평하여 오래도록 당인이 집권하니 산숙은 반드시 난이 있을 줄 알고 정자를 백 리 밖에 지어 놓고 날마다 도보로 다니면서 힘들여 신체를 단련하였다.[56]

54 『선조수정실록』(宣祖修正實錄) 卷27, 26年 6月朔 甲申條 참조.

55 실록 이외에도 현재 남아 있는 산숙에 대한 언급들은 거의 모두 진주성 싸움과 죽음에 초점을 맞추고 있다.

56 山璹生而端粹好學 或勸擧業 山璹曰 聖賢之學不爲功名也 旣而事牛溪成渾 渾戒諸生曰 梁生吾不及也 昭敬王時 國家昇平 久黨人用事 山璹知必有亂 築精舍百里外 日徒步往以習勞(金祖淳, 『楓皐集』 卷15, pp. 41~42).

먼저 '단아하고 학문을 좋아하니'와 같이 교묘하게 입전자의 평가를 끼워 넣는 방법이 있다. 이 같은 평가는 일반적으로 인정되고 있는 것일 수도 있지만 어떤 구체적 증거와 기준에 의해 이루어진 것은 아니다. 다음으로는 '어떤 사람이'와 같이 익명의 증언자를 내세우거나 분명하게 밝혀지지 않은 사실을 전하는 것이다. 이 같은 방식을 통해 입전자의 의도가 실현되면 때로는 다른 인물과 관련된 일화가 개입되는 등 비교적 뚜렷한 가공이 이루어질 수 있다. 다음으로는 과장과 유추이다. '백 리 밖'은 과장이라고 보아야 한다. 이 같은 과장을 통해 산숙의 비범함과 의지가 강조되고 있다. '반드시 난이 있을 줄 알고'를 지지하는 근거는 희박하다. 이것은 '국가가 승평하여 오래도록 당인이 집권하니'만으로는 확신할 수 없는 것이다. 오히려 '정자를 백 리 밖에 지어놓고 날마다 도보로 다니면서 힘들여 신체를 단련'한 사실로 보아 그가 미래의 국난을 예측했다고 유추하고 있는 것이다. 이러한 유추는 작품 전편을 통해 실현되어 이 작품을 하나의 일관된 서사논리로 구축한다.

① 양산숙은 신성한 혈통과 투철한 유가 이념을 물려받은 인물이다.
② 성품은 단아하고 학문을 통해 수양을 게을리 하지 않았다
③ 그 증거로 그는 공명을 위해 학문을 하지 않고 오직 진리를 위해 했다.
④ 그의 소질은 스승조차도 따를 수 없을 만큼 비범한 것이었다.
⑤ 그는 미래에 있을 국난을 예측했다.
⑥ 이에 대비하여 미리부터 신체를 단련하였다.

표명된 서사적 논리를 따르면 ①에 의해 ②③④가 나온 것 같지만,

사실은 ②③④에 의해 ①이 유추된 것이다. ④보다도 ③이 ③보다도 ②가 ②보다도 ①이 더 불확실하고 물증의 구체성이 떨어지는 이유가 여기에 있다. 즉 스승에 의해 증언된 그의 비범함이 그의 노력과 소질의 증거이며, 이 노력과 소질이 그의 혈통을 증명하는 것이다. 이것은 입전자가 이미 산숙을 영웅으로 형상화하고 있기 때문에 가능하다. 그리고 여기까지가 하나의 서사 덩어리가 되어 이후의 서사 논리를 담보한다. 살펴본 것처럼 ⑤⑥의 관계 역시 ⑥에 의해 ⑤가 유추된 것이고, 전체적으로 보아도 ⑤⑥의 서사 덩어리에 의해 앞의 내용들이 유추된 것이다. 미래를 예측하고 대비했다는 것에 의해 그가 지닌 능력을 알 수 있고, 이것이 그의 태생과 노력의 비범함을 증명하는 것이다. 이렇게 입전자의 논리적 유추의 반대 방향으로 서사가 전개된다. 즉 서사적으로는 타고난 천재와 수학을 통해 얻은 능력이 있었기에 부족한 물증에도 불구하고 산숙이 미래를 예측할 수 있었다는 사실이 설득력을 얻는 것이다.

이 작품은 끝까지 이렇게 구성되어 있다. 다시 말해 그가 명분 앞에 목숨을 초개와 같이 버릴 수 있는 거룩한 사람이기 때문에 그의 혈통과 수양이 고귀하고 깊은 것일 수밖에 없다. 또 그가 남강(南江)을 헤엄쳐 자유로이 건너다닐 수 있는 강건한 인물이기에 그가 일찍부터 신체를 단련하고 미래를 예측해왔다는 사실을 인정해야 한다. 마치 소설의 복선처럼 뒤를 알고 나면 서사의 앞부분에 제시된 상투적인 언급들이 모두 새로운 의미를 가지고 재해석되며 비로소 수긍된다. 이것은 이 작품이 작자의 치밀한 의도 아래 가공된 것임을 말해준다. 이처럼 사실과 허구가 서로 분리되지 않고 결합되어 있는 것은 전의 한 특징이다. 「양산숙전」의 작가는 사실성이나 객관성이 아니라 자신의 형상화 전략에 따라 소재를 선택하고 있다. 그가 서술하는 사건들 중에 자신이 직접 창작한 내용이 있는지는 확인할 수 없지만, 분명한 것은 매우 허구적인 이야기라고 해도 자신의 형상화 의도에 맞는다면 주저 없이 기술하고 있다는 것이다. 선택을 통한 재구성과 이에 의한 치밀한 구조가 기록과 허구 사이에서 있는 이 작품의 문학적 성격을 말해준다고 하겠다.

2) 「양산숙전」에 나타난 비극성

(1) 미학적 보편성

앞에서 「양산숙전」의 서사적 특징을 살펴보았다. 김조순이 산숙을 입전하고자 한 것은 무엇보다 그의 장렬한 죽음에 있었다. 그리고 목숨까지도 초개와 같이 버릴 수 있는 이 인물의 위대함을 알리고자 한 것이다. 이 때문에 이 작품은 그 서사적 논리와 입전의 논리가 반대 방향으로 작용하면서 치밀한 논리적 구조를 만들어내고 있었다. 그러므로 이 작품의 핵심에 비극성이 있고, 이 비극성은 산숙의 죽음에서부터 형성되고 같은 자리에서 절정에 이른다. 산숙의 죽음에서 무엇보다 특징적인 것은 스스로의 선택이었다는 점이다.

> 곧 몇 사람과 함께 유정에게 군사를 청하면서 사연이 강개하고 눈물이 말을 따라 떨어지니 유정이 마음속으로 탄복하면서도 두려워하여 나가려하지 않았다. 산숙이 성사되지 못할 줄 알고 앙앙하면서 돌아와 성에 이르니 이미 수십 겹으로 포위되어 있는지라. 드디어 남강에 뛰어들어 헤엄쳐 들어가니 군중이 다 놀래었다.[57]

> 산숙과 김상건이 천일을 부축하여 북향재배하고 남강에 빠지려 했다. 이에 천일이 산숙더러 일러 가로되, '공은 이 강을 건너는 것이 어렵지 않을 터인데

---

57 卽與數人 乞師於劉綎 辭氣慷慨 淚水言零 綎心歎服 猶懾不肯出 山璹知不成 怏怏而行還至城 圍已十數匝 遂投南江 泅而入 一軍皆驚(金祖淳, 『楓皐集』 卷15, p. 45).

> 어찌 살아 후사를 도모하려 하지 않는가?' 하였다. 옆사람도 또한 같이 권하였다. 산숙이 눈물을 흘리며 이르되 '홀로 사는 것은 의리가 아니다' 하고 먼저 물에 빠져 죽으니 그의 나이 33세다.[58]

스스로 선택한 죽음이라는 것을 강조하기 위해 작가는 주위의 만류를 재차 강조하고 있다. 뿐만 아니라 미리부터 산숙이 이 강을 자유로이 드나들며 원군을 청하고 패할 것이 분명한 진주성으로 헤엄쳐 돌아와 군중을 놀래는 장면을 자세히 그리고 있다. 진주성 싸움 후 대부분이 전사하여 그 내막을 자세히 알 수 없었다는 『선조실록』의 기록을 고려할 때[59] 산숙이 스스로 뛰어들었다는 사실이 군중을 감동시켜 널리 알려졌음을 알 수 있다. 여기에서 비극성에 대한 당대인들의 감수성을 짐작할 수 있다. 그런데 스스로 죽는다고 해서 모두 비극적인 것은 아니다. 단순한 체념에 의한 자살은 비극적 충격을 줄 수 없다. 도저히 이길 수 없는 어떤 것—세계의 질서, 예정된 운명 같은—에 맞서는 위대한 인간의 죽음이어야 한다. 죽음마저도 이 맞섬의 한 부분이어야 한다는 것이다.

그리스 신화에는 이 같은 장면이 여럿 있는데 그중 가장 대표적인 것은 아킬레스와 헤라클레스의 죽음이다. 아킬레스는 전쟁에 나가면 죽을 운명임을 스스로 알고 있다. 그래서 그는 자신의 명예를 더럽힌 아가멤논을 위해서는 전쟁에 나가지 않기로 결심한다. 하지만 둘도 없는 친구가 전사하자 그는 창을 들고 전투에 임한다. 결국 죽게 되리라는 것을 알면서도 우정과 명예를 위해 죽음을 받아들인 것이다. 이 받아들임은 죽음의 공포에 굴복한 것이 아니라 오히려 그것을 극복한 것이다.

58 山璹與金象乾 扶千鎰 北向再拜 將投南江 千鎰謂山璹曰 知君涉此不難 盍生爲後圖乎 傍人亦勸之 山璹泣曰 義不可獨生 先投而死 年三十三(金祖淳, 『楓皐集』 卷15, p. 46).

59 『선조실록』(宣祖實錄), 권41, 26년 8월 을유조(乙酉條) 참조.

헤라클레스의 경우는 더욱 전형적이다. 그는 죽을 수밖에 없다는 것을 알자 장작더미를 쌓고 불을 지른 다음 그 위에 편안히 누워 죽음을 맞는다. 죽음을 받아들였을 뿐 아니라 죽음의 방식과 시간을 스스로 선택한 것이다. 그의 수많은 위대한 모험에도 꿈적하지 않던 헤라 여신도 이 죽음 앞에서는 그의 위대함을 인정한다. 이로 인해 그는 신이 된다. 인간으로 태어나 초월자가 된 것이다. 이 장면은 신과 운명의 장난감에 불과한 인간이 어떻게 해서 위대질 수 있는가에 대한 그리스식 해답을 들려준다. 인간은 비극적 운명을 받아들이면서도 그 앞에 굴복하지 않는 강한 의지를 통해 위대해진다. 아니 엄밀하게 말해 비극적 운명을 받아들임으로써만 이를 극복할 수 있다. 하지만 여기에 차이는 있다. 쇼펜하우어는 '받아들임'에 방점을 찍는다면, 니체는 '극복을 통해 위대해짐'에 방점을 찍는다. 하지만 이 받아들임이 더 위대한 것이 되려면 일상에서부터 부단한 극복의 시도가 계속되어야 한다. 손쉬운 체념이 아니라 위대한 극복이 되기 위해서는 열두 가지 과제를 완수한 헤라클레스처럼 초인의 삶을 살아야 한다는 것이다.

산숙은 왜란과 패배라는 운명을 극복하기 위해 부단한 노력을 경주한다. 왜국의 사신이 올 때마다 그들과 대립하며 상소를 하다가 하옥되기도 한다. 국난을 맞아서는 사직을 보존하기 위하여 의병을 모아 전쟁에 나서고 임금과 백성의 가교(架橋) 역할을 하기도 한다. 그리고 어려운 가운데 혁혁한 전공을 세워 영웅의 면모를 드러낸다. 불가능해 보이는 상황 속에서 가능성을 찾으며 세계와 맞선 주인공은 그러나 결국 넘을 수 없는 운명과 만나게 된다. 비극의 서사적 절정이라고 할 수 있는 운명과의 만남을 「양산숙전」은 이렇게 그리고 있다.

포위된 뒤로 장마가 계속되어 성이 많이 무너지고 쌓아도 곧 무너지니성중이 이미 힘이 다하였다. 또 김준민이 전사하고 황진과 장윤이 다 탄환에 맞아 죽었는데 세 사람이 모두 명장이었다. 산숙이 곡하기를 친척과 같이 하였다. 미음과 죽을 가지고 친히 부상한 장사를 먹이니 모두 감읍하여 죽기로 맹세하고 서로 버티기를 18주야에 이르렀다. 6월 그믐날 밤에 비가 쉬지 않고 성이 크게 무너지니 왜병이 개미떼 같이 올라오고, 성 서북쪽 모퉁이가 또 무너지니 왜적이 또 달려들어 지키는 장수가 패주하고 군사가 궤멸하여 다시 버틸 수 없고, 화살과 돌이 또한 다하니 대창과 나무로 때리고 찌를 뿐 수가 없었다. 이윽고 왜적이 사방에서 쳐들어오니 중군장 오영념과 별장 지득룡이 함께 죽고 여러 의병장들이 사세가 어쩔 수 없음을 알고 모두 촉석루에 올라갔다.[60]

중과부적(衆寡不敵)에도 적을 반이나 죽였고, 포위된 이후에도 18주야 이상을 버텼지만, 장마가 계속되어 폭우에 성이 무너지니 이는 사람으로 어찌할 수 있는 상황이 아니다. 지친 상태에서 장기간에 걸친 전투가 이제 빗속에서 끝나가고 있으니, 이 장면은 사실을 살렸다고 해도 참으로 비극적인 정취를 던져준다. 거대한 세계, 저항하는 영웅, 운명적인 좌절. 이것들이 바로 비극의 요소들이다. 하지만 이 비극을 미학적으로 완성하는 것은 산숙의 마지막 저항이다. 비극적 운명은 산숙이 그것을 받아들이는 순간 더 이상 그를 어찌하지 못한다. 산숙은 이 결말을 알면서도 진주성으로 돌아왔고, 패배를 맞이해서는 기꺼이 죽음을 맞았다. 산숙이 탈출을 시도해보는 것도 운명에 대한 극복의지가 되지 않았을까 생각해볼

60 自被圍 霖雨連日 城多崩 隨築隨圮 城中力 已竭已而俊民力戰死 進潤皆中丸死 三人皆名將也 山璹哭之如親戚 持糜粥親饋瘡痍將士 皆感泣 矢必死相持 凡十八晝夜 六月晦夜雨不息 城大崩 倭兵蟻登城 西北隅又崩 生力倭又從而入 守將敗走 軍遂潰 不可復支 矢石亦盡 以竹木撞刺而已 俄而倭四面擁入 中軍將吳永念別將池得龍 俱死 諸義將 知事不濟 皆登矗石樓(金祖淳,『楓皐集』卷15, p. 46).

수는 있다. 그것이 죽음에 대한 공포 때문이 아닌 한 그렇다고 할 수 있다. 하지만 「양산숙전」을 하나의 비극문학으로 볼 때는 이야기가 다르다. 산숙이 달아나다 죽었다고 해도 그 충정과 용기를 비하할 수는 없을 것이다. 하지만 그랬다면 김조순이 산숙을 입전의 대상으로 삼았을까? 이 작품의 산출에는 당대인, 적어도 김조순으로 대표되는 당대 상층 지식인들의 비극적 감성이 작용했다. 왜(倭)와의 화의(和議)가 진행되는 상황에서 산숙이 살아나간들 할 수 있는 일은 적었다. 무엇보다 제장들과 6만 군민 앞에 드리운 운명은 곧 산숙의 운명이었다. 그리고 산숙은 이 운명에 자기 몸을 실음으로써 스스로 운명을 넘어서는 선택을 했다.

(2) 문화적 특수성

산숙은 부단히 운명을 넘어서는 모험을 감행했다. 그러나 타고난 인간으로서의 한계를 뛰어넘지 못하고 좌절한다. 하지만 마지막 순간 그는 스스로 죽음의 방식과 시간을 결정함으로써 죽을 수밖에 없는 존재론적 한계를 뛰어넘어 진정한 영웅, 비극적 영웅이 된다. 하지만 산숙의 죽음에는 서양 비극에서는 찾아볼 수 없지만 결코 간과되어서는 안 되는 두 개의 코드가 있다. '북향재배'(北向再拜)와 '의'(義)이다. 여기에 「양산숙전」이 지니는 한국적 특수성, 조금 확장해서 보면 동아시아 중세의 특수성이 존재한다.

서양 비극론의 중심에 자리 잡고 있는 '존재한다는 것의 공포와 그 극복'은 다분히 실존적이며 개인적이다. 이것은 야스퍼스 같은 인물들이 그렇게 만든 것이 아니라 그리스 시기부터 그러했다. 아리스토텔레스 이후의 스토아학파나 에피쿠로스학파에 비해 아리스토텔레스 이전 시기에는 보다 국가와 사회를 중시했다고 하지만, 동아시아에 비해 볼 때 그리스 철학은 언제나 개인으로서의 인간과 자유의지를 중시했다. 이 같은 양상은 그 문화에서 확인된다. 오이디푸스의 아버지는 왕이고 자신은 왕자였지만, 그의 비극적 운명을 이루는 것은 국가적인 재난이나 갈등이 아니고 개인적인 문제였다. 아킬레스가 죽음을 무릅쓰고 전쟁터에 나가는 이유나 헤라클레스가 죽음을 받아들이는 장면에서도 국가적인 이유를 찾기는 어렵다. 개인적인 명예와 깨달음을 찾을 수 있을 뿐이다. 이들이 영웅인 이유, 그러니까 이들이 추구한 고귀한 가치는 보편적인 것이지만, 국가적인 것은 아니다. 우정이나 명예, 도덕은 물론 공적 가치가 있는 공공선이다. 하지만 이것은 그 보편성 때문에 공공선이 되는 것이지 개인이 소속된 조직에 귀속되는 것은 아니다. 이에 비해 양산숙은 지속적으로 국가와 왕실을 위해 싸운다. 그의 충렬은 직접 국가와 왕에 귀속되는 지극히 공적인 것이다. 몇 개만 예를 들어보겠다.

(가) 적장이 장차 왕릉을 발굴하여 보물을 구하고자하니 산숙이 은화를 보내어 매수하고 또 계강 등으로 하여금 오례의를 보여 우리나라가 보물을 순장하지 않는 것을 알게 하니 적이 이에 중지하였다.[61]

(나) 적이 도성 안의 백성들이 관군에 내응한다는 것을 알고는 백성들을 크게 도살하고 공사의 건물을 불사른 뒤 도망하니 때는 선조 26년 정월 14일이다. 산숙이 성에 들어와 제장과 더불어 종묘가 유허 됨을 통곡했다.[62]

(다) 왜적과의 화의가 행함에 명나라 장수가 관군이 적을 죽이는 것을 허락하지 않으니 산숙이 듣지 않고 더욱 서둘러 적을 잡아 죽였다. 어떤

61 賊酋將發諸陵 索寶玉 山璹送銀幣餌之 且使繼康等 示五禮儀 以驗本朝不殉寶玉 賊乃止(金祖淳,『楓皐集』卷15, p. 44).

62 賊知都民與官軍應 遂大肆屠殺 燒公私屋宇而走 時萬曆癸巳正月 十四日也 山璹入城與諸將哭宗廟遺墟(金祖淳,『楓皐集』卷 15, p. 44).

사람이 시비하거늘 산숙이 정색하여 이르되 국치는 만년이라도 잊지 못할 것이거늘 하물며 자제로서 부형을 잃은 자가 각기 원수를 갚는데 무슨 마음으로 금지하겠는가 하였다.63

(가)에서 산숙은 왕릉을 보존하기 위하여 적을 매수하고 타협하기를 주저하지 않는다. 산숙 개인의 입장에서 이런 일은 결코 명예로운 것이 아니다. 아킬레스는 자신의 명예를 손상했다는 이유로 같은 편인 아가멤논과도 쉽게 타협하지 않았다. 하지만 산숙은 국가 역사의 상징인 왕릉을 지키기 위한 것이므로 해야만 하는 것이다. (나) 역시 마찬가지 이유에서 산숙이 통분하는 이유를 알 수 있다. 그렇다면 개인은 어디에 있는 것인가? (다)에서 우리는 이 의문에 접근할 단초를 찾을 수 있다. 화의(和議)가 진행 중인 상황에서 적을 죽이지 못하게 하자 산숙은 처음으로 국치보다 '부형을 잃은 원수'를 앞세운다. 물론 여기에는 벼슬을 하는 대부나 적어도 글을 읽은 선비와 달리 서민・천민인 일반 병졸과 의병을 염두에 둔 점도 있을 것이다. 하지만 여기에 '부형의 원수'가 들어간 것을 유심히 보아야 한다. 부형은 곧 가족을 의미한다. 당대 양반 지식층은 나라 없이 가족・가문이 없고, 가문이 없이 개인이 없다는 인식을 가졌는데 이런 인식이 산숙의 죽음에 개입하여 '북향재배'(北向再拜)와 '의'(義)로 나타난 것이다.

여기에서 우리의 흥미를 끄는 것은 개인보다 전체가 중시된 상황에서 비극성의 인식이 어떻게 변형되느냐 하는 것이다. 앞 절에서 산숙의 죽음을 살펴본 결과 우리가 분명히 알게 된 것은 산숙이 죽음을 받아들이

63 和議行 天將不許官軍殺賊 山璹不聽 捕賊益急 或尤之 山璹正色曰 國恥萬年不可忘 況子弟之失父兄者 各報其讎 何心禁止乎(金祖淳, 『楓皐集』卷15, p. 44).

는 방식이 아킬레스는 물론 헤라클레스보다도 더 과격하다는 것이었다. 아킬레스는 죽을 줄 알았지만 전장에 나가 파리스의 화살에 맞아 죽은 것이고 헤라클레스는 중독으로 인해 이미 목전에 다가온 죽음을 좀 더 능동적으로 받아들인 것뿐이다. 햄릿도 마찬가지다. 하지만 산숙은 죽음을 피할 가능성이 남아 있음에도 다른 사람에 앞서 목숨을 던진다. 이 같은 행동은 포로가 되느냐 죽느냐 하는 선택의 기로에 서 있던 동료들에게 방향을 제시하고 큰 용기를 준 것이다. 마치 죽음에 대한 두려움이 처음부터 전혀 없었던 사람처럼 보이기까지 한다. 이 때문에 산숙을 이데올로기의 노예로 볼 사람이 있을지도 모른다. 하지만 그렇게 본다면 아킬레스 역시 명예욕의 화신이 된다. 자신이 전장에 나선다고 해서 친구가 살아 돌아올 리 없기 때문이다. 결국 그의 출전은 친구나 자신, 특히 자신의 명예 때문이었다. 헤라클레스 역시 그냥 죽음을 기다렸어도 좋았다. 어차피 죽게 되어 있었던 것이다.

산숙이라고 죽음에 대한 두려움이 없었을 리 없다. 그는 그것을 극복한 것이다. 국가에 대한 충성, 혹은 의리를 다하기 위해? 명분으로는 그렇다. 그러나 모두가 만류하는 상황에서 의리만을 위해 죽음을 택했다는 것은 설득력이 약하다. 집단과 개인, 공공선과 개인의 인격수양을 하나로 보는 동아시아적 특수성을 고려해야 한다. 더욱 중요한 것은 삶과 죽음에 대한 이들의 철학이다. 산숙에게는 죽음을 받아들일 만한 어떤 철학적 기반이 있었다고 보아야 이 부분이 해명된다. 「양산숙전」의 마지막에 이것들이 한데 녹아 있으므로 살펴볼 필요가 있다.

> 이에 천일 부자와 고종후가 또 빠져 죽고 고경원, 문홍헌, 오빈, 김인혼, 강희보, 오유웅, 이잠, 이종인, 윤의 등이 혹은 싸우다 죽고, 혹은 스스로 물에 빠져 죽었다. 그 남은 군민으로 죽은 자가 6만여 명이었다. 산룡이 군량조

> 달 관계로 밖에 있어 난에 미치지 못하고 주야로 강변에 호곡하면서 산숙의 시신을 찾아보았으나 얻지 못하고 의관으로써 초혼하여 장사지냈다. 조정에서 이를 듣고 명하여 진주 창렬사와 나주 정렬사에 제향을 받들게 하고, 인조 9년에 좌부승지를 증하고 13년에 충신으로 문에 정표하였다. 정유재란에 이르러 산숙의 모친 박씨가 산룡, 산축과 함께 바다에 나가 병화를 피하다가 적을 만나 물에 빠져 죽고, 산룡의 부인 유씨와 그 질녀, 족녀가 모두 죽었다. 산숙의 처 이씨가 산축의 처 고씨와 함께 여종의 구한 바 되어 산 위에서 피란하다가 적이 또 이르니 이씨가 곧 자결하였다. 적이 물러간 후에 고씨가 여러 시체를 거두는데 산룡과 산축은 모친을 끼고 수면에 떠오르고, 이씨는 칼이 아직 목에 꽂힌 채 등 위에 그 지아비의 목주를 지고 있으니 보는 사람들은 모두가 눈물을 참지 못했다.64

산숙을 따라 죽은 사람들이 열거된다. 수많은 죽음으로 인해 죽음이 인간의 숙명이라는 사실이 새삼스럽게 와 닿는다. 그리고 그중에 특히 산숙의 일가친척들이 죽어간 이야기가 비교적 담담하게 나열된다. 여기서 우리는 산숙의 죽음이 다른 죽음들과 관련되는 것을 느낄 수 있다. 작자는 산숙의 집안이 쑥대밭이 되었다는 것을 강조하고 있는 것일까? 아닐 것이다. 여기서 작자는 두 가지 사실을 알려준다. 하나는 산숙의 집안사람들이 국난의 와중에 자신의 역할을 다하다가 죽음을 맞은 경우가 많았다는 것이다. 다시 말해 양씨가에 오직 산숙만이 위대한 인물은

---

64 於是千鎰父子高從厚亦投死 高敬元文弘獻吳玭金麟渾姜希輔吳宥雄李潛李宗仁尹誼等或格戰死 或自沈死 其餘軍民 死者凡六萬餘 人 山龍以調餉在外 不及難 日夜號江邊求山璹屍 不得 乃以衣冠 招魂以葬事 聞命腏享于晉之彰烈祠及羅之旌烈祠 崇禎四年贈左副承旨 八年旌其門曰忠臣 及丁酉再搶 山璹母朴氏山龍山軸 出海避兵 遇賊 投水而死 山龍妻柳氏及其妹庶女族女 皆死 山璹妻李氏 與山軸妻高氏 爲從婢所救 避于山上賊又至 李氏卽自刎 及賊散 高氏收諸屍 山龍山軸 挾母浮水面 李氏刀猶在頸而背上負其夫木主 見者莫不隕涕(金祖淳,『楓皐集』卷15, pp. 46~47).

아니었다는 것이다. 마지막에 스스로 목숨을 끊은 부인이 산숙의 목주(木主)를 지고 있음을 말해 부인의 정절뿐 아니라, 산숙과 부인이 죽어서도 양씨 가문의 한 사람임을 강조하는 것이다. '산숙은 위대했다'가 '양씨가는 위대했다'로 확장된다. 그런데 공공선을 위해 사력을 다한 이 인물의 집안이 이 정도로 괴멸되다시피 했다면 정의는 도대체 어디에 있는 것인가? 여기에 대해서는 별 해명이 없다. 만약 입전자 김조순이 철저하게 가문과 국가라는 집단 차원의 이데올로기로 이 작품을 썼다면 사필귀정(事必歸正)의 천리(天理)가 무너진 이 상황에 대해 뭔가 해명을 시도했을 것이다.

여기에서 당대 지식인들의 생사관을 되짚어볼 필요가 있다. 세계와 운명에 대한 이들의 인식은 역학적 사유에 기반하고 있다.[65] 역학적 사유란 『역경』에 기반한 것으로, 범박하게 말하면 우주는 음양(陰陽)으로 이루어져 있으며 천지(天地)에 불변하는 것은 없다는 것을 기본으로 모든 일에 기미를 살펴 신중히 행한다는 것이다. 여기에서 만물은 음양의 조화이며 동시에 기(氣)의 발현이다. 따라서 나면 죽고, 죽으면 자연으로 돌아가는 것이 순리(順理)이다. 적어도 삶과 죽음에 대한 생각은 기본적으로 스토아학파를 위시한 그리스 철학자들과 맥을 같이하고 있는 것이다. 여기에서 조선시대 양반 지식층의 비극적 인식이 파생한다. '생자필멸'(生者必滅), '회자정리'(會者定離)의 사유 속에서 운명을 받아들이고, 이렇게 운명에 농락당하는 인간의 근본적 한계를 받아들임으로써 두려움 없이 대의를 위하여 죽을 수 있는 것. 이 같은 깨달음이 이 작품의 마지막에

65 이 같은 사실은 南孝溫이나 金時習 등 儒者들이 남긴 鬼神論이나 生死에 대한 여러 논저들을 통해 쉽게 알 수 있다. 또 祭禮 등이 陰陽의 이치를 따져 거행되는 것에서도 이를 확인할 수 있다.

나열된 수많은 죽음을 담담하게 서술하게 하는 것이다. 하지만 그럼에도 불구하고 산숙의 목주(木主)를 진 이씨 부인의 죽음에는 사람들이 눈물을 흘렸다고 말한다. 여기서 알아야 할 것은 이 눈물이 단지 죽음 때문이 아니라 이 부부와 양씨 가문에 드리운 비극적 운명과 그것을 넘어 보편선을 지키려는 영웅적 의지에 대한 감동 때문이라는 것이다. 죽으면 각자 자연으로 돌아가는 것이라고 해도 더 큰 개인으로서 가문을, 더 큰 가문으로서 국가를 사유하는 오래된 정신적 전통을 이 비극적 의지에서 분리할 이유를 이들은 모른다. 이것은 물론 유가 이데올로기가 공식적이고 사적인 모든 영역에서 보편이념으로 자리 잡은 한국적 특수성의 반영이다.

3) 소결

지금까지 「양산숙전」에 나타난 비극성에 대해서 알아보았다. 이 작품은 사실의 형상화라는 '전' 문학의 특성으로 인해 순전한 사실과 작자의 형상화 의지가 투영된 허구적 부분이 분리되지 않은 채 공존하고 있었다. 이 작품의 문학성은 사실을 취사하고 수식하며 재구성하는 작가의 형상화 전략이 지닌 치밀성에서 발견된다. '전'에 주목한 것은 비극 개념이 형성된 서양, 특히 그리스에서 비극이 비교적 고급한 시민 지식인층의 향유물이었다는 점이 고려된 것이다. 현재 일단 비극이라는 양식적이고 미학적인 개념을 사용하는 경우, 그 기준이 그리스 비극이 되는 현실을 부정할 수 없기 때문에 우리 비극문학에 대한 연구가 아직 시도 단계인 형편을 감안해 우리 역사에서 상층지식인층이 이룩한 비극작품을 고찰할 필요가 있었다. 상층문화와 기층문화의 차이는 때로 지역적 차이를 넘어서기도 하며, 상층문화는 상층문화끼리 기층문화는 기층문화끼리 비슷한 성향을 보이는 경우가 많기 때문이다. 비극에서도 이 같은 양상이 발견되었다. 그럼에도 불구하고 보편성으로 볼만한 공통점 외에 주목할 만한 차이점들도 발견되었다.

서양문학에서 논의되는 비극성의 핵심은 존재한다는 것이 지닌 공포와 전율을 직시하는 데서 출발해, 인간의 존재론적 한계 때문에 피할 수 없는 운명을 받아들임으로써 오히려 운명과 한계를 뛰어넘는 위대한 존재가 될 수 있다는 사실을 깨닫게 하는 데 있었다. 존재한다는 것이 지닌 공포란 인간은 보다 보편적인 것(세계적 질서나 도덕, 현실적 장벽 등) 앞에 좌절할 수밖에 없다는 것이다. 작자가 산숙을 입전의 대상으로 삼은 것은 산숙의 삶에서 이 운명적 좌절을 발견했기 때문이다. 작자는 불가능해 보이는 현실을 향해 끊임없이 도전하는 산숙을 영웅적으로 형상화하면서 가장 극적으로 그를 죽음 앞에 세워 비장감을 극대화한다. 그리고 죽음의 순간 산숙이 스스로 죽음을 택함으로써 운명이 자신을 지배할 수 없게 만드는 장면을 장엄하게 그린다. 산숙이 두려움을 넘어 죽음을 능동적으로 수용할 수 있었던 것이나 작자가 이를 담담하게 그려낼 수 있었던 것은, 모든 것이 가변적이며 만물은 결국 자연으로 환원된다는 역학적 사유에 기반한 동아시아적 생사관이 있었기에 가능했다. 이것은 스토아학파의 생사관이나 서양 철학에서 논의되어온 비극정신, 비극적 깨달음과 같은 맥락에 있다.

그러나 산숙이 죽음을 수용하는 방법은 그리스 영웅들보다 훨씬 과격했다. 그는 살아남을 수 있는 분명한 가능성을 버리고 스스로 죽음을 선택한다. 이것은 산숙이 자신을 단지 개인으로서만 인식하는 것이 아니라 가문이나 국가와 같은 집단과 동일시하는 유가적 지향과 관련된다. 이에 비해 서양에서 존재론적 한계를 뛰어넘어 비극적 깨달음에 이르는 영웅들은 보편선을 지향하긴 하지만 본질적으로 개인의 자유의지를 더 중시한다. 인간의 존재론적 한계에 대한 앎 앞에서 모든 인간은 개인이다. 죽음 앞에 모든 인간이 개별자인 것과 같다. 따라서 비극은 개인을 정화하고 위대하게 하는 것이라는 게 서양적 인식이다. 하지만 역학적 사유에서 보면 죽음 앞이라고 인간이 달라지는 것은 없다. 인간은 여전히 개인이며 전체의 한 부분이다. 따라서 개인의 위대함도 전체 안에서 의미를 지닌다.

서양의 비극정신이 자아의 입장에서 자아와 세계의 불화라는 날 선 이원성의 극복을 지향하는 데 반해, 태극(太極)·음양(陰陽)을 기반으로 한 역학적 사유는 이원성을 끊임없이 변화하는 우주의 당연한 기초로 이해하고 조화와 상생을 지향한다. 이 때문에 역학적 사유는 이원성 속에서 자아와 세계(전체)를 통합하며, 여기로부터 유학 이념과의 결합이 가능해지는 것이다. 사실 한국문화의 특수성은 여기에 있다. 역학적 사유와 유가 이데올로기의 공존. 이 사유들은 사실 둘이 아니라 하나이다. 결국 여기로부터 개인이면서 전체인 조선 지식인의 자아인식이 형성되고, 이를 기반으로 존재론적 한계를 넘어서는 철학적 영웅과 공공선을 위해 자신을 던지는 실천적 영웅이 하나로 되는 것이다. 여기에 항전인물전으로서 「양산숙전」이 지닌 비극성의 특징이 있다.

5. 한국영웅비극소설의 계보와 미학적 특성

이 장에서는 지금까지의 논의를 바탕으로 한국 영웅비극의 전체상을 조망하고 그 계보를 모색해보는 데 목적을 둔다. 이를 위해 초기신화·설화를 다룬 앞장의 연구 성과, 즉 초기 한국비극과의 관계 속에서 조선시대 영웅비극의 여러 양상을 그 사회·미학적 특성에 따라 몇 가지로 나누어 살펴볼 것이다.

그런데 여기에는 두어 가지 문제가 남는다. 한국서사문학이 대개 그렇듯이 연구 대상이 되는 작품들의 생성 연대가 불명하여 그 선후 관계를 파악하기 어렵다는 것이다. 또 설화니 소설이니 하는 개념의 모호성도 문제가 된다. 주지하다시피 조선후기에 이르기까지 양반지식층을 중심으로 한 식자층은 허구서사의 창작에 그리 적극적이지 않았다. 대신 이들은 실제 인물을 입전(立傳)하거나 주워들은 이야기를 수집・정리하는 방식으로 기여했다. 따라서 많은 이야기들이 사실과 허구의 경계에 있거나, 구전과 기록의 경계에 있다.

전(傳)의 경우는 입전 대상이 되는 사람과 입전자의 거리, 자료의 다소(多少) 및 활용도, 입전자의 태도 등에 따라 작품마다 그 허구성의 정도가 다르다. 다시 말해 입전자가 주인공과 직접적인 관계가 없어 지식이 부족하고 자료도 적으며 입전자의 태도가 감상적일수록 보다 허구성이 높아질 것이다. 이 경우는 작품마다 잘 살펴 다루어야 하는데, 이 때문에 「양산숙전」이나 「임장군전」을 개별적으로 미리 다루어 그 허구성의 개입 양상을 규명했다.

구전과 기록의 사이에 있는 작품들에 대해서는 누군가에 의해 기록되면 일단 소설의 기본조건인 기록성을 지닌다고 볼 수 있다. 야담계 소설의 대부분은 기록성과 허구성을 모두 지닌다. 여기서 문제는 기록된 허구라면 그 수준에 상관없이 모두 소설로 볼 수 있는가 하는 것이다. 여기에 대해서는 장르론적으로 여러 가지 의견이 있을 수 있다. 그러나 설화의 기록, 즉 야담문학이 소설에 끼친 영향을 부정할 수 있는 사람은 없을 것이다. 그러므로 이 글은 전소설적 야담이나 소설적 야담, 야담계 소설의 경계를 인정하지 않고, 설화를 기반으로 하여 소설이 발생・발전되어왔다는 일반론의 입장에서 접근하기로 한다. 이 글의 목적이 장르론적 논쟁에 있는 것이 아니라 한국비극문학의 미학적 특성과 계보 파악에 있기 때문이다.

1) 기층영웅비극의 특징과 계보

(1) 성정영웅: 꿈과 좌절, 그리고 두려움의 표상

상층지식인들보다 민중들에게 세상은 더 팍팍한 것이다. 무슨 존재에 대한 고민이 아니라도 그들 앞에 펼쳐진 비극적 세계상은 자연스럽게 그들의 이야기 안에 반영되기 마련이다. 다만 문제는 그러한 비극적 세계상의 표현을 넘어 그것을 극복하고자 하는 의지—비극정신이 어떻게 구현되고 있는가 하는 것이다.

단군신화의 호랑이는 어떤 이념이 아니라 단지 사람이 될 것을 희망했다가 실패한 무명의 존재라는 점에서 성정영웅의 맹아와 기층성을 보여준다. 천하고 어리석은 자신을 선택해준 공주가 올 때까지 자신의 죽음을 받아들일 수 없었던 온달, 한순간 삶에 대한 미련을 끊지 못했다는 이유로 부모로부터 버림받고 바닥에 떨어져 살다 간 원술은 모두 인간으로서의 본성에 충실하고자 했던 고대신화의 비극적인 성정영웅들이었다. 또 이들이 민중의 위치에 있었거나 그 위치까지 떨어졌다는 점에서 이들의 이야기는 기층비극으로 읽을 여지가 있다. 하지만 그보다 중요한 것은 이것들이 고대의 설화들로 소멸하고 기록으로만 남은 것이 아니라 이런저런 통로를 통해 기층 민중들의 구전설화에 녹아들어 갔다는 것이다.

민중들은 자기들의 삶이 소외되어 있어서 힘써 노력해도 향상될 기미가 없을 때 변화를 꿈꾸게 마련이다. 이렇게 좌절과 변화에 대한 꿈이 가득할 때 누군가 나타나 저항의 깃발을 들면 먼저 원망 많은 사람들이 그 뒤를 따른다. 따르는 사람들이 늘어난다. 이렇게 걷잡을 수 없는 저항이 시작된다는 것이 허균의 「호민론」(豪民論)의 논리다.[66] 그런데 현실에서

---

66 허균, 『성소부부고』(惺所覆瓿藁) 권11, 문부(文部) 제8, 논(論).

는 이러한 저항이 잘 훈련되고 조직화된 정규군의 토벌을 이기기는 어렵다. 반란이 일어나고 실패로 돌아가면 그 와중에 민중들의 삶은 더 피폐해진다. 그리고 반란의 주역들은 전설로 남는다.

이 이야기들, 좌절한 장수와 영웅들에 대해서는 비교적 많은 연구가 되어 있어서 많은 도움을 받을 수 있다.[67] 이 중 가장 중요한 작품(군)은 아기장수 설화이다. 이 이야기는 실재한 인물에 대한 전설이 아니면서도 전국 어디에서나 쉽게 찾아볼 수 있는 광포설화(廣布說話)이다. 그 생명력과 파급력은 어디에서 기인하는가? 그것은 우선 펴보지도 못하고 꺾이는 존재가 순진무구한 아기 혹은 사회적으로 여전히 연약한 어린이라는 데 있다. 주인공에 대한 연민과 정을 환기하는 데 아기만한 존재는 없다. 아기이므로 어떤 욕망이나 뚜렷한 신념을 추구하지 않는다. 이 아이는 단지 변화의 가능성인 힘을 지니고 태어났을 뿐이고 살아남아 그 재주를 펴보려는 의지를 지녔을 뿐이다. 이것은 인간이 지닌 본성이며 사실 민중들의 삶, 그것이다. 이 때문에 아기장수는 성정영웅이며, 순수한 민중영웅의 형상을 지닌다. 그런데 이 아기는 바로 그 민중들, 더구나 부모의 손에 죽는다. 여기에 이 작품만의 독특한 비극성이 있다. 권력에 대한 두려움 때문에 자신들의 꿈, 핏줄을 죽이는 비겁함. 아기장수 설화의 향유자들은 그렇게 자신들 내면의 비겁함을 성찰한다.[68] 그래서 이 작품은

67 그중 몇 편만 들어보면, 전신재, 「아기장수 전설의 비극의 논리」, 『논문집』(인문사회과학편) 8집, 한림대학교, 1990; 김수업, 「아기장수 이야기 연구」, 경북대학교 박사학위논문, 1995; 김균태, 「비극적 장수설화에 나타난 공통 삽화의 서사적 의미와 기능」, 『역사민속학』 6집, 한국역사민속학회, 1997; 강현모, 「인물전승에 나타난 사건의 수용 양상: 비극적 장수설화를 중심으로」, 『한민족문화연구』 5집, 한민족문화학회, 1999와 『장수설화의 구조와 의미』, 역락, 2004; 서유경, 「「임경업전」의 비극성에 대한 표현 문화론적 고찰」, 『문학교육학』 13집, 한국문학교육학회, 2004 등이 있다.

68 김창현, 「아기장수설화에 나타난 한국민중들의 생명관」, 『인문과학』 33, 인문과학연구소,

우리 민족이 지닌 미학적 감수성의 핵심을 꿰뚫고 있다.

이 이야기를 일군의 가슴 아픈 설화로 이해하고 넘어갈 수 없는 이유가 또 있다. 그것은 변이의 다양성과 결합력이다. 아기장수 설화 자체가 많은 변이형을 만들면서 전국에 퍼졌고, 이 이야기에 나타난 많은 화소들이 여러 좌절한 장수들의 이야기 속에 그대로 나타난다. 신체에 날개나 비늘이 있거나 천마(天馬)가 나타나거나 콩이나 팥, 곡물로 병마(兵馬)를 만들거나 자기를 죽이는 방법을 스스로 알려주거나 하는 아기장수 설화의 비교적 기본적인 내용부터, 일부 아기장수가 조금 성장한 경우에 나오는 힘내기 이야기, 묘자리 잡기 등 대부분의 화소가 다른 많은 비극적인 설화들과 공유되고 있다. 어느 쪽이 먼저인지 밝히는 것은 어렵지만, 한 가지 분명한 것이 있다. 아기장수 이야기는 영웅의 좌절을 다룬 설화들의 샘이며 바다라는 것이다. 많은 화소를 흡수했고 여기에서 다른 많은 이야기들이 또 만들어졌을 것으로 보인다. 이것은 김통정(金通精)이나 이괄(李适), 임꺽정 같은 난군 지도자를 넘어 신돌석이나 김덕령(金德齡)처럼 억울한 의병장에게까지 이어진다.

반란의 주역들에 대한 민중들의 입장은 연민에 증오가 범벅된 것이었다. 증오가 섞이게 된 이유는 그들의 작란(作亂)이 결과적으로 민중생활을 더 어렵게 했다는 것 등, 여러 가지가 있겠지만 그들이 역적으로 단죄되었다는 데서 오는 두려움이 가장 컸을 것이다. 그러나 그런 두려움 속에서도 민중들은 간절히 변화를 원하고 있었고, 그 변화를 이끌어갈 위대한 인물의 출현을 기다렸다. 그들의 신이한 능력에 대한 여러 설화들은 민중들이 이들을 범인을 뛰어넘는 위대한 인물로 생각하고 있었음을 보여준다. 나뭇잎을 띄우고 강을 건너거나 거대한 바위나 심지어 산을

2003.

옮기기도 한다. 그러한 인물들에게는 흔히 아기장수의 이미지가 씌워져 있다. 겨드랑이 아래 날개가 있었다거나 비늘이 있었다는 것이다. 여기에는 이 인물들에 희망을 걸고 연민을 느꼈던 민중들의 감정이 투영되어 있다.

하지만 이들의 실패에 대한 연민은 위에서 언급한 이유로 곧잘 증오로 변하기도 한다. 이것은 지역이나 화자에 따라 그 정도나 양상이 달라진다. 김통정이 아버지의 말을 하도 안 들어 아버지가 묘를 거꾸로 쓰라고 유언을 했더니 정말로 그렇게 해 실패했다는 이야기에는 연민과 증오가 다 들어 있지만 연민의 힘이 좀 더 느껴진다. 마지막 유언이라도 지키려는 그의 마음씨를 부정할 수 없기 때문이다. 하지만 누나나 선생과 힘내기를 해서 자기가 지자 살해했다는 이야기에 이르면 증오를 더 느끼게 된다. 그런 졸부가 큰일을 할 수는 없다는 것이다. 어느 쪽이든 전설 속에서 신이한 인물이 되어 있는 그들이 왜 실패했는가에 대한 해답을 신과 같은 절대적인 운명에서 찾지 않고 그들 자신의 행위나 결함에서 찾으려고 한 것이 한국 민중비극의 한 특징이다. 인간 역시 운명을 결정하는 여러 요인들 중의 하나이기 때문에 그의 실패의 원인을 그나 그의 가족에게서 찾으려는 것이다. 그런데 이렇게 되면 비극성이 감소하거나 왜곡된다. 그들이 누나나 선생을 죽일 정도의 악한이라면 그들의 실패는 당연한 것이므로, 독자들은 여기에서 비극적 세계관을 환기하기가 어렵게 된다. 민중들은 보통 현실적이고 긍정적인 생각을 하고 싶어 한다. 그들의 삶 자체가 비극적일 때가 많아서인지도 모른다. 여기에 역적으로 낙인찍힌 인물들에 대한 두려움과 반감을 지닌 사람들도 전승에 참여하게 된다. 민중들에게서 부모의 손에 살해당하는 아기장수 이야기 같은 짧지만 비장하고 섬세한 비극이 나오기 어려운 이유가 여기에 있다.[69] 하지만 그 인물이 역적이 아니라면 조금 마음이 편해진다.

신돌석은 의병장이다. 그는 대단한 힘의 소유자로 왜병이 어찌할 수 없는 인물인데 일가(一家)의 배반으로 목숨을 잃는다. 이 점, 일가의 배반에 의한 죽음이라는 점에서 그는 성장한 아기장수의 이미지를 갖는다. 반란의 장수와는 다르지만 민중들에 의해 형상화된 의병장들에게서도 아기장수의 이미지는 자주 발견된다.

기층비극의 경우는 그 담당층인 민중들에 의해 구전된 것이 대부분으로 조선시대에 기록된 것도 극히 일부에 지나지 않는다. 하지만 기록의 과정을 통해 보다 심각한 주제의식과 정교한 표현을 갖춘 것으로 『삽교별집』(霅橋別集)에 실린 검녀의 이야기가 주목을 끈다.[70] 이 이야기에는 두 명의 여성 주인공이 나오는데, 양반댁 아씨인 검녀의 주인은 불세출의 검술을 배워 원수를 갚은 다음 자결한다. 그리고 그 시비였던 검녀에게는 대장부를 골라 모심으로서 간접적이나마 세상에 뜻을 펴라고 유언한다. 그러나 그녀가 힘들게 골라 찾은 사내는 그릇이 아니었다. 그녀가 그를 떠나면서 자신의 검무를 보여주자 사내는 거의 정신을 놓고 만다. 이 이야기는 지식인에 의해 기록된 것이다. 그러나 양반의 기득권을 옹호하지는 않는다. 검녀의 주인은 여인으로 남장을 하고 무력을 사용하여 복수하지만 여자로서 살 자격을 세상이 인정해주지 않을 것을 알고 자결한다. 세상 앞에 선 개인의 한계이다. 검녀 또한 여성이자 천인이라는 이중의 제약 속에 있다. 그녀의 대단한 능력을 세상이 용납해주지 않는 것이다. 그러나 그녀는 자신이 모시던 남자를 떠남으로써 세상의 제약에서도 떠나버린다. 세계의 제약을 넘어서려는 이 여인의 모습이 곧 비극정

69 아기장수 이야기는 기본형은 아기가 부모의 손에 죽고 끝나지만, 이를 가슴 아프게 여긴 민중들은 아기가 살아나고 또 살아나는 뒷이야기들을 만들어 덧붙이는 경우가 많았다.

70 이우성·임형택, 『이조한문단편집』 中, 일조각, 1978, pp. 20~24. 원문은 『삽교별집』(霅橋別集) 권5, 만록(漫錄)에 실려 있다.

신이다. 이 이야기는 성별을 바꾸어본다면 상층성정영웅소설인 일사소설(逸事小說)의 느낌이 있다. 그러나 이들이 여인이고 시비라는 중요한 차이점 외에도 수련 과정과 복수를 중시한다는 차이가 또 있다.

기층비극에서 성정영웅의 모습이 그 양과 질, 양쪽에서 크게 두드러지는 것은 민중들이 이념보다는 인간이 지닌 본성과 이를 막는 거대한 사회적 제약(운명)에 민감했기 때문이다. 기층비극의 성정영웅들이 흔히 신분적 제약이나 가까운 사람의 배신으로 인해 좌절하게 되는 것은 민중들의 그런 현실인식을 반영한다. 그러나 기층비극의 성정영웅들은 그러한 현실적 제약을 넘어서고자 하는 민중적 의지의 반영이라는 점에서 비극정신의 형상물이다.

(2) 이념영웅: 타율적 의무와 자발적 애정의 분열과 종합

민중들에게 있어서 이념이란 그냥 옳은 생각이다. 조선조 내내 민중들에게 유학 이념을 고양시키려는 정책적 노력들이 시도되었지만, 경제적 궁핍이나 높은 문맹률 같은 여건의 문제가 아니더라도 백성들 대부분이 유학을 이념 수준으로 받아들이게 할 수는 없었을 것이다. 그들도 삼강오륜(三綱五倫)이니 충효열(忠孝烈)이니 하는 말을 알고 옳은 것이라고 믿었지만 그것은 의당 지켜야 할 어떤 것일 뿐 이념은 아니었다. 그것은 강령화된 의무이거나 혹은 감정이었다. 충은 나라님이나 나라에 대한, 효는 부모에 대한, 열은 배우자에 대한 의무 혹은 정(情)이다.

『삼국사기』의 호동 설화와 『삼국유사』의 김제상 아내 이야기는 의무와 정으로 나뉘는 이 분열되기 쉬운 의식을 잘 보여준다.[71] 전자에는 호동이

71 『삼국사기』에는 박제상으로 되어 있지만, 여기서는 인용한 설화의 출전이 『삼국유사』이므로 김제상으로 칭한다.

나라를 위해 사랑하는 낙랑공주를 희생시키고, 계모가 자신을 참소하자 효를 다하기 위해 죽은 위대한 인물이라고 본 민중들의 시각이 반영되어 있다. 그러나 서사화된 그의 행위는 극단화되고 단순화된 의무감의 발로로 보일 뿐이다. 이것은 유가의 이념을 지닌 『삼국사기』의 사관에게도 마찬가지였다. 사관은 호동의 죽음에 대해 이례적으로 긴 평을 붙여 비판하고 한탄한다. 상층지식인의 눈으로 볼 때 호동의 행위는 효의 바른 실현이 아니었던 것이다. 후자인 치술령 신모가 된 김제상 아내의 이야기는 자결이나 엄격한 내조, 영웅적인 투쟁이 없이도 위대한 열의 실현을 형상화한다. 그녀는 오로지 남편을 기다리는 아내의 정을 보인 것만으로 민중들의 신에 추대된다.

충효열 중 기층민중의 일상에서 가장 의미를 가지는 덕목은 효이다. 그런데 이들이 향유한 설화에는 당황스러울 정도로 극단적인 효자들이 등장한다. 이것은 민중들이 당대 보편이념을 이해하는 수준이 양반들과 매우 달랐음을 보여준다. 이렇게 단순화된 이념 영웅의 형상은 자주 비극적 세계관의 환기에 장애를 불러일으키곤 한다. 거창 지역에 전해오는 석바위 전설은 어머니를 위해 지극정성을 다한 효자 석이가 어머니를 위해 나무를 하다가 임종을 지켜보지 못하자 목을 매 죽었다는 이야기인데, 식자에게는 거의 설득력이 없을 정도로 교조적인 줄거리이다.[72] 그런데 효자가 사소한 잘못에 괴로워하다 죽는다는 이런 유(類)의 이야기는 그리 드물지 않고 전국적으로 발견된다. 이러한 현상은 집권세력의 민중 교화정책의 영향과 효라는 가치에 대한 민중들의 공감이 결합된 결과로 생각된다.

이런 유(類)의 세련된 양상이 『학산학언』에 나오는 향단의 이야기이

72 박종섭, 『거창의 전설』, 문창사, 1998, p. 109.

다.[73] 노비 추심을 나온 양반을 모시게 된 처녀가 그를 죽이려는 노비 일가의 음모에서 양반을 구하고 대신 죽었으며, 그녀의 유언에 따라 그녀의 아버지만은 살려주었다는 이야기이다. 주인에게는 충을, 남편에게는 열을 아비에게는 효를 다해 삼강(三綱)을 이루었다는 것이 결론이다. 충격적인 발단과 반전이 있어 박진감 있는 구조를 갖추었다. 하지만 처녀가 양반 남편을 위해 기꺼이 형제의 죽음을 받아들이는데도 감동은 적다. 아버지를 살려달라는 유언에도 불구하고, 형제들에 대한 연민을 압도하는 처음 본 양반에 대한 헌신이 애정이라기보다는 무조건적인 의무의 수행으로 비친다. 석바위 전설과 별 차이 없는 교조적인 단순함이다. 이 향단이라는 인물은 천민이지만 철저히 상층 양반의 이해를 실현한다. 그러나 이것은 상층이념의 정책적 효과와 민중적 단순성의 결합이 빚은 것으로 조선시대 민중들의 이념에 대한 태도를 보여준다. 민중들은 이념을 성정의 문제로 이해했고 이 둘을 분리하여 사유할 수 없었는데, 이것이 왕왕 이념을 단순화시키는 원인이 되었다.

그러나 민중들이 주체적으로 이 이념을 성정화하여 인간의 본성에 주목할 때는 이념을 넘어서는 새로운 가치로 형상화되기도 했다. 심청이 아버지를 위해 몸을 팔아 죽는 것은 유자(儒者)의 입장에서는 호동의 죽음과 마찬가지로 어리석은 것이다. 그러나 민중들은 심청의 마음씨, 아버지에 대한 애틋한 정을 이해하고 여기에 효라는 이름을 부여하는 데 망설이지 않는다. 향단이 의무를 위해 죽어간 영웅이라면 심청은 효라는 이념의 이름으로 정을 실현한 전혀 다른 차원의 영웅이다.

민중적 이념영웅의 모습을 잘 보여주는 비극으로, 흥법사 연기설화인

---

73 이우성·임형택, 『이조한문단편집』 中, 일조각, 1978, pp. 96~97. 비슷한 이야기가 『청구야담』(靑邱野談)에도 실려 있다.

'홍랑각시 이야기'가 주목된다.[74] 이 여인은 천자의 후궁으로 끌려가면서 마을의 모래와 물과 대추를 가져가 그 물과 대추로 연명하며, 그 모래만을 밟다가 죽었다. 그녀가 죽음에 이르러 '나는 중국의 땅을 밟지도, 중국의 물과 음식을 먹지도 않았다'고 하는 대목은 참으로 장렬하다. 여기에는 백이숙제(伯夷叔齊)류의 충신담이 스며 있긴 하지만 그 내용을 완전히 일신하고 있다. 여기서 우리는 홍랑의 신분보다도 그녀가 싸우는 대상과 방법에 주목할 필요가 있다. 그녀는 공물을 요구하는 중국과 이에 굴복하는 정권이라는 기득권 구조와 싸운다. 따라서 그녀가 충성하는 대상과 방법도 완전히 다르다. 그녀에게 나라는 왕이나 그를 정점으로 한 체제가 아니라 조선의 흙과 물, 음식이다. 백이숙제에게 새 왕의 공물이 아닌 산나물을 먹는 것은 문제가 되지 않았지만, 그녀는 조선의 물과 대추가 떨어지자 식음을 전폐하고 죽는다.[75] 그녀는 이것들에 대한 결백을 지키고, 이것들에 대한 애정을 증명함으로써 자신의 충성을 실현한 것이다.

2) 상층영웅비극의 특징과 계보

(1) 이념영웅: 책임의식과 교조화, 그 분열과 종합

상층비극의 경우는 이념영웅의 활약이 두드러지게 나타났다. 이것은 말할 것도 없이 상층지식인들의 경우 이념을 체화하고 이를 통해 사회의 질서를 회복하고 유지하려는 성향을 지녔기 때문이다. 이런 인물들은 상층지식인들의 적극적인 기록으로 인해 이른 시기부터 그 자료를 많이 찾아볼 수 있다. 우선 선명하게 드러나는 인물이 김제상이나 관창, 도미

74 최정희, 『한국불교전설』 99, 우리출판사, 1990.

75 성삼문은 시조를 지어 백이숙제가 주나라 산나물을 먹은 것을 한탄했지만 그것은 백이숙제 이상의 단호한 충심을 나타내고자 한 것으로 산나물조차 주왕의 것으로 보는 강력한 이념의 투영이다. 홍랑과는 지향이 거꾸로인 셈이다.

같은 인물의 이야기이다. 김제상은 그 충절과 왜국에서의 장렬한 죽음으로 민중들의 관심을 받아 그의 부인은 치술령 신모로 받들어지기도 했다. 그러나 그의 충성은 신라의 영토나 백성이 아니라 임금에 대한 것으로 이념의 상징이 되기에 부족함이 없는 것이다. 이 점은 관창도 큰 차이가 없는데, 전쟁에 임해 자신을 던지는 이런 이야기들은 사실 기층 민중에게는 피부에 와 닿기 쉬운 것은 아니다. 정절을 지키기 위한 도미부인의 투쟁은 고대 신라의 생활상을 배경으로 하고 있고 그들의 몰락을 냉정하게 서술하고 있다는 점에서 후대 유자(儒者)들의 기준을 넘어서는 내용들이 있다. 그러나 도미부인은 왕을 상대로 해서 끝내 자신의 정절을 지켜냄으로써, 여인의 정절이라는 이념을 왕이라는 권력 위에 올려놓았고, 이런 점에서 이념의 화신으로 칭송되기에 충분했다.

임병양란은 우리 민족이 겪은 가장 뼈아픈 경험이었다. 보잘것없는 야만족으로 보았던 왜에 전국토를 유린당한 뒤에 명나라의 도움을 받아 가까스로 물리친 것을 승리라 위안삼기는 어려웠다. 병자호란의 경우는 보다 심각했다. 결국 임금이 치욕을 무릅쓰고 항복했던 것이다. 이후 우리 민족의 상처 난 자존심을 달래준 것은 관군이 아니라 자발적으로 일어나 목숨을 바쳐 싸운 의병들이었다. 그러나 이들은 매우 열악한 군사·정치적 환경에서 고군분투하다가 끝내 목숨을 잃은 경우가 많았다. 이 때문에 이들을 소재로 한 비극문학이 크게 일어난 것은 당연한 일이라고 할 것이다.

양반 지식인들은 저마다 의병장들을 소재로 하여 '전'을 지었는데, 이런 전들을 '항전인물전'(抗戰人物傳)이라고 하기도 하며, 그 내용과 결말이 비극적인 작품들이 많다.[76] 이들은 대개 사실의 기록이라는 '입전'

76 송철호, 「비극적 영웅서사문학, 「양산숙전」」, 『동의어문론집』 11집, 동의어문학회, 1998,

(立傳) 의식 하에 씌어졌지만 허구와 사실이 뒤섞여 있는 일종의 '팩션'(faction)이다. 이것들은 일반적인 전과는 달리 작가들이 주인공을 잘 모르는 형편에서 지어졌다. 의사(義士)들의 충의에 감복한 작가들은 일종의 책임의식 속에서 들은 이야기와 모아들인 자료의 빈곳을 상상력으로 메우며 사뭇 감동적인 이야기로 재구성했다. 특히 흥미로운 것은 이들이 「유부수전」과 같이 양반층이 아닌 의병장들도 입전하곤 했다는 것이다. 이 작품에서 양반 장수들의 벽에 부딪혀 고투하는 유극량의 모습은 순수한 상층이념영웅의 모습을 넘어서서 민중영웅의 양상도 느끼게 한다.

이 계열 비극의 전형적인 모습을 「양산숙전」에서 볼 수 있다. 산숙은 왕릉을 보존하기 위해서 적장을 매수하거나 백성들과 내통하는 등 책략을 사용하는 것을 주저하지 않고 있는데[77] 이런 모습은 이념적 목표와 수단을 분리하여 이해하고 그 이념적 목표를 무엇보다 중시하는 전형적인 이념영웅의 모습으로 일왕을 기만하는 김제상의 모습과도 일치한다. 또 산숙은 스스로 죽음을 받아들임으로써 죽음이라는 운명을 무력화한다는 점에서 그리스 비극의 영웅들과 궤를 같이하지만, 충절과 의리라는 이념을 향한 굳건한 믿음으로 인해 비극성의 색채는 큰 차이를 보인다. 비극영웅의 위대함보다 충의라는 이념적 가치가 더 크게 부각되는 것이다. 이렇게 이념으로서 공공선이 운명적 한계를 넘어서고자 하는 비극영웅의 존재를 압도하면 한계자인 인간존재에 대한 성찰과 그 극복의지로서 비극정신이라는 비극성의 요체에서 벗어나 이념 선전으로 흐르게 될 수도 있다.

---

pp. 363~364쪽.

77 이 책, 2장 4절 참조.

그러나 이런 위험을 감쇄(減殺)하면서 비극적 사건으로부터 인간존재에 대한 성찰을 이끌어내는 것이 바로 '파국의 연장'이다.[78] 「양산숙전」은 산숙의 죽음 뒤에 긴 후일담이 나열된다. 진주성 싸움으로 죽은 여러 사람들뿐 아니라, 이후 병란 때에 죽은 사람들까지 산숙 일가의 사람들이 어떻게 죽었는가를 설명한다. 이런 서술 태도는 『어우야담』에 실린 곽준 일가의 기사 등 양반층의 여러 서사물에서 찾아볼 수 있다.[79] 아버지와 두 아들, 딸과 며느리가 모두 충효열을 위해 죽었다는 이 기사의 결말은 재앙이 쏟아져 단번에 파국으로 가는 서구고전비극과 닮아 보인다. 하지만 서구고전비극이 파국에 이르면 여러 인물의 죽음을 한자리에서 다 보여주고 갑작스럽게 끝나는 것과는 달리 다른 장소, 다른 방식의 여러 죽음을 비교적 차분하게 서술하면서 그 파국을 연장하고 있다. 이렇게 되자 파국이 더 이상 파국이 아니다. 독자는 비극영웅의 죽음을 여러 죽음 중의 하나로 인식하면서 냉정함을 되찾는다. 비극영웅의 희생에도 불구하고 그는 물론 그의 사후 가족들이 아무런 보상도 받지 못하고 죽어간다. 이데올로기 선전의 양상은 아니다. 이런 서술 태도는 도미설화의 서술 방식과 흡사하다. 독자들은 연이어 제시되는 죽음으로 인간존재의 유한함을 인식하면서 동시에 보상 없는 희생이라는 냉혹한 현실 속에서 이념 자체의 가치를 재인식하여야 한다. 이것은 조선 양반층이 이념의 체화를 넘어 내화(內化)하는 수준에 이르렀기 때문에 가능했을 것이다.

국문소설로 널리 읽힌 「임장군전」(林將軍傳)도 기본적으로는 상층비극의 전통을 이어받았다고 할 수 있다.[80] 주인공의 충절을 강조하는 점이나

78 파국을 연장하는 현상에 대해서는 이 책, 2장 4절의 뒷부분에서 자세히 설명했다.
79 유몽인 지음, 신익철 외 옮김, 『어우야담』, 돌베개, 2006.

경업이 죽은 뒤에 임금의 꿈에 나타나 자점의 모반을 알려주는 등 뒷이야기가 이어지는 방식도 파국의 연장으로 이해할 수 있다. 이 작품이 널리 읽힐 수 있었던 것은 실제 주인공 임경업 장군이 명청 양국에 이름을 떨치면서 갖게 된 민족영웅의 이미지 덕이었다고 생각된다. 민족영웅은 상층과 기층 양쪽에 모두 호소력을 지닌다. 하지만 그 파악하는 시각은 조금 다를 수 있다. 상층에서는 민족적 과업을 임금에 대한 충성으로 보는 이념 지향적 해석이, 기층에서는 민족영웅의 능력과 비극적 삶에 주목하는 성정 지향적 해석이 앞설 것이기 때문이다. 실제로 작품 속의 경업은 상층이념영웅의 모습을 기본으로 하지만, 부분적으로는 민중성정의 영웅화하는 양상도 나타난다.

이념 중에서도 특히 여성에 대한 것, 즉 부덕(婦德)의 문제는 역사적 배경과 양반 남성의 이해를 반영하면서 보다 교조화하는 양상을 보인다. 이러한 양상의 이면에는 근본적으로 여성의 문제를 남성들이 제약한다는 현실이 자리 잡고 있다. 유학을 중심으로 한 당대 이념에 대한 교양 수준에서 양반가 여성들은 기층 민중들보다는 조금 나았지만, 양반 남성들처럼 내화할 만한 수준은 아니었다. 따라서 여성들은 이의를 제기할 만한 능력도 없고 그럴 만한 사회적 처지에 있지도 못했다. 여성들에게 정절을 비롯한 부덕(婦德)의 문제는 의무였고, 그것은 민중들에게 주어진 이념적 압력보다 훨씬 전면적이고 강력한 것이었다. 반가(班家)의 여성들은 규중에 갇혀 남편과 식구들만을 바라보며 살아가야 했던 것이다.

『동문선』에 실린 열부최씨의 이야기는 곽준의 딸이나 며느리, 산숙처의 죽음과 궤를 같이하지만 기사가 그녀 중심으로 서술되어 있으므로 간단히 살펴보기로 한다.[81] 최씨는 중인 아전의 처로 왜적에 끝내 저항하

---

80 이 책, 2장 3절 참조.

다 죽었다. 여기서도 서술자는 그녀의 죽음 뒤에 아들과 딸이 잡혀갔으며 다른 어린 아들은 죽은 어미의 젖을 빨다 피가 쏟아져 들어오는 바람에 죽었다는 등의 일들을 서술한다. 이런 이야기들이 자아내는 냉혹한 현실에 대한 두려움과 비애는 열녀문이 내렸다는 한마디로 상쇄될 수 없는 깊은 상흔을 남긴다. 임병양란의 영향력 안에서 서술된 여성영웅들의 이야기는 외적과 싸우다 전사한 남성영웅들과 같은 맥락에서 다루어지기 때문에 교조화된 남성 중심적 사유의 영향이 그리 뚜렷하지는 않다.

교조화된 부덕에의 지향은 「유소랑전」과 같은 순수한 이념의 화신을 그린 작품에서 더 선명하게 드러난다. 유소랑 계선은 일찍 납폐(納幣)만 한 상태에서 정혼자 효영이 죽자 친가를 버리고 효영의 집으로 가 그의 처로서 장례를 치른다. 그리고 장례에 지나치게 무리한 나머지 병을 얻어 결국 죽게 된다.[82] 얼굴도 알지 못하는 죽은 남편을 따르고자 하는 그녀에게 적은 가장 가까운 관계에 있는 오빠나 유모다. 친영(親迎)의 예를 올리지 않았으니 부부의 의가 없다는 오빠와 유모의 만류를 추상같은 질타로 뿌리치는 계선의 모습은 바늘로 찔러도 피 한 방울 나오지 않을 것처럼 단호한 이념의 전사다. 그 이념적 가치로부터 한발 물러선 사람들에게는 공감을 얻기 어려워 보인다. 그렇게 자칫 부족해지기 쉬운 비애를 자아내기 위해 이 작품이 사용하는 파국의 연장은 관련 사실들을 냉정하게 나열하는 한문문학의 전통에서 벗어나 국문소설인 임장군전의 양상과 닮아있지만, 더 서정적이다. 계선과 효영의 혼령이 오빠를 찾아와 유모 등을 불러 하룻밤 담소를 나눈다는 것이다. 죽어서라도 두 남녀가 부부가 되었음을 보여, 계선의 정렬(貞烈)이 헛되지 않았음을 증명하는 것으로,

---

81 리상호 외, 「열녀 최씨전」, 『거북아 거북아 수로를 내놓아라』, 보리, 2006.
82 정학성 역주, 「유소랑전」, 『17세기 한문소설집』, 삼경문화사, 2000.

상상의 문학인 소설의 장점을 십분 활용한 멋진 결말이다. 일반적으로 조선 중후기 이후 소설은 자극적인 흥미를 위해 점차 대범하게 남녀문제를 다루면서 정절에 대한 관념을 조금씩 허물어가는 역할을 하기도 했다. 그러나 운명 앞에 선 인간을 그림으로써 심각해지기 마련인 비극소설은 그 때문에 때로는 쉽게 교조화하기도 한다.

(2) 성정영웅: 이상과 초극, 그리고 참여의지의 표상

상층문학에 있어서 이른바 '성정'이라는 것은 흔히 인간의 본성, 특히 애정 혹은 성욕에 대한 긍정이라는 측면에서 이야기되곤 한다. 이 글 역시 애정이나 성욕을 성정의 중요한 요소로 인정하지만 논의의 중심에는 어떤 이념의 굴레를 벗어나 자신의 뜻을 마음껏 펴고자 하는 욕망이 자리 잡을 것이다. 이 장이 영웅의 좌절과 그 극복의지라는 영웅비극에 초점을 맞추고 있기 때문이다. 기존 이념과 체제는 비단 민중들만을 제약한 것은 아니었다. 양반이라도 그 이념과 체제를 벗어나고자 하면 그것은 곧바로 거대한 장애물이 된다.

상층성정영웅의 맹아는 『삼국유사』 '처용랑·망해사'조나 『삼국사기』 「최치원전」(崔致遠傳)에서 발견할 수 있다. 아내를 죽인 역신을 용서하는 처용의 모습은 운명 앞에 좌절하면서도 이를 초월하는 성정영웅의 초극의지를 보여준다. 최치원은 뛰어난 능력을 지니고 당나라에서 명성을 떨친 인물이지만 신라에 돌아와서는 시류에 화합하지 못하고 결국 은둔의 길을 걷게 된다. 조국에서는 결국 뜻을 펴지 못한 이 유명한 인물의 불우한 이야기는 뒤에 여러 가지 소설을 낳는데, 「쌍녀분」이라고도 하는 소설 「최치원전」이나 글로써 마술 같은 이적을 행하는 신이한 문사 최치원을 그린 「최고운전」 등이 그것이다. 「쌍녀분」은 죽은 두 여인과의 결연담이지만 쓸쓸한 정취 속에 결국 은거를 택한다는 결말이다. 「최고운전」 역시 그런 재주로도 정해진 운수를 어쩌지는 못해 결국 세상을 바꾸지는 못한다는 내용이다. 비극적 세계관을 반영하고 있지만, 이를 넘어서려는 비극정신의 함량이 충분하다고 할 수는 없다.

뛰어난 능력을 펴지 못하고 숨어 지내는 이인(異人)들의 이야기로 일사소설(逸事小說)이라고도 하는 일군의 작품들이 있어, 좌절한 재사(才士) 최치원의 전통을 이었다고 할 만한데, 그 대표적인 것이 허균의 「장생전」, 「장산인전」, 「남궁선생전」 같은 부류이다. 장생은 우연한 기회에 호금(胡琴)을 배우는 천한 여자에게 진면목을 잠깐 보여준 것 말고는 비범한 능력을 감추고 걸인으로 살아간다. 그러다가 갑자기 죽게 되는데 이는 자신의 모습을 감추기 위한 수단이다. 그는 모습을 감추고 바다 동쪽 한 나라로 갔지만 다시 문득 모습을 나타내어 한 무인을 구하고자 한다.[83] 그는 왜 죽음을 가장하여 떠났으며, 곧 다시 떠날 것을 왜 돌아왔는가? 이 이야기는 신에 가까운 능력을 지니고도 이 나라에서는 그 뜻을 펼 수 없는 한 이인의 고뇌와 한계를 보여준다. 인간의 힘으로는 넘어설 수 없는 어떤 운명이 그를 막은 것이라면 그것은 장생만의 좌절이 되지만, 그 운명이 사실은 뛰어난 자를 용납하지 않는 부조리한 사회체제 때문이라면 그것은 모두의 비극이 된다. 이 작품은 그 두 측면의 비극성을 모두 포괄하고 있다. 「장산인전」이나 「남궁선생전」 모두 이인을 주인공으로 해서 세계와의 대립과 소외를 그리고 있다는 점에서 「장생전」과 궤를 같이한다.

그런데 이 작품들은 허균이라는 상층지식인의 손에 의해 창작, 혹은 재창작되었기 때문에 상층비극이라고 할 수 있지만, 그 주인공들의 신분은 걸인이거나 의원, 세상에서 밀려난 선비 등이다. 「남궁선생전」의

83 허균, 『성소부부고』(惺所覆瓿藁) 권11, 문부(文部) 제5, 전(傳).

경우야 그래도 진사까지 한 신분이니 상층이라고 하겠지만, 나머지 두 사람은 민중에 가깝다. 상층비극의 성정영웅이 흔히 기존의 이념과 체제를 벗어나고자 하는 작가에 의해 형상화되기 때문에, 그 주인공의 모습에 민중영웅의 이미지가 결합되는 경우가 많아진다. 그러나 이들은 기층비극에 그려진 성정영웅들과는 분명히 다르다. 기층비극의 성정영웅들이 대부분 미래에의 전망을 확보하지 못하고 처절하게 스러지는 데 비해 이들 상층비극의 성정영웅들은 이념은 아니지만 무언가 이상을 지니고서 강렬한 변화에의 의지나 현실 초극의 가능성을 표방한다. 일사소설들에서 결국 현실의 한계를 넘지 못하는 비극적 영웅들을 그린 허균은 한발 더 나아가 그 비극적 현실을 넘어서는 낙관적 상상력을 전개했는데 그것이 「홍길동전」이다. 「홍길동전」에 담긴 신분적 제약에 대한 저항의식과 도둑의 형상, 도술, 신선사상 등이 모두 위의 작품들에도 나타나고 있다.

「장생전」의 장생이 민중영웅의 틀에 상층의 미학적 전통과 인식이 개입되면서 구성된 인물이라면, 신립설화의 신립장군은 현실 속에서 좌절한 유명한 장수에 민중설화의 미학적 전통과 지향이 개입된 인물이다. 유명한 장수 신립이 어이없는 대패를 당한 것은 처녀 귀신의 복수 때문이었다는 것이다.[84] 이 설화에는 신립에 대한 전승자들의 애정이 엿보이기도 하지만, 근본적으로 논리적 분석이나 책임 지우기보다 연민에 기반하는 민중들의 기질이 담겼다. 다시 말해 성정을 중시하는 민중들의 성향으로 인해 신립이라는 상층비극영웅의 모습이 탈전형화했다고 볼 수 있는데, 이로 인해 비극성이 다소 희석된 것을 볼 수 있다.[85] 이

84 박계홍, 『구비문학대계』 4-2, 한국정신문화연구원, 1981, pp. 133~138.

85 이 논의는 신립 설화가 상층비극이라는 것이 아니라 영웅의 형상 및 이미지가 혼합되는

설화 속의 신립은 고난에 빠진 처녀를 구해주는 의협심을 지니고 있지만, 자기를 거두어달라는 처녀의 애원은 받아들이지 못하는 '작은' 사람이다. 그가 결국 전투에서 실패한 것은 한 여인을 품지 못한 그릇 탓이라는 것이다. 패배 후 자결하는 신립의 모습은 양산숙과는 달리 초라해 보인다.

앞에서 「임장군전」이 상층이념영웅의 모습을 기본으로 하지만, 부분적으로는 민중성정영웅화하는 양상도 있다고 지적했는데, 이런 양상은 「임진록」의 김덕령 이야기에서 보다 명확하게 나타난다. 덕령은 충효를 실현하는 모습에서는 상층이념영웅의 모습을 지닌다. 그는 빠져나올 충분한 능력이 있음에도 불구하고 임금의 명에 순종해 죽어간다. 그렇지만 그는 민중성정영웅의 모습도 지닌다. 초야에 묻힌 한미한 처지나 비늘 같은 민중설화적 형상도 그렇지만, 무엇보다 권력에 의한 제약으로 인해 자신의 능력을 펴지 못하고 억울한 죽음을 당한다는 서사 자체가 아기장수의 이미지를 떠올리게 한다. 기층의 참여가 늘어나는 소설 시장에서 상층의 교양을 지닌 작가가 기득권 체제에 대한 비판의식을 지니게 될 때, 소설과 등장인물이 상하층의 이해와 미학적 전통을 복합적으로 구현하는 것이 가능해지는 것이다.

3) 소결

이 장은 한국비극의 세계문학사적 보편성과 한국적 특수성에 대해 그동안 논의해온 이론들을 영웅비극을 중심으로 재정립하고, 그동안 다루어지지 않았거나 소홀히 취급된 작품들을 소개하여 한국영웅비극의 전체상을 조망해보려는 의도에서 기획되었다. 이에 따라 각 작품의 비극성을 심도 있게 궁구하여 그 본질을 드러내기보다는, 다양한 작품들을

예로서 설명한 것이다.

통해 한국비극 내부의 차이와 융합의 모습들을 보여주고자 했다.

이를 위해 다양한 양상의 영웅비극 작품들을 그 사회·미학적 특성에 따라 구분하고 이를 고대의 신화·설화와의 관계 속에서 살펴봄으로써 한국영웅비극의 계보를 모색해보고자 했다. 그 결과 먼저 작품에 드러난 작가와 향유층의 성향을 중심으로 배경, 주인공의 신분, 미학적 전통 등에 따라 기층비극과 상층비극으로 구분했다. 다음으로 주인공인 영웅의 형상이 절대적인 중요성을 지니는 영웅비극의 특성을 고려하여 주인공이 지향하는 가치를 중심으로 성정영웅과 이념영웅을 구분하였다. 이렇게 해서 성정영웅의 기층비극과 이념영웅의 기층비극, 성정영웅의 상층비극과 이념영웅의 상층비극이라는 네 범주로 나눌 수 있었다. 다만 이러한 분류는 작품의 전체상을 조망해보려는 의도이지 어떤 분류의 절대적인 기준을 제시하고자 하는 것은 아니다. 어떤 분류이든 분류는 개별 작품의 이해에 기여할 때에만 의미를 갖는다. 따라서 아래에 제시하는 다음 쪽의 표는 영웅비극의 존재양상을 단순화한 하나의 가능태일 뿐이다.[86]

기층비극에서는 성정영웅의 모습이 두드러졌는데, 이는 민중들이 이념보다 인간이 지닌 본성을 더 잘 이해했기 때문이다. 그 대표적인 것이 뜻을 펴지 못하고 죽은 아기장수 설화로 많은 변이형을 낳으면서 다른 설화들과 영향을 주고받았다. 이 유형은 『삼국유사』의 온달이나 원술랑에 그 맹아가 보이며, 반란군 장수나 의병장 등과 결합하면서 다양한 이야기의 원천이 되었다. 그중에서 출중한 능력을 지닌 여인이 성과

86 여기에서 '구분'과 '분류'라는 용어의 관계에 주목해주기 바란다. 분류는 어떤 준거에 따라 개별 작품들이 구분될 수 있을 때 그 타당성을 획득한다. 이 책에서의 분류가 그런 타당성을 지니는지 동학들의 재고와 새로운 시도가 필요하다.

신분의 벽에 가로막혀 뜻을 펴지 못하고 사라진다는 「검녀」와 같은 작품은 상당한 소설적 성취를 보였다.

분류 계열	기층		상층	
	성정영웅	이념영웅	성정영웅	이념영웅
초기 서사	호랑이, 온달, 원술, 호동		도미, 김제상, 관창	
설화	아기장수 궁예*, 임꺽정, 김통정, 이몽학 등 (난군 지도자계) 영웅의 누나 신돌석(민중의병계)	효자 홍랑각시	궁예*, 견훤	의병장 설화 (양반의병계) 신립 장군 설화
한문소설	검녀	향단 논개 유부수전 (천민의병계)*	장생전, 남궁선생전 (일사소설)	항전인물전: 양산숙전, 홍의장군전 (양반의병계) 유부수전 (천민의병계)*
고소설	김덕령(임진록)*		최고운전 김덕령(임진록)* 임장군전	김덕령(임진록)* 임장군전* 열녀전류 유소랑전
***서사무가**	*(바리공주)* *(당금애기)*			

*: 두 군데 이상 포함된 작품.

(작품명): 애정비극 아니지만 관련성 있는 작품.

기층비극에서 이념영웅은 상당히 단순하고 과격한 모습을 보이는 경우가 많다. 민중들이 이념조차도 성정화하기 때문이다. 효를 다했으면서도 어머니의 임종을 지켜보지 못했다고 자살한 효자의 설화 같은 것은 『삼국사기』 호동왕자의 죽음을 연상시킨다. 이념을 무조건적인 의무로 인식하는 이런 경향은 형제를 고발하고 죽는 향단의 고사 같은 데서 정점을 이루었다. 반면 홍랑각시 설화 같은 것은 단순화된 타율성을 극복하고 민중적 이념을 잘 표현해 주목된다.

상층비극은 양반 사대부들의 책임의식으로 선명한 이념영웅을 양산했다. 임병양란 이후 외적과 싸우다 죽어간 인물들의 입전이 활발했고, 절개를 지킨 여성들의 이야기가 많이 지어졌다. 이들에게서 김제상과 도미부인의 흔적을 읽어내는 것은 어려운 일이 아니다. 조선후기 이념영웅의 모습에서는 이념이 도그마화하는 교조적 경향이 나타나기도 했는데, 여성들에게 부과되는 부덕에 대한 부분에서 더욱 두드러졌다.

상층비극의 성정영웅은 여러 가지 면에서 기층설화의 이미지와 결합되는 경우가 많았는데, 그 맹아를 최치원이나 처용에서 찾을 수 있다. 그러나 기층비극의 성정영웅이 쉽게 미래의 전망을 확보하지 못하는 반면 상층비극의 성정영웅은 신비하고 강렬한 의지를 지니고 좌절 속에서도 최소한의 낙관성을 확보하는 경우가 많았다. 작가가 현실참여에의 통로를 가지고 있었다는 것 때문이 아닐까 한다.

이들 비극영웅의 형상은 비극을 넘어 후일 등장하는 통속적 영웅군담소설에 나타나는 인물 형상의 기반을 이룬다. 방각본소설, 특히 영웅군담소설의 주인공들은 한편으로는 양산숙이면서 다른 면에서는 최고운이다. 여성 주인공들의 경우도 마찬가지다. 유소랑과 검녀가 따로 혹은 한몸이 되어 나타난다. 비극은 가장 비통속적이라고 생각된다. 비극의 중요한 특질 중 하나가 진지함이다. 그런데도 이 비극의 인물들이 통속적인 영웅군담소설의 인물들과 유사성을 지니는 것은 무엇 때문인가? 그것은 비극이 우월한 인물들, 즉 영웅들의 이야기이기 때문이다. 이 영웅의 꿈이 좌절되면 비극이고, 그 꿈이 실현되면 희극—비극의 반대로서

—이 된다. 이렇게 희극은 비극의 연장선상에 있고, 진지함은 통속의 연장선상에 있다.

제3장
한국애정비극소설의 기원과 전개

1. 애정비극의 성립을 위한 조건과 그 분류의 기준

여기에서는 애정비극의 성립을 위한 보편적인 조건에 대해 살펴보기로 한다. 비극의 주인공은 범인보다 우월한 사람이어야 한다. 그래서 비극의 주인공을 영웅, 히어로라고 불렀다. 이 주인공들은 대체로 사소한 결점들을 지니고 있지만 보편선을 지향하는 존재들이다. 이 전통은 『시학』에 의해 세워진 후 오랫동안 그 권위를 인정받았지만, 셰익스피어 이후로는 많이 약화되기도 했다.[1] 그럼에도 불구하고 비극의 주인공이 겪는 좌절은 대개 어떤 보편선의 좌절로 표상된다.

그런데 사랑의 비극은 연인들의 분리로부터 시작된다. 별리(別離), 그것은 비극이기 전에 우선 지극히 개인적인 아픔이다. 그러므로 애정비극을 논하고자 하면 이 사적(私的)인 아픔이 어떻게 해서 공적(公的) 가치와

1 Aristotle, 김재홍 역, 『시학』, 고려대학교 출판부, 1998 및 이현우, 『셰익스피어: 관객, 무대, 그리고 텍스트』, 동인, 2004 참조.

효용을 지닌 보편선으로 인정받을 수 있는가, 연인만의 영웅인 애정비극의 주인공이 어떻게 집단—우리의 영웅이 될 수 있는가 하는 물음에 답해야 한다. 그 답은 연애가 인류 모두에게 보편적인 욕망이라는 데서 찾을 수 있다.[2] 연인을 사랑하는 주인공은 사랑받고 싶은 모든 이들의 영웅이 될 수 있다. 애정물은 욕망의 긍정을 통해 욕망을 보편적인 가치로 만든다. 이 지점, 욕망의 실현이라는 점에서 애정비극의 비(非)비극성, 낭만성이 형성된다.

영웅비극에서는 상층비극과 하층비극, 이념영웅과 성정영웅이라는 개념을 사용하여 작품들을 분류하고 그 계보를 세웠다. 이 개념들은 애정비극에서도 일정하게 유효하다. 애정비극도 상층의 가치관을 지니거나 하층의 욕망을 보여주거나 하며, 그 주인공들은 애정의 가치를 실현하는 과정에서도 이념적이거나 본성을 앞세우거나 한다. 하지만 큰 차이가 있다. 그 차이는 사랑이 지닌 본질에 닿아 있다. 사랑은 혼자서 하는 것이 아니라는 것이다. 사랑하는 연인들은 흔히 서로 신분이 다르고 성향도 다른 경우가 많다.

영웅비극에서 주인공은 스스로 희생하지 않는다. 그는 운명에 의해 희생된다. 다만 그는 운명을 받아들임으로써 운명에 저항한다. 그것이 운명이기 때문에 희생자가 되는 것이다. 그런데 애정비극에서 주인공은 흔히 연인을 위하여 스스로 희생된다. 이 자발적인 희생을 운명으로 만드는 장치가 필요하다. 대체로 그것은 신분차이, 권력—아버지나 가문 등—의 방해 등으로 나타난다. 하지만 그 전에 사랑하는 상대—연인이야말로 이 운명의 시작이며 종점이다.

---

2 김창현, 「금오신화로 본 한국애정비극의 특성」, 『아태연구』 17-1, 경희대학교 국제지역연구원, 2010.

이 문제는 애정비극을 다룰 때 고려되어야 할 또 다른 기준점들을 제공해준다. 애정비극서사는 결국 사랑의 좌절을 이야기한다. 하지만 사랑이 좌절되기 위해서 두 연인이 모두 희생될 필요는 없다. 주인공들은 모두 희생되거나 혹은 어떤 한쪽만 희생되거나 한다. 양자희생형·남성희생형·여성희생형 등이 보다 유효한 개념이 될 수 있다. 이것은 다른 한편으로 남녀 사이의 관계에 대한 이념적·현실적 사유의 외화일 수 있다. 그러므로 여기에서 희생이라는 것은 사랑의 좌절에 대한 은유적 표현으로 읽어주었으면 한다. 희생이 반드시 죽음을 의미하는 것은 아니라는 말이다. 다시 말해 남성희생형 애정비극이라고 하면 남성과 여성 둘 중에서 남성 쪽 사랑의 좌절이 그 강도나 심각성에서 더 두드러지게 나타난다는 의미가 된다.

애정비극도 비극인 이상 주인공들이 겪는 좌절이 좌절로 끝나서는 안 된다. 좌절을 넘어 이를 받아들임으로써 유한자인 인간이 지닌 존재론적 한계와 마주하게 하고 나아가서는 그 한계를 넘어서려는 비극적 저항정신을 표출하거나 혹은 유발하여야 한다. 이와 같은 비극적 깨달음과 비극정신을 환기하지 못하는 작품은 비극이 아니거나 혹은 실패한 비극이다. 하지만 애정비극의 특수성도 인정할 필요가 있다. 애정비극은 사랑이라는 주제가 갖는 낭만성 때문에 우아한 비극이 된다. 비장이 비애로 유화되면서 비극정신 역시 부드럽고 여운을 남기는 방식으로 실현된다. 이것은 한국 비극의 일반적 특징인 결말의 지체, 혹은 연장과 결합하기도 하고, 낭만적 특질로 인해 판타지적 성격을 보이기도 한다. 이것들 역시 동아시아적 원형사유, 즉 역학적 사유의 영향으로 생각된다.[3] 비극이 인간 존재의 본질에 대한 문학적 통찰을 기반으로 하기 때문에

3 이 점에 대해서는 이 책의 1장 3절을 참조.

그것이 한 사회의 철학적 기반과 관련되는 것은 당연한 일이다.

2. 애정비극소설의 기원과 그 설화적 전개

1) 포개지지 않는 마음: 비극적 세계관의 형상화

사랑의 비극은 그것이 홀로 완성될 수 없는 것이라는 데서 출발한다. 그리스 신화는 이 같은 사랑의 비극을 아폴론과 다프네의 이야기를 통해 보여준다. 가장 아름답고 현명한 신의 진정한 사랑을 다프네는 나무가 될 때까지 받아들이지 못했다. 짝사랑의 비극을 벗어난다고 해도, 두 사람인 연인은 설사 사랑한다고 해도 하나의 마음이 될 수는 없다. 최고의 남성 신인 아폴론을 비극에 빠뜨린 사랑의 신 에로스도 프시케의 마음에 떠오른 의혹을 어찌하지는 못했다. 바람둥이 최고 신 제우스에게 간택된 여인들은 본인의 의지가 아니었음에도 자주 헤라의 박해를 받았고 그 와중에서 사실상 제우스에게 배신을 당하기도 했다. 그리스 신화에서 신들은 인간의 운명을 결정하고 조율하는 존재들이다. 그런데 인간의 운명인 신들조차도 사랑 앞에서는 자주 허물어졌다. 이것은 사랑의 힘에 대한 경외이다. 전지전능한 유일신으로 유일자가 곧 만물이 아닌 이상, 다시 말해 신이라고 해도 그가 '하나'의 존재인 이상 사랑은 신들에게도 운명이다.

(1) 여성희생형 서사의 두 유형

한국 신화에서 유화는 비교적 선명한 지모신의 원형을 지닌다.[4] 그녀는 물의 신, 하백의 딸로 태양신 해모수에 의해 선택되었으며 동명성제

주몽의 어머니가 되어 아들을 새로운 나라를 세울 약속의 땅으로 도피시킨다. 그러나 한 여성으로 그녀를 바라보면 그녀는 한국애정비극서사에 나타난 가장 초기의 여성 주인공이 된다. 그녀는 사사로이 해모수를 따라 사통하였다는 이유로 입술을 삼척(三尺)이나 늘리는 형벌을 당하고 아버지인 하백에게서 내쳐지게 된다. 하백과 대결하여 자신의 신성함과 힘을 과시했던 해모수는 유화에게 어떤 도움의 손길도 내어주지 않는다. 빛이 내려와 임신한 그녀의 몸을 비추지만 그것은 유화를 돕거나 안심시키려는 것이 아니다. 해모수의 상징인 햇빛은 연인이 아니라 연인의 뱃속에 있는 자신의 아들이 지닌 혈통을 증명하고 지키려는 것이다. 유화에게 해모수는 운명이지만 해모수에게 있어 유화는 그런 절대적인 가치를 지니고 있는 것 같지 않다. 그녀를 애무하는 햇볕은 해모수의 손길로, 그녀에 대한 따스한 애정을 내포하고 있지만 그것은 자기 씨를 잉태한 여인에 대한 애정을 넘지 않는다. 그녀도 신의 족속이지만 해모수에게 있어 그녀는 다만 사랑스런 도구이다.

주몽의 어머니 유화의 설화는 여성희생형 애정비극의 원형적인 한 유형이다. 여기에서 여성은 남편과 아들을 위해 자신을 희생한다. 그럼에도 불구하고 그녀는 쉽게 잊힌다. 주몽이 동부여를 떠나자 그녀는 서사에서 사라져버린다. 그녀는 남편과 아들을 위한 하나의 도구였다. 남편에게 '하나의' 사랑스런 도구였다면, 주몽에게 그녀는 '유일한' 도구이다. 물의 여신인 그녀라야 불의 신인 아버지의 특성과 조화되는 완전성을 아들에게 부여할 수 있기 때문이다. 그녀는 도구의 역할을 충실히 한

4 설중환, 「단군신화의 순환구조에 대한 역학적 고찰」, 『인문대논집』 13집, 고려대학교, 1995; 이을호, 「단군신화의 철학적 분석」, 『월간조선』, 1980. 10; 박정미, 「웅녀와 유화의 존재가치」, 『인문과학연구』, 전주대학교 인문과학종합연구소, 2005.

그 희생으로 인해 신성한 존재가 된다. 이것은 분명히 가부장적 이데올로기의 작동이다. 여성희생형 애정비극의 경우 이념이 작동하는 경우에는 애정비극 특유의 낭만성이 숭고로 치환되면서 영웅비극과 유사한 비장미가 발생한다. 이것은 나중에 '열녀의 죽음'이라는 상당히 극단적인 이념서사들의 모태가 된다. 하지만 열녀 서사에서 흔히 보이는 극단적인 이념적 숭고로 인한 '비극의 거부'는 유화 설화에서 아직 발견되지 않는다. 그녀의 고난은 그녀가 신의 딸이라는 것을 잊을 정도로 처연하다. 서사 내내 그녀가 아이를 가진 여인이라는 점 때문인지 그녀의 운명은 여전히 아이의 아버지와 연결되어 인식된다.

「공무도하가」의 배경설화 역시 여성희생형 비극의 한 부류로 볼 수 있다. 백수광부의 아내는 남편을 지키고자 안간힘을 다했지만 결국 남편은 강에 빠져죽고 만다. 그러자 아내는 공후를 타며 슬픈 노래를 부르고는 뒤따라 죽었다. 이 시와 배경설화에 대한 여러 가지 해석이 있지만 우리가 아는 기록은 여기까지이다.[5] 두 사람이 모두 죽었지만 남편이 아내를 위해 죽은 것 같지는 않다. 그는 신격(神格)을 위해 죽은 샤먼이거나 아니면 어떤 이유로 정신적인 문제를 일으켜 자살한 것으로 보인다. 그러나 아내의 경우는 최선을 다해 남편을 구하고자 했지만 그것이 좌절되자 함께 죽는 길을 택한 것이 분명하다. 이것은 유화의 대응과 선명하게 대조된다. 남편이 그녀를 떠났을 때도, 아버지가 자신을 버렸을 때도 유화는 저항하지 않는다. 그녀는 자신의 희생이 가져올 결과를, 자신의 운명을 아는 것처럼 정해진 길을 걸어갈 뿐이다. 해석에 따라 이 백수광부의 처 이야기에도 신의 그림자가 어른거리기는 하지만 그것은 상대적으로 희미하다. 사랑의 현장에서 신이 떠나자 한계 지워진 존재로

---

5 김성기, 「공무도하가의 해석」, 『한국문학사의 쟁점』, 집문당, 1986.

서 인간은 마지막 수단으로써 죽음마저 불사하는 강렬한 저항을 시도한다. 죽음이 우리를 갈라놓을 때까지 사랑한다는 것이 유한자로서 인간이 지닌 운명을 받아들이는 태도라면, 백수광부의 아내는 죽음으로써 이별을 넘어서려고 한다. 이것은 죽음도 우리를 갈라놓을 수 없다는 강력한 저항의 의지이다.

유화의 경우, 건국주인 동명성제와 그 부계 혈통을 강조하는 가부장적 이데올로기의 작동이 선명한 데 비해 「공무도하가」 배경설화의 경우는 한 여인의 남편의 죽음에 대한 애절하고 격정적인 슬픔이 중심이 된다. 둘 다 여성 주인공의 좌절이 더 강한 여성희생형 비극이지만 후자 쪽이 인간 본성으로서의 사랑의 좌절을 더 잘 보여준다. 사랑이라는 관계 맺음에 있어서 여성이 지니는 특수한 처지로 인해 여성희생형 애정비극은 다시 이념 지향적인 것과 성정 지향적인 것, 두 부류로 나누는 것이 의미를 지닌다.

하지만 모든 분류는 작품을 이해하기 위한 것이지 절대적인 칸막이가 될 수는 없다는 점을 분명히 해둔다. 실제로 『삼국사기』에 나오는 호동왕자와 낙랑공주의 이야기는 이중적인 경향을 띠고 있다. 연인으로 하여금 조국과 부모를 배신하게 한 호동왕자의 처신에서 우리는 남성 중심적 이데올로기를 읽을 수 있다. 하지만 낙랑공주가 부모와 연인 사이에서 연인을 택한 것을 이념적으로 읽기는 어렵다. 낙랑공주의 좌절은 큰 비극성을 낳지만 그 과정에서 우리는 오히려 남성 중심적 이데올로기에 대한 비판의식이 환기되는 것을 느낀다. 나라를 버린 낙랑보다 연인을 버린 호동이 더 나빠 보이는 것이다. 이 설화가 애정비극 특유의 낭만성을 지니고 있음을 확인할 수 있다.

이보다 더 주목되는 것이 『삼국유사』 김제상 설화의 뒷부분에 나오는 치술령 신모 설화이다. 제상의 부인이 날마다 치술령에 올라 남편을 기다리다 죽어서 결국 치술령의 신모(神母)가 된다는 이 이야기는 이념을 체화한 지배층과 민중들이 전혀 다른 방식으로 이해했을 가능성이 많다.[6] 전자는 이를 충신과 열녀의 이야기로 수용하고 두 이야기 사이에 놓인 간극을 인지하지 못했을 것이다. 충신에 걸맞은 아내라는 독법으로 인해 이 이야기는 그 무속적 문맥에도 불구하고 별로 거부감 없이 수용될 수 있다. 이렇게 보면 이 이야기는 가부장제 이데올로기에 합치하며 비애를 넘어 그녀가 신이 되는 이야기와 함께 묶여 이념적 숭고의 영역에 접근하게 된다. 하지만 후자는 전혀 다른 방식으로 읽었을 가능성이 있다. 민중들은 무엇보다 그녀의 가슴에 쌓인 사랑과 그리움—정(情)에 주목하면서 읽었을 것이다. 남편을 쫓다 벌지지(伐知旨)에 다리를 뻗고 쓰러진 신모의 형상을 그리면서 민중들은 자신도 모르게 잠시 집에 들르지도 않고 떠난 남편의 무정함, 혹은 이념적 굳건함에 대해 야속함을 느끼게 된다. 소식 없는 남편을 기다리다 돌이 되고 신이 되는 이야기는 다만 그녀의 이념적 가치관을 부각할 뿐만이 아니다. 민중들은 한없는 정을 품은 주인공에 감정이입되어 이념을 넘어서는 사랑에 감동한다. 그러므로 이념과 본성으로서의 사랑을 구분하는 데는 텍스트의 표피를 넘어서 행간을 읽는 직관적 분석력이 요구된다.

(2) 남성희생형 서사

사랑의 좌절을 노래한 또 한편의 고대가요가 있다. 「황조가」가 그것이다. 이 노래의 주인공은 고구려의 두 번째 왕이다. 유리왕은 화희와 싸우고 친정인 한나라로 돌아가려는 치희를 쫓아가 설득했지만 결국

6 엄기영, 「박제상 이야기의 수용 양상과 그 의미: 인물형상을 중심으로」, 『민족문화연구』, 고려대학교 민족문화연구소, 2003.

그녀의 마음을 돌리지 못하고 돌아오다가 외로운 마음을 「황조가」를 지어달랬다는 것이다. 이 배경설화는 왕이라는 고귀한 신분에도 불구하고 사랑하는 이의 마음을 돌리지 못한 유리왕의 좌절을 보여준다.[7] 여기에 대해서는 유리왕에게 치희가 한나라와의 관계에서 정치적으로 필요한 존재였다는 해석이 있을 수 있지만 그것은 하나의 해석일 뿐이고, 「황조가」나 그 배경설화가 연인을 잃은 남자로서 유리왕의 모습을 보여준다는 것만은 부정할 수 없는 사실이다.

남성희생형 비극서사의 초기 유형을 보여주는 또 하나의 이야기가 있다. 지귀(志鬼) 설화가 그것이다. 이 이야기는 그 사랑과 좌절의 강도가 훨씬 강력하고 심각하다. 지귀는 선덕여왕을 단 한 번 본 것만으로 사랑의 열병에 걸려 결국 미치고 만다. 그는 먹지도 자지도 않고 여왕의 이름을 부르며 거리를 헤매고 이 일이 결국 여왕에게도 알려진다.[8] 유화와 해모수 사이에 천신과 하백의 신분 차이와 남자와 여자의 차이가 가로놓여 있었지만 그것은 다분히 상징적이고 이념적인 것이었다. 하지만 지귀와 선덕여왕 사이에 놓여 있는 신분과 감정의 거리는 상당히 현실적이고 실제적인 것이다. 지귀는 불타는 사랑에도 불구하고 이것이 이루어질 수 없는 것임을 분명히 알고 있었다. 여왕이라는 신분은 넘기 어려운 장애였다. 그래서 그는 여왕의 행차를 따라갈 수 있다는 것, 단 한 번 여왕을 볼 수 있다는 희망만으로도 무한한 행복을 느꼈다. 그러나 그 행복은 만족은 아니었다. 자기가 지쳐 잠든 사이에 여왕이 자기 가슴에 팔찌를 풀어주고 갔다는 것을 알고, 지귀는 사모의 정으로 인해 가슴속에

---

7 이경수, 「황조가의 해석」, 『한국문학사의 쟁점』, 집문당, 1986.

8 엄기영, 「지귀(志鬼) 설화의 형성 배경과 역사적 의미」, 『민족문화연구』, 고려대학교 민족문화연구원, 2007.

서 일어난 심화(心火)가 몸 밖으로 나와 세상을 불태우는 불의 귀신이 되고 만다. 이 이야기는 짝사랑이 가진 비극성을 선명하게 보여준다. 인간은 본질적으로 외로운 존재다. 자신의 감정이 아무리 진실하고 절실한 것이라고 해도 그것만으로 상대의 마음을 얻지는 못한다. 여왕은 지귀에게 연민을 보였지만 사랑하지는 않았다. 지귀가 불귀신이 되었다고 해서 어떤 초월적인 존재가 된 것은 아니다. 그는 여전히 여왕의 사랑을 얻지 못한 한계 지워진 존재일 뿐이다. 그는 심화로 인해 세상을 불태우지만 여왕이 지은 주문만은 피해간다. 이로 인해 선덕여왕만 불귀신을 다스리는 신통력을 지니게 된 셈이다.

유리왕의 경우나 지귀의 경우, 두 사람 자신이나 상대 여성의 신분에 큰 차이가 있지만, 그 사랑이나 좌절은 본질적으로 차이가 없다고 할 수 있다. 실로 커다란 강도(强度)의 차이가 있음에도 불구하고 모두 연인을 잃은 남자의 좌절을 보여준다. 이것은 여성희생형과 달리 남성희생형 애정비극의 경우에는 대체로 이데올로기가 개입하는 일이 드물다는 것을 짐작케 한다. 이데올로기라는 것은 대체로 권력과 관계될 수밖에 없다. 남성중심사회에서 여성의 좌절이 권력과 관련될 가능성이 큰 데 비해 남성의 좌절이 그럴 가능성은 현저하게 낮은 것이다.

2) 사랑이냐, 죽음이냐: 양자희생형 서사의 유형들

『삼국유사』「조신」조의 경우는 조금 조심스럽게 다룰 필요가 있다. 이 이야기는 애정의 좌절을 다루고 있지만 그것이 인생무상의 불교적 진리를 깨닫게 하기 위한 하나의 꿈으로 설정되어 있기 때문이다.[9] 하지만

9 김정경, 「'洛山二大聖 觀音 正趣 調信'조의 연구」, 『정신문화연구』 117호, 한국학중앙연구원, 2009, pp. 9~24.

비극이 비극적 세계상을 환기하여 유한자인 인간 존재의 본질과 대면하게 하여 비극적 깨달음을 주는 문학양식이라는 데 주목하면 「조신」을 비극의 하나로 다루는 것이 별달리 문제될 것은 없다. '인생무상'이야말로 비극적 세계상에 대한 불교적 표현에 다름 아니기 때문이다. 이 이야기는 절에 찾아온 아가씨에 대한 남성 주인공의 연정(戀情)을 서사의 중심에 두고 있지만 대체로 양자희생형 애정비극에 가깝다고 할 수 있다. 절로 찾아와 사랑을 고백하는 아가씨와 함께 승직을 버리고 속세에 나간 주인공은 짧은 행복을 뒤로 하고 온갖 고난을 겪는다. 양자희생형 비극의 경우는 서로 사랑하는 두 연인을 좌절시키는 힘이 외부에서 올 수밖에 없다. 조신에게 그것은 가혹한 현실이다. 온갖 고난 끝에 결국 아이까지 잃은 두 사람은 아이를 묻은 뒤 서로 헤어진다. 헤어지자는 말은 여자가 먼저 꺼내지만 그때에는 조신도 두 사람이 같이 있다는 것이 의미를 잃은 다음이다. 두 사람 모두에게 사랑은 이미 의미를 잃은 것이다.

「최치원전」이라고도 하는 「쌍녀분」은 세련된 서사와 더욱 세련된 시가 포함되어 있는 비교적 긴 이야기이다. 쌍녀분, 즉 두 무덤의 주인인 팔낭자와 구낭자는 생전에 자기들의 뜻에 맞지 않는 결혼을 강요하는 아버지로 인해 죽음을 맞이한 여인들이다. 이들의 죽음은 이들이 꿈꾸는 사랑이 어떤 것인지 말해준다. 이들은 스스로가 마음으로부터 받아들일 만한 높은 수준의 남자와 자유의지에 따른 연애를 꿈꾸었던 것이다. 따라서 두 여인이 최치원을 유인한 것은 문인(文人)으로서 남성으로서 최고의 수준에 있었던 최치원에 대한 연모의 정으로 인한 것이다. 최치원 역시 두 여인의 아름다움에 취해 기꺼이 그들을 받아들이고 깊은 정을 나누게 된다. 이들은 서로 사랑하는 마음이 사라지거나 변질된 것이 아니지만 산 자와 죽은 자를 나누는 우주의 법리에 의해 헤어져야만 한다. 때문에 여인들은 슬퍼하며 떠나고 치원은 역시 상실감을 느낀다.

그 상실감이 이후 치원의 방랑과 은둔에 영향을 미치는 것으로 보인다.

조신과 최치원의 경우는 사랑이 좌절되는 방식에 본질적인 차이가 있다고 생각된다. 조신의 경우는 두 사람이 서로 체념에 이른 것인데 비해 최치원의 경우는 세 남녀가 여전히 정을 간직하고자 한다는 것이다.[10] 전자의 경우는 비극적 깨달음과 본질적으로 유사한 불교적 깨달음—인생무상(人生無常)—에 이르는 경로가 선명하지만 사랑을 좌절시키는 세계에 대한 저항정신이 미약하다.[11] 이에 비해 후자는 헤어질 수밖에 없음에도 불구하고 사랑을 간직하려는 태도를 보이므로 비극적 저항정신이 내재되어 있다고 하겠다. 전자를 체념적인 것으로 후자를 저항적인 것으로 나누어볼 필요가 있다.

저항적 성향의 양자희생형 애정비극이 가장 많은 명편을 낳았다. 이것은 대체로 사랑이 지닌 특성과 관련된다. 짝사랑보다는 서로 사랑하는 사이에서 더 많은 사건들이 지속적으로 일어날 수가 있다. 결국 서로 사랑하는 관계가 보다 다양하고 안정된 서사구조를 제공한다는 것이다. 이 때문에 양자희생형 애정비극은 남성희생형에 근접하거나 여성희생형에 근접하거나 남녀 연인의 상호 후퇴 없는 사랑 등 다양한 양상이 존재하고, 저항의 강도에서도 다양한 많은 작품들이 산출될 수 있다. 또 중간에 사랑을 포기하는 것보다는 끝내 사랑을 포기하지 않음으로써 사랑이 지닌 가치를 고양할 수 있다. 애정비극에서 사랑은 욕망을 넘어 가장 보편적인 가치이기 때문이다. 이 때문에 언제나 그렇다고 말할 수는 없지만, 일반적으로 연인들이 서로 자신의 사랑을 포기하지 않고

10 임금복, 「최치원전의 의미론적 적용」, 『국제어문』 6~7집, 국제어문학회, 1986, pp. 135~141.

11 비극적 깨달음이나 비극정신에 대해서는 이 책의 2장 4절 '항전인물전(抗戰人物傳)에 나타난 이념적 영웅의 좌표'를 참조.

세계의 힘에 저항하면 할수록 더 강렬한 비극성을 뿜어내게 된다.

『삼국사기』, 「열전」에 실린 '「도미」 이야기'는 언뜻 열녀전의 하나로 치부될 수 있다. 하지만 자세히 보면 조선시대에 양산된 이념적인 열녀전과는 판이하게 다르다. 도미부인의 정조를 유린하는 존재는 자국(自國)의 왕으로 그는 도미를 차지하기 위해 먼저 그녀 남편의 눈을 뽑고 추방하는 만행을 저지른다. 여기에 대응하는 도미의 태도는 다분히 현실적이라고 할 수 있다. 그녀는 버티기나 자결이 아니라 속임수를 사용하여 정조를 지켜낸다. 그리고 왕으로부터 탈출하여 다시 남편을 만난다. 이 이야기의 특수성은 무엇보다 그 결말에 있다. 도미와 부인은 다시 만나 같이 살게 되었지만, 정조를 지킨 것에 대한 서사적 보상이 전혀 없다. 도미부인은 눈먼 남편과 함께 타향에서 구차하게 살다가 죽게 된다. 이 이야기는 교훈을 강화하기 위한 장치를 배제하고 상당히 냉정하고 객관적인 서술을 한다. 그렇다고 사실만을 기록한 것은 아니다. 정사(正史)의 열전(列傳)이지만 민간에 떠도는 허구적 상상력을 수용하고 있다.[12] 탈출을 감행한 도미부인 앞에 배가 나타나고 그 배가 부인을 남편 앞으로 인도해준다.

열녀 이야기의 원조 격인 이 설화의 냉정하고 객관적인 결말 서술로 인해 우리는 도미부부의 운명에 주목하게 된다. 열전 서술자의 의도를 넘어 우리는 서로 깊은 애정과 신뢰를 가진 이 부부의 운명에 연민을 느낀다. 그리고 권력을 넘어 지키려고 한 부부의 애정과 신뢰가 구차한 중에도 그들의 행복을 지켜주었을지 생각하게 된다. 그래서 이 이야기는 다분히 이념적인 성격이 있음에도 불구하고 그것을 넘어 부부의 관계—사랑과 이로 인한 운명— 자체에 주목하게 하는 힘이 있다.

「쌍녀분」의 경우는 남성과 여성이 1 : 2의 관계를 맺는 점, 최치원이

---

12 손정인, 「도미전의 인물형상과 서술방법」, 『어문학』, 한국어문학회, 2003.

여색에 민감한 성격을 지닌 점에서 남성 쪽의 사랑이 덜 절실해 보이는 경향이 있었다. 여기 도미부인의 이야기는 권력자인 왕과 직접 맞서고 있는 것이 부인이므로 또한 여성의 사랑과 저항정신이 돋보일 수밖에 없다.

하지만 「온달」 이야기는 남성의 의지를 보다 부각하고 있다. 처음에는 평강공주의 의지가 돋보인다. 그러나 그것을 사랑으로 읽을 수 있는가 하는 문제에는 다소 애매함이 있다. 공주가 집착한 온달은 적어도 처음에는 그녀의 머릿속에 상상된 존재였다고 생각되기 때문이다. 하지만 이들의 사랑이 점점 돈독해져갔다는 것은 분명하다. 애정비극으로서 이 이야기의 압권은 그 결말에 있다. 전사한 온달의 관이 땅에 붙어 움직이지 않는다. 이에 공주가 와서 관을 어루만지며 돌아가자고 해서야 관이 움직인다. 온달에게 있어서 공주라는 존재의 의미가 분명해진다. 그것은 죽음으로도 끊을 수 없는 사랑을 말한다.

「김현감호」의 경우도 최치원의 경우보다는 남성 주인공의 의지가 훨씬 강하다. 물론 자신의 생명을 바쳐 김현의 영달을 돕는 호랑이 처녀의 의지는 눈물겹지만 그것은 오빠들을 위해 이미 죽기로 결심한 데 덧붙여진 것이기도 하다.[13] 물론 그것이 호랑이 처녀의 의지를 폄하할 이유는 되지 않는다. 하지만 처녀가 처음부터 김현의 인물됨을 알아차린 데 비해 김현은 처녀가 호랑이라는 사실조차 모르고 관계를 맺는다. 그 사실을 알고도 그는 그녀의 정에 감복하여 그녀를 위해 사찰을 세우고 죽음에 임박할 때까지 그녀를 잊지 않는다.

이런 전통은 한국애정비극의 중심을 잇는다. 조선시대에는 남성의 순정을 보다 강조하는 작품들이 많이 나왔다. 「만복사저포기」, 「이생규장

---

13 임재해, 「화소체계에 따른 김현감호 설화의 유형적 이해」, 『한민족어문학』 13집, 한민족어문학회, 1986.

전」을 비롯해 「운영전」 등 한국문학사를 대표할 만한 명작들이 모두 여기에 속한다.

3) 초기 한국애정비극서사의 미적 특질

살펴본 것처럼 삼국시대를 창작의 배경 혹은 원천으로 하고 있는 초기 서사들에 나타난 한국애정비극의 특징은 사랑의 장애를 넘어서려는 저항의 의지가 상당히 직접적으로 드러난 작품들이 많다는 것이다. 이런 경향은 유화나 유리왕 같은 지배층 인물보다는 특히 백수광부의 아내나 지귀처럼 상층이 아닌 상대적으로 하층에 가까운 주인공의 설화에서 더 두드러졌다.

그런데 이러한 저항 의지의 기저에는 동아시아의 원형사유라고 할 수 있는 역학적 사유가 있다.[14] 만물은 동일한 본질을 지니고 있지만 끊임없이 변화하는 존재로 모든 사물은 개별적으로 존재하는 것처럼 보이지만 우주의 운행원리 속에서 음양의 조화, 기의 운행에 의해 연결되어 있다. 죽음은 끝이 아니라 또 다른 시작이며, 의지를 가지고 있는 한 사랑은 지속된다고 믿는다. 또 지귀와 같이 죽음을 넘어선 어떤 존재가 된다고 해도 그것은 여전히 인간과 마찬가지로 한계 지워진 존재이다. 호랑이와 인간의 사랑, 죽은 이와 산 이의 사랑 같은 환상적 설정들이

---

14 이 점에 대해서는 이 책의 1장 3절과 김연재, 「복잡계 이론에서 본 주역과 그 메타적 세계관: 동아시아적 사유원형의 모색을 중심으로」, 『동방학지』, 연세대학교 국학연구원, 2010, pp. 84~123을 참조. 이 책에서는 우주만물의 본질을 하나로, 그리하여 만물을 동류로 보면서 그 본질을 이루는 어떤 요소—음양, 태극이라는—의 작용에 의해 우주—즉 세계—는 관계 속에서 끊임없이 변화한다는 사유방식을 '동아시아적 원형사유'라고 지정하고 이 사유가 서사무가에서 어떻게 형상화되었나를 살폈다. 김연재의 논문에서는 이 같은 '사유원형'을 현대화하기 위해 이를 복잡계 이론과 연계하면서 자연과 더불어 인간이 발전할 수 있다는 공진화의 관계망과 관련시킨다.

자연스러운 것도 만물의 소통에 대한 감각 때문이다. 이 때문에 운명은 절대적인 것이 아니며 나(자아)와 적대적인 별개로서의 세계가 아니라 내가 포함된 우주로 인식된다. 내가 내 운명을 마음대로 만들어갈 수는 없지만 그 운명을 만들어내는 데 '나'는 상수(常數)로 개입되는 요소이다. 내 힘은 미약하고 한계 지워져 있지만 내가 한 어떤 행위나 노력은 우주적 관계망—카오스—을 돌아오는 나비의 날갯짓처럼 내 운명에 필수적인 요소로 작동한다. 내가 만난 운명의 폭풍들을 만든 요인들 속에는 내가 한 어떤 행위나 선택이 포함되어 있을 개연성이 항상 존재한다. 지귀에게 선덕여왕은 운명이었지만 자기의 선택이기도 했다. 이런 사유는 운명과 나에 대한 성찰을 불러일으키지만, 운명을 받아들이면서도—운명애— 그 운명을 넘어서고자 하는—비극적 저항정신— 서양적 사유와는 달리 결과—운명—에 대한 나—자아—의 책임을 보다 겸허히 성찰하게 한다.

여기서 또 하나 주목할 것은 이 성찰이 궁극적으로 어떤 낙관성을 지향한다는 것이다. 지귀는 불귀신이 되었지만 선덕여왕이 있어서 그를 제어할 수 있다. 불의 위험성은 지귀의 사랑, 사랑의 위험성을 표상하지만 그래서 낭만적이다. 호랑이 처녀의 죽음은 사랑의 완전한 좌절을 의미하지 않는다. 그녀는 희생적이고 거룩한 죽음을 통해 오빠들의 개과천선, 그리고 연인과의 인연에 대한 가능성을 남겨놓는다. 만물은 본질이 동일하기에 신분과 종을 넘어 정을 나누는 것이 신이하기는 하지만 불가하지는 않다. 모든 것이 관계 속에서 끊임없이 변화하며 순환하기 때문에 여기에서의 좌절이 영원한 좌절일 이유가 없다. 존재의 유한성을 강렬하게 환기하면서도 본질의 무한성을 믿기에 낙관적이고 낭만적인 세계관을 버리지 않는다.

하지만 이런 요소들이 있음에도 불구하고 초기 서사에는 무속적 요소들이 상당히 강하게 내재되어 있기도 하다. 죽어도 한계를 넘어설 수 없지만 인간보다는 비인간적 존재들이 더 강한 힘을 지니고 있기도 하다. 「만복사저포기」가 정업을 닦아 해탈에 이르자는 해법을—확신을 가지고 제시하는 것은 아니지만— 내놓고도 주인공이 약초를 캐러 들어가 그 마친 바를 알 수 없다고 끝을 내는 것이나 「운영전」이 유가적 이상상을 그리면서도 도교적이고 무속적인 색채를 여기저기 드러내는 것에서 그 사유의 복합성을 인지할 수 있다. 「김현감호」 역시 불교적 배경을 바탕으로 하지만 다분히 무속적인 기복적 해결책을 내놓고 「지귀」는 여왕의 사제적 권능을 현양하는 것으로 이야기를 종결짓는다.[15] 이렇게 초기 서사에는 동아시아의 보편적인 원형사유와 지역적 특색을 지닌 무속적 사유가 경계 지을 수 없을 정도로 혼융되어 나타난다.

또 하나의 특징은 초기부터 남녀의 희생이 비교적 균형 있게 나타났다는 것이다.[16] 남성 중심 이데올로기가 이미 작동하고 있었음에도 불구하고 여성희생형과 남성희생형이 큰 차이를 보이지 않고 모두 나타났으며 양자희생형이 상당한 비중을 차지하면서 나타났다. 더욱 흥미로운 것은 양자희생형에서는 연인들이 끝내 사랑을 포기하지 않는 저항적 경향의 작품이 더 많이 나타났으며 「쌍녀분」을 제외하고는 거의 대부분의 작품이 남녀 한 쌍, 1 : 1의 사랑을 다루고 있다는 것이다. 이것은 사랑에 있어서 상호 독점적인 순정주의의 전통이 고대로부터 상존했었다는 것을 말해주

15 신라의 불국토 사상이 지닌 무불(巫佛) 융합적 성격을 고려하면 여왕의 이미지에 부처의 형상이 드리워져 있음을 알 수 있다.

16 물론 제시할 수 있는 남성희생형 서사의 수는 상대적으로 적었다. 그러나 「지귀」의 경우에서 보듯 그 형상화의 밀도와 희생의 강도에서 상당한 수준을 보여줄 뿐만 아니라 남성의 순정을 강조하는—다시 말해 남성희생형에 근접하는 양자희생형 서사가 또한 발견되는 것으로 보아 이 수의 차이는 남성 중심 이데올로기 사회에서 우리가 기대하는 차이보다 현저하게 적고 예상외로 균형을 이루고 있다고 판단된다.

는 것으로 보인다.

4) 소결

이 장에서는 우리나라 고대, 삼국시대에 근원을 둔 초기 서사들로부터 한국애정비극소설의 기원과 초기 양상을 살피면서 이를 토대로 초기 서사들이 지닌 미적 특질을 규명하고자 했다. 특히 이 글은 영웅적인 주인공의 좌절을 통해 비극정신을 환기하는 영웅비극에 대한 앞 장의 논의에 기반을 두면서도 한 발 더 나아가 애정비극 특유의 논리와 미적 기반들을 점검하고자 했다.

이를 위해 먼저 사랑이라는 것이 지닌 기초적이고 보편적인 특성으로부터 사랑이라는 사적(私的)인 행위의 좌절이 비극이 될 수 있는 이유와 애정비극을 이해하고 구분하는 기틀을 모색했다. 사랑은 인간 모두의 본성에 기초한 욕망으로 이 욕망의 보편성이 사랑의 가치를 보편적인 것으로 만든다고 보았다. 이로 인해 사랑을 실현하고 연인과의 신의를 지키려는 주인공의 좌절이 비극성을 띠게 되는 것이다. 또 사랑은 혼자 할 수 없고 상대가 있어야 할 수 있다는 점에서 관계가 중시되고, 특히 사랑하는 상대—연인은 주인공에게 절대적인 중요성을 지니게 된다.

이런 애정비극의 특성을 기초로 초기 서사들을 여성희생형・남성희생형・양자희생형으로 나누어 살펴보는 시험을 했다. 여성희생형의 경우, 가부장 이데올로기가 강화되어가던 당시의 사회적 환경 속에서 이데올로기의 개입 정도에 따라 그 미적 정조가 확연히 달라질 수 있음을 알게 되었다. 이를 토대로 여성희생형을 이념 지향적인 것과 성정 지향적인 것으로 나누어볼 것을 제안했다. 남성희생형의 경우는 정도의 차이는 있지만 남성의 순정 자체에 초점이 맞추어졌다. 양자희생형의 경우는 사랑의 좌절을 강요하는 힘이 연인들이 아닌 외부에서 주어지게 되는데,

이 힘—운명—에 대한 저항의 강도와 작품이 지닌 비극성의 강도 사이에는 대체로 비례관계가 성립되었다. 이것은 연인들이 운명에 저항하면서 그들의 사랑을 지키고자 할 때 사랑이 지닌 가치가 더 고양되기 때문이다. 남성이나 여성, 어떤 한쪽의 사랑이 확연하게 간절해 그쪽의 좌절이 확연하게 드러나는 일방희생형보다는 양자희생형이 작품의 다양성과 문학적 완성도 등에서 더 주목할 만했다. 이것은 짝사랑보다는 서로 사랑하는 관계가 더 안정된 서사구조를 제공한다는 것을 보여준다.

작품에 드러난 주인공들은 사랑의 장애를 넘어서려는 적극적인 의지를 표출하는 경우가 많았는데, 이를 만물의 소통과 순환에 대한 동아시아적 원형사유와 지역적 무속사유의 혼융에 의한 것으로 해석했다. 또 양자희생형 대부분의 작품이 남녀 한 쌍의 상호 독점적인 사랑을 다루고 있음을 특기하면서 이것은 초기 서사만의 특징이 아니라 한국애정비극서사의 전통이라고 지적했다. 이 점에 대해서는 후에 다시 상론하게 될 것이다.[17]

3. 설화에서 소설로: '선녀와 나무꾼'에서 운영, 변강쇠까지

앞 절에서 한국애정비극의 시간적 근원을 살펴 그 고유성을 탐색했다면 여기서는 그 문화적 토대를 살펴보고자 한다. 이를 위해 '상사뱀'과 '선녀와 나무꾼'에서 한국애정비극 설화의 기초적인 구조와 담론을 찾아보고, 이를 기반으로 한국애정비극소설의 대표작이라고 할 만한 작품들

17 이 같은 순정주의 전통은 같은 동아시아적 전통을 지닌 중국·일본 등의 애정비극소설과 우리 소설을 비교해보면 보다 분명하게 알 수 있을 터인데 여기에 대해서는 다른 글로 그 책무를 미루어두고자 한다.

의 특징을 궁구해보겠다.

아기장수 설화는 단순하면서도 전형적인 영웅좌절담으로 심원한 비극성을 지니면서도 널리 알려져 있어서 한국 영웅비극소설의 기초적인 구조와 담론을 설명하기에 적합했다.[18] 여기에 대응할 만한 애정비극설화가 '상사뱀'과 '선녀와 나무꾼'이다. '상사뱀'과 '선녀와 나무꾼'은 아기장수 설화만큼이나 유명한, 한국 사람이라면 모르는 사람이 없는 이야기이다. 여기에서 '상사뱀' 설화는 남성이나 여성의 짝사랑이 형상화된 일방희생형 애정비극의 가장 원초적인 전형으로 남성희생형·여성희생형 설화를 기본 전제로 해서 이에 상사풀이나 상사뱀 퇴치 이야기가 붙어 다양하게 전승되었다.[19] '선녀와 나무꾼'은 남성의 사랑이 훨씬 강조된 남성희생형을 기초로 나무꾼과의 동고동락(同苦同樂)을 원하는 선녀의 사랑이 부각된 후일담이 여러 형태로 덧붙여지며 양자희생형에 접근하는 다양한 변이형이 전국적으로 전승되었다.[20] 이런 점에서 '상사뱀'이 가장 원초적인 애정비극서사라면 '선녀와 나무꾼'은 애정비극이

18 이 점에 대해서는 이 책의 2장 3절 '설화에서 소설로: 아기장수에서 김덕령, 임경업 장군까지'를 참조.

19 강진옥, 「상사뱀 설화의 몸 바꾸기를 통해본 욕망과 규범의 문제」, 『고전문학연구』 18, 한국고전문학회, 2000, pp. 115~148 참조. 위 논문에서 상사뱀 설화의 다양한 변이형들을 욕망과 규범의 문제로 해석하여 소개한 바 있다.

20 '선녀와 나무꾼'은 연구가 많이 된 설화이다. 배원룡이 비교적 이른 시기에 단행본을 냈고, 이후 그 장르적 성격이나 해석에 대한 연구들이 많이 나왔으며, 최근 노영근은 유사한 외국 설화와의 비교를 통해 유형 분류와 비교를 시도하기도 했다. 그중 몇 편을 소개하면 다음과 같다. 배원룡, 『나무꾼과 선녀 설화 연구』, 집문당, 1983, pp. 1~430; 김대숙, 「'나무꾼과 선녀' 설화의 민담적 성격과 주제에 관한 연구」, 『국어국문학』 137, 국어국문학회, 2004, pp. 329~351; 전영태, 「나무꾼과 선녀에 대한 통합적 해석」, 『선청어문』 33, 2005, pp. 219~249; 노영근, 「설화의 유형 분류와 비교 연구 시론: 선녀와 나무꾼 유형을 중심으로」, 『온지논총』 24, 2010, pp. 73~108. 근래에 와서는 문화콘텐츠와 관련한 논문들이 여러 편 발표되기도 했다.

양자희생형으로 수렴되는 내적 논리를 가장 잘 보여주는 작품으로 각각 대표성을 띤다고 할 수 있다.

또한 「운영전」은 완전한 양자희생형 애정비극소설의 최고봉으로 매우 세련된 상층비극의 대표작이라고 할 수 있고, 「변강쇠가」는 그 애정의 전개 양상만으로 볼 때 남성희생형 애정비극의 경향이 남아 있는 매우 독특하면서도 정교한 작품으로 하층에 기반을 둔 애정비극이라고 할 수 있어서 각각 한국 애정비극의 완연히 다른 모습을 보여주는 대표적 작품들이라고 하겠다. 따라서 이들 작품에 대한 고찰이 한국 애정비극 전체의 모습은 아니라고 해도 그 가장 대표적인 양상들을 보여줄 것임을 의심할 수 없다.

여기에서 이야기하는 '대표적 양상'이란 이 장의 1절에서 설정하고 2절에서 초기 서사의 분석과 분류에 활용하여 검증했던 기준에 따른 것이다. 또 이 장에서 설정한 기준은 필자가 앞 2장에서 영웅비극을 분석하고 분류하기 위해 설정했던 기준들에서 출발해 애정비극의 특수성을 고려하여 설정했던 것이다. 간단히 설명하면, 이 두 작품은 그 창작의식의 기반에서 상층과 하층으로 대립되고 그 비극의 전개 양상에서 양자희생형과 일방희생형으로 비교적 뚜렷하게 구분되기 때문에 이 두 작품이 그 각각의 양상에 대해 대표성을 갖는다는 것이다. 또 '상사뱀'과 '선녀와 나무꾼' 역시 이런 기준에서 선택된 것이다. 다시 말해 일방희생형 애정비극에서 '상사뱀' – 「변강쇠가」, 양자희생형에서 '선녀와 나무꾼' – 「운영전」을 샘플로 해서 한국비극의 설화적 전통이 소설적 작품에서 어떻게 드러나는가를 살피는 것이 이 절의 과제이다.

1) 설화에 나타난 사랑의 비극

(1) '상사뱀 설화'의 비극성: 도달할 수 없는 그

상사뱀 설화의 기본적인 유형을 이야기 형태로 간단히 제시하면 다음과 같다.

옛날에 한 처녀가 살았다. 처녀는 이웃에 사는 도련님을 짝사랑했다. 하지만 신분과 처지가 달라 망설였다. 그녀는 궁리 끝에 도련님에게 자기의 마음을 전달한다. 하지만 도련님이 이를 거부한다. 처녀는 부끄러움과 사모하는 마음을 이기지 못해 죽는다. 죽어 처녀는 뱀이 되어 도련님의 몸에 붙어 떨어지지 않는다.

이 이야기는 짝사랑의 한을 품은 이가 죽어 뱀이 되어 생전에 사랑하던 사람에게 붙어 떨어지지 않는다는 기본 줄거리를 제외하면 그 변이형이 참 다양하다. 도련님이 스님이 되거나 이미 결혼한 양반이나 장수가 되기도 하며, 흔히 역사적 인물의 실명이 등장하기도 한다. 그런 경우에는 상사뱀이 그 인물의 요절이나 한계의 원인이 되기도 하는데, 그런 경우에는 역사적 인물의 좌절을 설명하려는 한 방편으로 상사뱀 이야기가 활용된 것으로 볼 수 있다. 이것은 남녀 간의 애정을 하늘이 내린 인간의 본성으로 긍정하면서 이를 매몰차게 거절하는 것은 그 본성을 거스르는 위험한 행위라는 사유가 전제된 것이다. 이를 상사뱀이 된 여인에게 적용하면 그녀의 사랑은 하늘이 내린 본성에 의한 것으로 스스로 피할 수 없는 것이다. 즉, 그것은 본성이라는 이름의 운명이다.

마음을 전달하는 방법도 다양하다. 편지를 써서 지나다니는 길목에 두거나 직접 말하기도 하며, 부모에게 사정을 이야기하여 죽게 된 딸을 대신해 부모가 남자를 찾아 애원하기도 한다. 하지만 이 지점에서 특히 주목되는 것은 마음을 전해보지도 못하고 혼자 끙끙 앓다가 죽는 경우이다. 이런 경우는 물론 처녀의 경우에도 발견되지만 짝사랑하는 쪽이 남성인 경우에 매우 특징적으로 나타난다. 다시 말해 여성의 경우는 그래도 마음을 전달해보는 경우가 많은 데 비해 총각은 대개의 경우 마음을 전해보지도 못하고 죽는 것이다.

지금도 그런 경향이 완전히 사라졌다고 생각되진 않지만, 이 설화들이 생성・향유되던 당대 현실에서는—대체로 조선시대 이전부터 생성되기 시작해 근대화가 완성되기 전까지 수십 년 전까지도 의미 있게 향유되었다고 생각된다— 남성보다는 여성이 성적(性的)으로 수동적이어야 한다는 사회적 분위기가 확연히 존재했다. 그것은 물론 가부장제 이데올로기의 영향이었다. 그런데 비극적인 사랑을 다룬 설화나 문학작품 속에서는 그렇지 않았다. 당장 상사뱀 설화들만 일별해보아도 이 점이 확연히 드러나는 것이다. 사랑의 표현에 있어서 남자들은 수동적이고 여성들은 적극적이다. 이것은 두 가지 지점에서 해석될 수 있다.

하나는 설화가 이데올로기적 교시와는 다른 민중적 현실을 반영했다고 해석하는 방법이다. 여성들이 집안에 유폐되다시피 한 양반 지배층과는 달리 하층 여인들은 집안일과 농사를 함께 수행해야 했고, 따라서 남성들과의 접촉도 막을 수는 없었을 것이다. 이 때문에 민중들 사이에서는 오늘날의 자유연애와 같은 방식의 교제가 있었을 수 있었고, 그런 경우에는 여성이 먼저 자신의 마음을 고백하는 일도 있었을 것이다. 설화는 이러한 현실을 반영하고 있다고 해석하는 방법이다. 이것은 일리가 있다. 하지만 그것으로 충분한 것 같지는 않다. 처녀들은 대개 양반층 남성에게 고백하고 있기 때문이다. 이것은 물론 사랑의 장애를 설정하기 위한 것일 수도 있다. 하지만 기녀가 아닌 여인들이 신분을 넘어 사랑을 고백하는 일이 그리 흔한 일은 아니었을 것이다.

다른 하나는 이데올로기적 억압에 대한 문학적 저항으로 해석하는 방법이다. 서사문학은 이데올로기에 대한 저항으로서 욕망의 형상화인 경우가 많다. 억압 속에서 인간은 현실과는 다른 꿈을 꾼다. 여인이 구애할 수 없는 현실에서 여성은 자유롭게 구애하는 꿈을 꾼다. 이것은 남성에게도 억압이다. 여성의 구애를 기대할 수 없는 현실에서 남성은 적극적으로 구애하는 여인을 꿈꾼다. 남성 우위의 권력관계가 확고한 현실에서 여성은 힘으로 구애하는 남자가 아니라 자신을 사랑하여 죽는 남자를 꿈꾼다. 진정한 사랑을 열렬하게 확인하고 향유할 수 없는 현실에서 연인들은 사랑에 목숨을 거는 낭만을 꿈꾼다.

상사뱀 이야기는 사실 모든 비극적인 사랑 이야기의 한 전형이다. 이룰 수 없는 사랑으로 죽은 이가 남자든 여자든, 상대가 도련님이든 남편이든 도달할 수 없는 그 이를 죽어서도 잊을 수 없다는 것이 이 이야기의 핵심이다. 따라서 죽어 돌아온 것이 꼭 뱀일 필요도 없다. 그것은 상사병으로 죽은 처녀귀신이거나 한 송이 꽃이어도 좋다. 이렇게 생각하면 수많은 설화들이 이 모티프를 지닌다.

(2) '선녀와 나무꾼' 이야기의 비극성: 영원히 잊지 못할 사랑

'선녀와 나무꾼' 이야기의 기본적인 유형을 이야기 형태로 재구성하면 다음과 같다.

옛날에 나무꾼이 살았는데 성품이 착했지만 집이 가난해 결혼을 못하고 있었다. 어느 날 그가 나무를 하고 있는데 사냥꾼에 쫓긴 사슴이 와서 숨겨달라고 한다. 착한 나무꾼은 사슴을 숨겨 살려준다. 사슴은 나무꾼에게 선녀가 목욕을 하는 장소를 알려주고 날개옷을 숨기면 그녀와 결혼할 수 있다고 알려준다. 하지만 결혼을 하고 나서도 아이를 셋 낳을 때까지는 옷을 돌려주면 안 된다고 당부한다. 나무꾼은 사슴이 시킨 대로 하여 선녀와 결혼하고 아이 둘을 가지게 된다. 어느 날 나무꾼은 날개옷 훔친

이야기를 한다. 선녀는 옷을 보여 달라고 조르고 나무꾼은 아내로서 선녀의 정을 믿고 이를 보여준다. 옷을 넘겨받은 선녀는 한 팔에 한 아이씩, 두 아이를 모두 팔에 안고 하늘나라로 날아가버린다.

이 이야기는 그 구조와 담론이 조금 복잡하다. 먼저 착한 나무꾼이 나온다. 그는 착하니까 당연히 불쌍한 사슴을 도와준다. 그래서 사슴이 선녀와 결혼하도록 도와준다. 그러니까 선녀는 나무꾼의 은혜에 대한 보상으로 주어진 것이다. 여성인 선녀의 신분이 더 고귀하게 설정되어 있지만, 그것은 그냥 고귀한 것이지 아직 권력이 아니다. 그녀는 나무꾼이나 사슴과 아무런 이해관계가 없었지만 사슴의 술수에 걸려들어 느닷없이 한 남자의 볼모가 된다. 이 서사에서 아직 선녀는 아무런 발언권이 없다. 그녀는 철저히 대상화되어 있다. 사슴을 구해주는 착한 나무꾼조차 갑자기 낯선 곳에 내동댕이쳐진 선녀를 자기의 소유로 하기 위해 날개옷을 훔치고 돌려주지 않는 폭력을 저지른다.

그러니까 선녀와의 결혼이라는 이 설화의 가장 기본적인 생성동인은 고귀하고 아름다운 이계의 미인을 차지한다는 남성의 로망이다. 당연하게도 이런 모티프들은 세계 여러 나라의 설화에서 발견된다. 이 남성적인 욕망 안에서 여성은 대상화되고 도구화된다. 옷을 잃은 선녀는 단지 한 명의 아름답지만, 힘없는 여인일 뿐이다. 그녀는 어쩔 수 없이 나무꾼을 따라가 그와 함께 살아야 했다. 이 폭력의 부당성을 감지한 전승자들은 이 대목에서 나무꾼이 사슴의 말을 되뇌며 아픈 마음을 다잡는 모습을 첨부하기도 한다. 이것은 물론 사슴을 구해준 주인공 나무꾼의 일관성—선한 인물이라는—을 확보하기 위한 서사화자의 편집자적 자구 노력이기도 하다.

흥미로운 것은 세 명의 자녀를 둘 때까지 날개옷을 잘 숨겨두어야 한다는 금기의 의미이다. 지상에서의 선녀는 유일하게 이 대목에서만 자기 의미를 지닌다. 여기서 그녀는 남성의 욕망의 대상이 아니라 아이를 사랑하는 어머니로 자신의 모성을 자신의 것으로 한다. 말할 것도 없이 세 명의 자녀를 낳은 후에는 그 세 자녀를 모두 데려갈 수 없으므로 하늘나라로 돌아가는 것을 포기할 것이라는 추론이다. 여기에서 분명해지는 것은 선녀에게 나무꾼은 하늘나라를 포기할 만한 의미가 없다는 것이다.

나무꾼은 선녀를 필요로 하고 또 그녀를 욕망한다—이 욕망이 참된 사랑인지는 모르지만—. 반면에 선녀는 나무꾼에게 억압되어 있으면서 아이들을 욕망한다. 이렇게 어긋난 관계가 이 설화에 펼쳐져 있는 것이다. 선녀의 승천은 이 어긋난 관계의 종말, 파국이다.

나무꾼은 선녀를 차지할 정당한 명분이 없고 선녀는 억압을 벗어나 자신의 나라로 돌아갔다. 그래서 문제가 해결된 것인가? 설화의 담당자들이 보기에 전혀 그렇지 않다. 이 관계에서 중요하고 새로운 문제가 파생한다. 한국 소우프(soup) 드라마에서 반복적으로 재생되는 아이와 부모의 관계 문제이다. 처음 나무꾼이 선녀를 얻은 논리는 착한데다가 홀몸이었기 때문이다. 한국인에게 있어서 홀몸이라는 것은 음양의 이치에서 벗어난 결여의 상태를 의미한다. 과만한 처녀나 홀아비가 결혼을 강요받는 한국적인 논리가 여기에 있다. 선녀가 떠나버리자 다시 이 결여가 발생한다. 더구나 나무꾼은 아이를 잃었기 때문에 이 결여는 보다 심각해진다. 아이는 두 부부의 재결합을 요청하는 가장 원초적인 이유이다. 더구나 나무꾼은 선녀를 필요로 하고 있다.

한국 민중들은 이 이야기가 아직 끝나지 않았다는 것을 안다. 선녀가 떠난 후 나무꾼은 불쌍해지기는 했지만 그것을 비극이라고 부르기는 부족하다. 나무꾼은 선녀에게 영웅적이지 않았다. 그의 사랑은 보편적인 정당성을 획득할 만큼 아름답지도 처절하지도 않았다. 영웅비극의 주인공이 영웅이 되기 위해서는 범인을 넘어서는 뛰어난 능력과 강력한 의지, 그리고 보편선에의 지향이라는 조건을 갖추어야 했다. 마찬가지로 애정비극에서 주인공은 보편선에 값할 만한 아름다운 사랑, 그 사랑을 이루려는 강력한 의지, 그리고 사랑을 위해 자신을 내던지는 희생의 능력을 보여주어야 한다. 그래야 넘어설 수 없는 운명적인 장벽을 인정하면서도 사랑을 포기하지는 않는 비극정신이 발현되며, 이때 관중들은 비극적 감동을 느끼게 될 것이다.

이제 선녀를 사랑하는 나무꾼은 자신의 사랑을 증명한다. 그는 식음을 전폐하고 슬퍼한다. 애정비극에서 이 상사의 슬픔은 단순한 좌절이 아니라 그녀가 없으면 자신의 인생이 없다는 사랑에의 강력한 의지이다. 이 때문에 사슴은 다시 그에게 하늘나라로 가는 방법을 알려준다. 그는 두레박을 타고 하늘나라까지 가는 모험을 감수할 뿐만 아니라 옥황상제가 제시하는 여러 가지 시련을 겪고서야 선녀와 재결합한다. 옥황상제의 시험은 폭력 수준의 강력한 억압이다. 권력 관계가 역전된 것이다. 이 역전은 서사내적으로 나무꾼에게 선녀의 남편으로서 정당성을 부여하기 위해 만들어진 것이다. 이때 선녀는 나무꾼을 도우면서 남편에 대한 사랑을 드러낸다. 이제야 비로소 사랑 이야기가 된 것이다. 지상에서의 불완전한 사랑이 천상으로 무대를 옮겨 완성된다.

그리고 이 연인들을 가로막고 있는 운명적인 장애물이 다시 인식된다. 그것은 서로 다른 세계에 속해 있다는 것이다. 지상에 내려온 선녀가 자신의 세계를 모두 잃어버린 것처럼 나무꾼도 마찬가지 상태가 된다. 세계를 잃었다는 것은 그 세계에 있을 때의 관계가 끊어져버렸음을 의미한다. 선녀는 아버지와 어머니, 친구들을 모두 잃었었다. 그것은 나무꾼에게도 마찬가지다. 이 점을 인식한 전승자들은 나무꾼의 어머니를 서사 속으로 불러낸다. 착한, 효자인 나무꾼은 홀로 계신 어머니 걱정을 떨칠 수가 없다. 그는 선녀에게 방법을 묻고 선녀는 용마를 내주며 지상에 발을 디디거나 지상의 음식을 먹으면 다시 돌아올 수 없으니 주의할 것을 당부한다. 하지만 늙은 홀어머니를 만난 나무꾼이 말에서 내리지도 않고 돌아오거나, 어머니가 해주신 음식에 입도 대보지 않고 돌아온다면 그 어머니가 얼마나 서운하겠는가? 이 금기는 그 자체가 지상과 천상의 이원성을 형상화한 것이다. 서로 다른 두 세계는 합쳐질 수 없고, 각각 다른 세계에 속해 있는 두 사람이 영원히 함께 할 수는 없는 것이다.

어머니를 섭섭하게 하지 않으려고 음식 한 조각 먹은 죄로—때로는 어머니를 뵙고 말에서 내린 죄로— 나무꾼은 지상에 떨어져 사랑하는 아내와 아이들을 다시는 보지 못하게 되었다. 이제 그의 좌절은 강력한 비극성을 환기한다. 이 비극성은 앞으로 돌아가 아이 둘을 안고 하늘로 올라가는 선녀를 그저 바라보는 나무꾼의 처절하고 시린 마음을 이해하게 한다. 이 이야기를 완전히 구연하지 않는 경우에도, 이 이야기를 정확히 알지 못하는 경우에도 이 이야기는 이 장면에 대한 이미지만으로 어떤 비극성을 지닌다. 이 비극성에는 이런 전제가 숨어 있다. "나무꾼은 선녀(와 아이들)를 사랑한다. 선녀는 이계의 존재로 그녀는 나무꾼으로서는 어쩔 수 없는 존재이다." 한국에서 선녀와 나무꾼 이야기를 향유하는 주체들은 이 전제들을 내면화하고 있으며, 이 설화의 확장, 변이형들과 이 전제들은 닭과 달걀의 관계에 있다고 할 것이다.

이 설화의 변이형들 중에서 설화의 특성과 힘을 가장 잘 보여주는 것은 하늘나라로 돌아갈 길을 잃은 나무꾼이 슬픔을 이기지 못하고 죽어 수탉이 되었다는 결말이다. 이것은 살아서는 물론 죽어서도 사랑을 포기할 수 없음을 보여주기 때문이다. 죽어 치술령 신모가 된 김제상

부인 이야기의 남성 판이라고 할 만하다. 이 이야기를 듣고 나서 수탉이 새벽하늘을 보며 홰를 치고 우는 모습을 보고 그 소리를 들으면 하늘을 바라보는 그 애절한 몸짓과 목에서 피울음을 토하는 것처럼 처절한 소리에 심금이 울려왔을 것이다.

2) 「운영전」, 「변강쇠가」에 비추인 수탉과 상사뱀의 형상

(1) 세련된 상층비극: 「운영전」, 선녀의 재림

「운영전」은 그 구성과 표현, 모든 면에서 한국애정비극의 최고봉 중의 하나라고 할 것이다. 이 작품은 꿈을 빌려 이야기를 전개하는 몽유록의 전통을 계승하면서도 그 문학적 효과를 고양했다. 먼저 무대가 되는 수성궁의 위치와 풍광을 벌여놓는다. 이 궁은 속세를 내려다보는 위치에 있으면서도 그 속세의 풍경이 마치 꿈처럼 펼쳐지는 그런 곳이다. 술을 즐기는 시인묵객(詩人墨客)들이 다투어 찾는 선경(仙境)으로 천상과 같은 곳이다. 여기에 가난한 문사 유영이 홀로 탁주 한 병을 끼고 찾아와 경치를 안주삼아 술을 마시고 잠이 든다. 이 꿈속에서 그는 김진사와 운영을 만나 그들의 사랑 이야기를 듣게 된다. 배경묘사와 꿈이 하나로 어우러져 이들의 이야기가 꿈속에서 이루어짐을 알면서도 조금도 어색하지 않다. 그러나 이 꿈은 그냥 꿈이 아니다. 이것은 실재했던 이야기이며 그것도 사건 당사자들의 입에서 나오는 명백한 증언이다. 유영은 꿈을 깨고 머리맡에서 김생이 기록한 책자를 발견하여 품에 갈무리한다. 이 책은 유영이 만난 두 주인공의 이야기가 한낱 꿈이 아니라 역사적 진실이라는 서사내적 증거이다.[21] 꿈이라는 설정이 사건의 심각한 의미를 완화

21 그리스 비극은 그 소재를 대부분 역사적 신빙성을 지닌 신화적 인물들에서 가져온다. 이것은 운명과 인간이라는 비극의 심각한 주제를 진지하게 받아들이게 하는 하나의 장치가

하지 않고 오히려 강화한다.

「운영전」의 주인공, 운영은 천상의 선녀이다. 김진사와 운영은 모두 원래부터 천상의 선인들이었던 것이다. 그러나 이들의 사랑이 펼쳐지는 현실에서 김진사는 하나의 나무꾼일 뿐이고 운영은 천상에 유폐된 선녀이다. 운영이 유폐되어 있는 수성궁은 현실과 철저하게 단절된 별유천(別有天), 또 하나의 천상과 같은 곳이다. 그 속에서 운영은 고귀한 품성과 뛰어난 재예(才藝)를 지닌 궁녀로 훈련된다. 그녀는 감히 현실의 인간들이 넘볼 수 없는 선녀와 같은 존재이다. 운영과 궁녀들은 자유를 꿈꾸면서도 안평대군에게 저항하지 못한다. 다시 천상에 올라간 선녀는 날개옷을 가졌으면서도 지상과 천상을 자유롭게 넘나들며 두 곳의 삶을 다 살 수는 없다. 한 번 수성궁에 들어간 운영은 다시 바깥세상을 꿈꿀 수 없다. 다만 운영은 선녀들이 목욕을 하러 나오듯 빨래를 핑계하여 잠시 궁을 나와 연인을 만난다.

수성궁의 궁녀 운영과 일개 문사 김진사는 서로 전혀 다른 세계에 살고 있어서 도저히 만날 수 없는 존재들이다. 나무꾼이 선녀를 꿈꿀 수 없듯이, 김진사는 운영의 존재를 알 수 없다. 그러나 운명이 이들을 만나게 한다. 이들의 만남은 뜻밖에도 안평대군이라는 다리가 있어 가능했다. 안평대군은 운영에게 자신의 세계(운명)와도 같은 사람이다. 운영은 그 세계를 경외하고 두려워하였지만 한편으로 벗어나 자유로운 존재가 되길 꿈꾼다. 그런 대군으로 인해 또 다른 운명이라고 할 김진사를 알게 되었으니, 대군은 운영에게 사랑의 장애이면서 그 사랑의 기원이다. 사슴과 안평대군은 만날 수 없는 두 인물을 운명적으로 만나게 해주는 서사내적 장치이다. 다만 사슴이 비현실적이고 단순한 편이라면 안평대

된다.

군은 보다 현실적이고 복합적이다. 이것은 설화적 특성과 소설적 특성의 차이이다. 선녀가 궁녀가 되고, 사슴과 상제가 안평대군이 되어 현실성을 강화한다. 김진사는 재능 있는 선비이지만 운영의 사랑을 얻을 수단을 전혀 가지고 있지 않다. 이 사랑 앞에서 그는 무능하며 사랑을 얻기 위해 그가 할 수 있는 모든 일은 정당성을 지니지 못한다. 나무꾼이 두레박을 훔쳐 타고 하늘로 오르듯이 김진사는 사다리를 타고 궁으로 잠입하지만, 그들은 이 도전의 결과를 예측할 수 없다.

안평대군의 눈에 들어 수성궁에 들어온 진사의 벼루를 받들게 된 운영은 그에게 운명과도 같은 사랑을 느끼게 된다. 진사의 붓에서 떨어진 한 방울의 먹조차 소중히 여기며, 그녀는 먹고 자는 것마저 잊을 정도로 사랑의 번뇌에 빠진다. 우연히 운영을 본 진사도 그녀에게 사랑을 느끼고 그 고통에 여위어간다. 여기에서 먼저 용기를 낸 것은 운영이다. 운영은 편지를 써서 그에게 몰래 전해주기에 이른다. 이 대목에서 우리는 여성의 적극성이라고 하는 한국 상층애정비극소설의 전통을 발견할 수 있다.

상층애정비극에서 여인들은 모두 별세계의 존재들이다. 궁녀인 운영은 제도적 공간적으로 보다 세상과 격리된 처지라고 하겠으나 여염집 처녀인 경우는 그러한 제약이 있는 위에 윤리적 · 문화적 제약이 더해진다. 상층비극에서 여주인공의 신분에 막론하고 이러한 제약이 가해지는 것은 상층의 성에 대한 가치관이 투영되기 때문일 것이다. 여성의 정조에 대한 강력한 이념적 잣대 위에서 여성과 남성의 사랑을 다루고자 하기에 이 제약을 돌파하는 서사적 장치가 필요하게 된다. 이 때문에 여인의 사랑은 오직 한 남자만을 위한 것이어야 하고 그래서 더 적극적이 된다. 이 위에 「이생규장전」에서 높은 담을 넘거나, 「만복사저포기」와 같이 여인이 이미 죽은 귀신이거나, 「주생전」과 같이 남성이 여성의 집에 들어갈 이유가 만들어진다. 운영은 궁녀였기에 대군이 용인함으로써 진사와 만나게 된다. 그러나 첫 만남 이후가 더 어렵다. 운영은 벽을 뚫어 편지를 전하고 진사는 무녀(巫女)와 특이라는 존재들을 끌어들여 인연을 이어가야 했다. 그리고 결국 이들이 파국을 가져오는 하나의 원인이 된다.

『금오신화』는 매작품마다 중요한 두 인물이 등장하며 서사는 이 두 사람의 1 : 1의 관계에 철저히 의존하는 독특한 특성을 지닌다.[22] 이 때문에 이 저작의 작품들은 모든 장애에 홀로, 혹은 단 둘이서 저항해야 한다. 하지만 이런 특수한 경우가 아니면 두 사람을 만나게 하기 위해 교량적인 역할을 하는 존재가 나오는데, 비극에서 이 존재는 흔히 비극의 원인이 되기도 한다. '선녀와 나무꾼'에서의 사슴, 「운영전」에서의 안평대군, 특 같은 존재가 그것이다. 「운영전」에서 특히 주목되는 존재가 이 특이다. 사슴이나 안평대군이 그 자체로는 악하지 않은 선한 존재인데 비해 특은 거의 순수하게 악한 존재이다.

동서양을 막론하고 고전소설에서 악인은 비교적 유형화되어 있다. 상층소설에서 이들은 역신 · 간신의 형상이거나 간사한 첩과 노복이다. 여기서 특은 간사한 노복의 형상이라고 할 수 있다. 그는 미리 주인의 안색을 살펴 일을 도모하고는 상이나 바라는 그런 자이다. 말하자면 물욕과 간사한 계책을 공히 갖춘 자이다. 그런데 진사가 그의 계책을 꿰뚫어볼 정도로 뛰어나거나 혹은 끝내 그의 계책을 모를 정도로 어리석었다 하더라도 위험했을망정 운영이 죽게 되는 그런 파국은 오지 않도록 사세가 돌아가고 있었다.

「운영전」의 특징 중 하나는 모든 일을 관계망에서 풀어나가는 동아시아적 사유가 상층지식인의 수준에서 작동하고 있다는 것이다.[23] 이 작품에

---

22 등장인물들이 일대일의 관계를 맺고 있다는 사실은 여러 선학들에 의해 지적되어왔다.

서 운영은 특별한 지기인 자란의 도움과 조언을 구하다가 같은 서궁 궁녀들, 남궁 궁녀들로 조력자의 영역을 넓혀간다. 결국 이 일에 대해 열 명의 궁녀들이 모두 알게 되는 것이다. 진사는 특의 제안을 받아들여 운영과 달아날 계책을 세우지만 결국 자란의 반대로 이는 성사되지 못하고, 대군의 의심만 커져 다시 만나기 어려운 지경에 빠지게 된다. 여기에서 운영은 사랑을 위해 모든 것을 버리는 극단적인 선택을 주저하면서 다시 만나기 어렵다는 서신을 진사에게 전한다.

그렇다고 운영이 사랑을 위해 자신을 던지는 데 미진했다고 해석할 수는 없다. 그녀는 진사가 없는 삶을 받아들인 것이 아니다. 그녀는 진사에게 자신을 생각해 마음을 해치지 말고 입신출세(立身出世)의 길을 가도록 부탁하면서 자신의 모든 재물을 부처에게 바치고 기원하여 후세에 인연을 잇자고 말한다. 이 사랑에 걸려 있는 가장 큰 장애는 이 사랑 자체가 허락되지 않은 범죄라는 것이다. 궁녀인 운영은 대군의 합법적인 소유이다. 이 장애를 합법적으로 넘어서는 길은 존재하지 않는다. 이 사랑을 계속하는 한 이 생에서는 해답이 나올 수 없다. 연인은 함께 달아나는 길을 모색했지만 그것은 실패하면 죽음이요, 성공한다고 해도 김진사가 지닌 재주와 신분을 모두 버리는 길일 뿐 아니라 세상과 등지고 숨어 살아야 하는 길이다.

적극적이었던 운영이 이 문제에 있어서는 더 신중할 수밖에 없는 이유이다. 궁녀인 운영에게 도피는 수성궁에서 어떤 다른 곳으로—그곳이 다소 누추하더라도— 단지 격리된 공간이 바뀌는 일일 뿐이다. 그곳에

23 이 '관계망'은 존재들이 모두 연결되어 서로 영향을 주고받으며 끊임없이 변화한다는 동아시아적 원형사유, 즉 역학적 사유를 표현한 것이다. 이에 대해서는 이 책의 2장 3절과 김연재의 논문, pp. 13~24 참조.

임이 있다면 망설일 이유가 없다. 그러나 문제는 관계이다. 가족과 친구, 심지어는 연인인 김진사의 입장에서 보아도 이것은 너무나 가혹한 일이 된다. 그녀와 진사는 자란의 충고를 외면할 수 없음을 알게 된다.

그러나 작가는 이야기를 여기서 멈출 수 없음을 안다. 이들의 사랑은 숨길 수 없을 정도로 간절하여 서로를 보지 못하는 사이에 죽어간다고 하는 것이 과하지 않을 정도이다. 가까이에 안평대군이라는 감시자를 두고 있는 운영은 의심을 피할 수 없다. 결국 특이 이들의 도주 계획을 뒤늦게 소문내고 이로 인해 운영의 일이 발각되고 그 화가 서궁의 친구들에게까지 미치자 운영은 자결한다.

진사는 이 소식을 듣고 운영을 위해 공불(供佛)의 약속을 지키고자 하나 이 역시 특이 무산시켜버린다. 결국 특의 소행을 알게 된 진사가 부처님께 운영과 짝을 이루게 해줄 것과 특을 죽여 달라는 소원을 빌자 특이 우물에 빠져 죽는다. 악인 특의 허무한 죽음이 다소 생경하게 여겨지지만, 사실 이 특의 죽음은 그 자체가 지니는 의미보다 두 사람이 살아나 짝을 이루게 될 것을 증거하는 기능이 더 크다고 하겠다.

이 기도 후 진사는 식음을 전폐하고 누워 그대로 죽게 된다. 여성 주인공이 죽은 후 남성 주인공이 상사(相思)로 인해 병사 내지는 자연사하는 모티프는 「이생규장전」 등에서 다시 볼 수 있는데 적극적인 자살을 피하여 마음에 담은 그녀를 잊을 수 없어 죽는 이런 결말은 한국애정비극의 순정주의 전통과 잘 어울린다. 우리는 이 죽음 앞에서 칼로 자기 가슴을 찌르는 로미오와 줄리엣 이상으로 은근하지만 처절한 의지를 느낀다. 그것은 죽어서도 하늘을 보고 울부짖는 수탉의 한 서린 사랑에서 느껴지는 처절함보다 조금 더 현실적이고 세련되지만, 그 본질에 있어서는 궤를 같이한다.

사실 이 작품은 운영의 자결이나 진사의 죽음에서 끝나도 상관이 없다. 그러나 후일담이 이어진다. 이들은 원래 천상 선인들로 다시 천상으로 돌아가 함께 지내고 있다. 이에 유영은 "두 사람이 다시 만났고 원수인 특도 이미 죽었는데 어찌 슬퍼하여 마지않는가" 하고 묻는다. 이들은 '천상의 낙이 지극하지만 수성궁에 와 보니 인간사의 허무함이 심하여 슬퍼한다'고 답한다. 그러면서 또 "바다가 마르고 돌이 불에 타 버린다 해도 우리들의 사랑은 사라지지 않을 것이요, 땅이 늙고 하늘이 거칠어진들 우리들의 원한은 지우기 어려울 것"이라고 말하기도 한다. 인간사의 허무함을 말하고서 다시 그 인간사의 한 자락인 사랑과 원한이 하늘과 땅, 바다와 돌이 바뀐다고 해도 사라지지 않을 것이라고 하는 것이다. 이것은 분명한 모순이다. 그런데 이 작품이 주는 감상, 비극성에 깊이 몰입했다 깨어나는 독자는 이 모순을 수용하게 된다. 이 모순이 바로 비극성의 요체이기 때문이다. 인간사무상, 인생무상은 운명에 대한 수용이며 하늘과 땅이라는 초월적 존재보다 자신들의 사랑이 더 길 것이라는 의지는 운명에 저항하는 정신—비극정신이기 때문이다.

(2) 난해한 하층비극: 「변강쇠가」, 상사뱀의 재림

「변강쇠가」는 참 오해를 많이 받아온 작품이다.[24] 이 작품을 직접 연구해보지 않은 사람들은 이 작품이 매우 강력한 비극성을 지니고 있다는 사실조차 알지 못하는 경우가 많다. 심지어 국문학 전공자가

---

24 「변강쇠가」의 주제에 대해서는 이미 졸고, 「변강쇠가, 뎁득이의 인물형상과 그 의미」, 『국제어문』 38집, 국제어문학회, 2006; 「변강쇠가의 해결될 수 없는 갈등과 그로테스크」, 『성균어문연구』 31집, 1996; 「판소리 사설치레에 나타난 용장의 구조와 의미」, 『도남학보』 16집, 1997 등에서 자세히 논의한 바 있다. 이 장은 앞의 논의들을 바탕으로 비극으로서 「변강쇠가」의 주제가 설화, 특히 상사뱀 설화와 공유하고 있는 미적 특질에 대해 논의하고자 한다.

아닌 사람들에게는 하나의 웃음거리 정도로 여겨지기도 한다.

「변강쇠가」는 참으로 특이한 형태의 비극이다. 미적으로 상당히 강력한 그로테스크를 지니므로 그로테스크한 비극이라고 해도 좋겠다. 여기에서 그로테스크와 비극이 만나는 지점이 있다면 그것은 운명이다. 그로테스크라는 독특한 미감은 인간에게 이질적이고 기괴한 느낌, 특히 두려움, 공포가 포함된 어떤 느낌을 준다. 이때 인간에게 공포를 유발하는 어떤 것은 한계 지워진 인간의 육체와 관련된다. 죽음・부패・성욕・식욕・권력욕 등의 통제되지 않는 욕망들이 그로테스크를 만들어내는 주요한 재료들이다. 「변강쇠가」가 특별한 것은 이 지점이다. 이 작품은 통제되지 않는 성욕이라는 주제에 가까이 있지만 이 주제를 아주 섬세하고 깊이 있게 다루었다. 즉 성욕을 직접적으로 표현하는 것이 아니라 독점욕과 바람기라는 그 사회적 표현형으로 초점을 옮겼다. 그러나 여기에 대한 사회적・철학적 고찰을 시도한 것은 아니다. 이 작품은 여기에 죽음・부패・권력욕 등을 배합하여 그 치명적인 결과를 우스꽝스러우면서도 실로 끔찍하게 표현해냈다.

강쇠와 옹녀, 이 두 사람의 비극적 운명은 이 두 사람 안에 처음부터 내재되어 있었다. 현대 수용자들은 옹녀의 상부살을 그녀의 탓이 아니라고 쉽게 용인해준다. 하지만 서사내적으로 옹녀의 상부살은 그녀에게 천형으로 내재되어 있는 것으로 결국 강쇠까지 잡아먹게 되어 있는 것이다. 또 옹녀의 상부살은 그 이상으로 강력한 도화살과 결합되어 있다. 여기에 강쇠는 천하 없는 한량으로 여인의 꼬임에 넘어가기에 딱 좋은 허황한 놈이다.

그리하여 두 사람은 만나자마자 관계를 가지며 기물타령에 사랑가를 부르며 서로 좋아 죽는다. 이 지점을 전제로 해서 두 사람의 관계를 해명하지 않으면 작품 해석의 균형을 찾을 수 없다. 강쇠가 허황되면서도 옹녀의 도화살을 경계하는 것, 강쇠가 생활에 큰 도움이 되지 않는 서방인데도 옹녀가 강쇠를 필요로 하는 것, 모두가 이 두 사람이 서로를 좋아하고 필요로 하기 때문에 보이는 현상이다.

두 사람이 찾아낸 해법은 아무도 없는 심산(深山)에 들어가 단둘이 사는 것이다. 여기에서 이 작품의 특징이 드러난다. 「운영전」이나 '선녀와 나무꾼'에 보이는 관계의 서사가 여기에는 없다. 작품이 시작하자마자 상부살로 쫓겨나는 옹녀를 그린 작가는 두 사람을 천애고아(天涯孤兒)처럼 고립시켜나간다.[25] 이로 인해 이 작품은 세상의 복잡한 관계에서 이탈하여 단 두 사람의 이야기가 된다. 이렇게 해서 작가는 이 작품을 남자 : 여자의 구도로 단순화하고 이를 통해 남－녀의 문제를 끝까지 파고들 수 있는 서사내적 기반을 확보한다.[26]

강쇠는 옹녀의 경고를 무시하고 장승을 땔감으로 썼다가 만 가지 병에 걸려 죽음에 이르게 된다. 옹녀는 강쇠를 구하기 위해 문복·독경·침약 등 백방으로 노력하지만 강쇠는 결국 죽음에 이르게 된다. 병으로 인한 신체의 부패와 죽음의 그림자로 가득한 이 대목부터 이 작품은 그로테스크한 기운으로 가득 찬다. 그러나 주제는 부패도 죽음도 아니다. 강쇠는 죽음에 이르자 마지막으로 힘을 내어 유언을 한다. 아내에 대한 사랑, 사별을 앞에 둔 슬픔도 거짓은 아니다. 그러나 그의 사랑과 슬픔은 다음과 같은 유언으로 이어진다.

---

25 판소리는 적층문학이다. 여기에서 작가는 특정 광대나 신재효를 가리키는 것이 아니라 이 작품의 생성·확장·정착에 기여한 모든 주체들과 여기에 작용한 어떤 방향성을 의미한다.

26 여기에 대해서는 졸고, 「변강쇠가에 나타난 해결될 수 없는 갈등과 그로테스크」, 『성균어문연구』 31집, 1996 참조.

"이 몸 죽거들랑, 염습하되 입관하기 자네가 손수 하고 출상할 제 상여배행, 시묘살아 조석 상식, 삼년상을 지낸 후에, 비단 수건 목을 졸라, 저승으로 찾아오면, 이 생에 미진연분, 단현부속 되려니와, 내가 지금 죽은 후에, 사나이라 명색하고 십 세 전 아이라도, 자네 몸에 손 대거나, 집 근처에 얼른하면, 즉각 급살 할 것이니, 부디부디 그리하소" 속곳 아구대에 손김을 풀쑥 넣어, 여인의 보지 쥐고, 으드득 힘 주더니, 불끈 일어 우뚝 서며, 건장한 두 다리는, 유엽전을 쏘려는지, 비정비팔 빗디디고, 바위 같은 두 주먹은, 시왕전에 문지긴지, 눈 위에 높이 들고, 경쇳덩이 같은 눈은, 홍문연 번쾌런지, 찢어지게 부릅뜨고, 상투 풀어 산발하고, 혀 빼어 길게 물고, 짚동 같이 부은 몸에, 피고름이 낭자하고, 주장군은 그저 뻣뻣, 목구멍에 숨소리 딸깍, 콧구멍에 찬 바람 왜, 생문방을 안을 하고, 장승 죽음 하였구나.[27]

참으로 우스꽝스러우면서도 비장한, 그로테스크한 유언과 죽음이다. 많은 사람들이 알고 있는 것과는 달리 이 이야기는 아직 반도 끝나지 않았다. 이제 이 유언, 아니 옹녀를 지키기 위한 강쇠 원혼과 옹녀의 도화살에 홀린 남자들의 대결이 펼쳐진다. 옹녀는 나가기만 하면 남자들을 홀려오고 그들은 강쇠의 시신을 보는 순간 모두 장승 죽음을 한다. 옹녀와 강쇠의 작은 집 안은 서서 죽은 시체들로 가득 찬다. 여기서 오늘날의 수용자들은 강쇠 원혼의 무시무시하고 일방적인 유언과 행패로 이 대목들을 보는 경향이 있다. 그러나 한 가지 분명한 것은 강쇠 원혼의 저주만큼이나 옹녀의 도화살과 상부살이 지닌 마력이 무시무시한 힘을 지니고 있다는 것이다.

페미니즘적 시각이나 사회윤리적인 차원에서 볼 때 강쇠의 행사가 너무나 폭력적이고 비상식적이어서 이 작품의 후반부를 잡놈 강쇠 원혼의

27 신재효, 강한영 교주, 『판소리 여섯 바탕집』, 앞선책, 1994, p. 262.

행패로 파악하게 되면 이 작품은 심각한 의미를 상실하고 실패한 작품이 된다. 하지만 앞선 연구들에 의해 밝혀진 것처럼 이 작품은 정교한 구조를 지닌 매우 독특한 작품이다. 쉽게 파악되는 전반부만 취하고 난해한 후반부를 쉽게 취급하는 것은 적어도 연구자의 자세는 아닐 것이다.

적어도 강쇠의 입장에서 옹녀는 독점이 어려운 여자였다. 그래서 샘을 내어 때려보기도 했고 단둘이 하는 산중 살림을 기꺼워하기도 했다. 강쇠의 이력은 잘 설명되어 있지 않지만 그는 '잡놈'이고 '오입장이'였다. 그런 그가 옹녀라는 한 여자에 일생을 걸고 죽어서도 매달려 있는 것이다. 이런 지점에서 보면 「변강쇠가」는 남성희생형 애정비극에 가깝다. 옹녀가 강쇠를 생각하는 마음보다 강쇠가 옹녀를 생각하는 마음이 더 절실했다는 것이다. 사실 강쇠의 원혼은 말하자면 옹녀에게 붙은 상사뱀 같은 것이다.

그런데 강쇠는 옹녀나 두 사람의 사랑을 위하여 자신을 던지는 희생을 하지도 않았고 자신의 사랑을 누가 보아도 아름다운 것으로 만들지도 못했다. 애정비극의 주인공으로서 강쇠는 죽은 뒤에도 옹녀를 독점하려는 무서운 의지(욕망) 외에는 보여준 것이 없다. 이 점은 옹녀도 마찬가지이다. 옹녀는 안정된 삶에 대한 의지(욕망)는 보여주었지만 강쇠나 두 사람의 사랑을 위해 자신을 던지는 희생을 감수하지는 못했다. 다시 말해 두 사람의 사랑은 비극성을 일깨울 만한 가치를 보여주지 못했다는 것이다.

그럼에도 이 작품은 비극이 될 수 있는가? 여기에서 '상사뱀' 설화들의 주제를 상기할 필요가 있다. 그것은 '도달할 수 없는 그 이를 죽어서도 잊을 수 없다는 것'이다.[28] 이것은 의지이며 능력이다. 간절한 의지는

---

28 사실 '상사뱀' 설화의 주인공들이 보여주는 사랑도 헌신과 같은 가치를 보여주는 경우는 드물다. 대부분 일방적인 짝사랑 끝에 상사뱀이 되는 것으로 이기적인 사랑이라고 할

능력으로, 또 심지어 가치로 받아들여지는 경향이 있다.[29] 그러나 그 의지가 본인을 떠나서는 아름다운 것으로 인정될 수 없는 경우에는 여기에 독자의 판단과 개입이 일어난다. 문학작품은 독자의 수용으로 그 예술적 의미가 완성되기 때문에 독자의 수용이라는 측면을 따져보지 않을 수 없다.

수용자들은 강쇠의 욕망을 '있을 수 있는 일—바람직하지 않지만 사랑의 일종'으로 인정한다. 여기에서 강쇠의 사랑이 좌절된 데 대한 비극적 인식이 일어난다. 한편으로 수용자들은 정반대편에 선 옹녀의 욕망을 '어쩔 수 없는 일—살아남기 위한 수단의 하나'로 인정한다. 뎁득이가 떠나고 홀로 남겨진 옹녀에게서 발견되는 이 욕망의 좌절에서 상사뱀과 다르면서도 질적으로는 동일한 또 하나의 비극적 인식이 일어난다. 이들은 위대한 인물들이 아니다. 그러나 이들은 자기들이 서 있는 현실에서 최선을 다했는지도 모른다. 이들의 꿈은 좌절되었다. 하지만 그들은 어리석게도, 혹은 다른 방법이 없어서 그 욕망을 포기하지 못한다. 수용자들은 이 두 연인이 걸어온 길 앞에서 가엾은 운명을 보고, 그들의 욕망, 그들의 사랑을 인정한다. 그들의 모습에서 어리석은 인간, 우리 모두의 모습을 발견하기 때문이다.[30] 그로테스크는 이 운명의 그림자를 더 깊고

수 있다.

29 앞 장에서 상술한 바와 같이 비극의 주인공인 '영웅'은 보편적으로 인정되는 가치, 즉 공공선에 대한 지향, 강력한 의지, 탁월한 능력을 지녀야 하며, 같은 논리에서 애정비극의 주인공은 보편선에 값할 만한 아름다운 사랑, 그 사랑을 이루려는 강력한 의지, 그리고 사랑을 위해 자신을 내던지는 희생의 능력을 보여주어야 한다. '상사뱀'과 「변강쇠가」에서 상대에 대한 주인공들의 강력한 집념(의지)이 서사의 원동력이라는 것은 명백하다. 또한 사랑을 쟁취하기 위해 이들이 보여주는 능력이 범상한 것이 아니라는 것도 인정될 수 있을 것이다. 남는 문제는 이들의 애정이 보편적 가치로 인정될 수 있는가 하는 것이다.

30 결말에서 강하게 각인되는 '홀로 남은 옹녀'라는 이미지는 강쇠의 욕망도 옹녀 자신의 욕망도 모두 좌절되었음을 알리는 강력한 비극적 징표이다. 청중들이 이 작품의 비극성을

선명하게 한다. 이야기가 끝나고도 그들은 두 연인이 걸어온 길을 다시 생각한다. 더 나은 길은 없었을까? 그것은 다시 자기의 일이 된다. 운명을 운명으로 인식하면서 그 극복을 고민하게 되는 것. 이 작품이 가져다주는 효과가 이 작품의 비극성을 증명한다.

「변강쇠가」는 하층 주인공을 내세운 전형적인 하층애정비극이면서 언뜻 보면 난해하지만 정교한 구조와 상징, 그로테스크한 미적 특질을 동원하여 심원한 비극성을 만들어낸 매우 뛰어난 작품이다.

3) 소결

이 장에서는 한국 애정비극의 대표적인 작품인 「운영전」과 「변강쇠가」의 미학적 특성을 설화적 전통 속에서 규명해보고자 했다.

운영은 설화, '선녀와 나무꾼'의 선녀와 같은 존재이다. 그녀는 외인(外人)이 접근할 수 없는 공간, 수성궁에 사는 궁녀로서 특별히 선발되어 시문을 비롯한 온갖 재예를 익힌 특출한 미인이다. 선녀는 인간이 닿을 수 없는 존재이다. 그런데 한 남자가 이 선녀와 인연을 맺게 된다. 그러나 이 인연은 상도(常道)를 벗어난 것이다. 여기에 이미 비극의 씨가 뿌려진 것이다. 이들은 결국 갈라지게 된다. 이것으로 충분해 보인다. 그러나 이들 작품에는 비극에 관여하는 또 하나의 강력한 끈이 존재한다. 관계이다. 나무꾼은 어머니를 만나러 지상에 내려왔다가 하늘로 돌아가지 못하고 선녀를 잃은 슬픔 속에서 죽어 하늘을 보고 우는 수탉이 된다. 운영

얼마나 심각하게 받아들였는가를 알 수 있는 증거가 두 가지 있다. 동리가 이 작품의 끝에 '수부귀다남자에 성세태평 하옵소서'하며 청중을 진무한 것이 그 하나다. 동리의 사설은 모두 교훈과 징세로 끝난다. 이런 식의 축수를 직접 붙인 것은 「변강쇠가」가 유일하다. 다른 하나는 박동진 명창의 사설이다. 그는 마지막에 옹녀를 죽게 해 강쇠와 합장한다. 박명창은 두 부부의 사랑을 긍정하고 옹녀를 죽여서라도 이들을 이어주려고 한 것이다.

역시 동료들과 가족에게 미칠 화에 생각이 미치자 탈출을 실행에 옮기지 못한다. 연인인 김생은 낙담하면서도 그런 운영의 태도를 나무라지 못한다. 오직 두 사람의 사랑을 위해 도피와 죽음을 불사하는 로미오와 줄리엣과는 달리 이들은 서로가 관계 속에 있다는 것을 받아들인다.

「변강쇠가」의 강쇠는 죽으면서 자신의 아내인 옹녀에게 접근하는 모든 남자를 다 죽이겠다는 아내 독점의 욕망을 유언으로 남긴다. 그는 옹녀에게 붙은 상사뱀과 같은 존재이다. '상사뱀'은 사랑을 이루지 못하고 죽은 이가 뱀으로 환생하여 짝사랑했던 사람에게 붙어 떨어지지 않는다는 이야기이다. 이 이야기는 사랑의 희생자가 가해자로, 무심했던 가해자가 희생자가 되는 위치의 역전이 주요한 모티프이다. 희생자는 이 뱀을 퇴치하고자 하지만 상사뱀은 퇴치되지 않는다. 원한을 풀어주는 것이 먼저이다. 죽은 강쇠를 둘러싼 사건들의 난해함은 정으로 세상을 읽던 옛 시선과 논리로 세상을 보는 우리의 시선이 충돌하기 때문이다. 이 작품의 특이점은 사랑 자체의 불완전함이 비극의 원인이 되고 있다는 점이다. 수용자들은 이 불완전함을 통찰하면서도 이를 받아들인다. 여기에서 필자는 사랑받는 자보다 사랑하는 자 편에 서 있는 한국인을 본다. 때로 그 사랑이 아름답거나 현명하지 않아도 그 처절함을 긍정하는 마음이다.

4. 열녀: 비극의 거부, 혹은 이념의 분열

여기에서는 여성 위에 드리워진 정조(貞操)의 이데올로기와 욕망으로서의 사랑이 지닌 관계를 살펴보고자 한다. 앞 장에서도 언급했듯이 이념은 현실의 허구화에 지대한 영향을 미친다. 따라서 여기에서도 사실에 기반을 둔 작품을 중심에 두고자 한다.

특히 여성에게 있어서 이념은 가혹했다. 가부장제는 남성 중심의 권력체제를 유지하기 위한 이데올로기 장치이다. 이를 위해 이념은 여성에게 정조 대신 생명을 버리라고 강요한다. 산숙은 임금과 나라를 위해 목숨을 바쳤으나 결국 패했다. 그의 좌절에서 우리는 비극성을 느낀다. 그러나 산숙의 처 이씨는 적에게 정조를 뺏기지 않고 자결함으로써—당연하게도— 정조를 지켜낸 승리자가 된다. 열녀의 죽음은 패배가 아니라 승리인 것이다.

열녀에 대한 이야기는 많다. 특히 임병양란 이후 양반 사대부들이 적극적으로 열녀전을 지어 정조를 지키기 위해 외적에 항거하다 죽은 여인들의 덕을 기렸다. 이후 남편을 따라 순절한 이야기, 끝내 수절한 이야기, 온갖 부덕을 지킨 부인들의 이야기를 기록하고 찬양하고 때로는 지어냈다. 이 이야기들은 외적과 싸우다가 순국한 의병장들의 이야기보다 더욱 강력한 이데올로기가 작동한다. 그녀들의 죽음과 희생은 이념의 후광이 씌어져 숭고해진다.

이 여인들은 당대 사회의 보편적 가치를 추구하고, 그 가치를 위해 기꺼이 목숨을 내던질 만한 강력한 의지를 지녔으며, 그녀들을 입전한 작가들의 증언에 의하면 여성, 부인으로서 출중한 재덕을 지녔다. 이들은 영웅이다. 그러나 그녀들이 죽어간 장렬한 이야기 속에서 비극성을 발견하기란 어렵다. 숭고와 비극은 서로 연결되어 있다. 그래서 하르트만은 『미학』에서 '숭고로서의 비극'이라는 항목을 마련해 비극미를 숭고의 일종으로 설명하기도 한다.[31] 그에 의하면 숭고는 무언가 거대하고 범접할

31 N. Hartmann, 전원재 역, 『미학』, 을유문화사, 1995.

수 없이 위대한 것에서 발견되는 미이다. 그러나 비극에서 우리가 비극성을 깊이 느끼는 순간은 주인공이 좌절하는 순간이다. 좌절 속에서도 자신이 추구하는 가치에 대한 의지를 포기하지 않을 때 독자는 비극정신을 발견한다. 이것들은 비극의 요체가 한계 지워진 인간의 운명에 마주하는 것이기 때문이다. 숭고는 신에게서 가장 분명하게 발견된다. 하지만 신에게서 우리는 비극성을 느끼지 않는다. 신은 운명을 초월한 존재이기 때문이다.

어떤 이데올로기가 절대적인 가치를 갖는 사회에서 이데올로기는 모든 한계를 초월한다. 이데올로기를 표현한 예술에서 사람들은 유한자인 인간이나 그 운명을 보지 않는다. 오직 그 이데올로기에 집중한다. 한 여인이 자신의 정조를 지키기 위하여 죽는다. 그녀는 진정으로 무엇을 위하여 죽었는가? 그녀의 죽음은 국가나 그 남편에게 어떤 이익을 주는가? 아니 그 전에 그녀는 그 국가나 남편을 참으로 사랑했는가? 이런 의문은 부질없는 것이다. 열녀의 모습, 그 이면에서 우리는 남편에 대한 사랑을 읽고 싶어 한다. 그녀의 부덕은 남편에 대한 사랑과 존경에서 나온 것이다. 그렇다면 그녀는 가능한 한 살아남아 남편과의 사랑을 지속해야 하지 않는가? 「이생규장전」은 죽어서도 돌아온 최랑을 통해 이런 의문에 답하고 있다.

그러나 열녀전들은 여기에 답하지 않는다. 열녀전의 여인들은 도미부인처럼 계책을 쓰지도 운영처럼 죽음을 피하려고 하지도 않는다. 그녀들은 조금의 망설임도 없이 자신을 버린다. 작가의 비분강개한 서술에도 그녀들의 죽음은 슬픔을 불러오지 않는다. 죽을 수밖에 없는 인간의 운명을 환기하지도 않는다. 그런 것들은 그녀들의 죽음을 욕되게 하는 것이다. 그러니까 그녀들의 죽음을 서술하면서 작가들은 비극을 거부한다. 그녀들의 죽음은 헛되지 않다. 그녀들은 패배하거나 좌절한 것이 아니다. 오히려 그녀들은 승리한 것이다.

그녀들은 죽음 앞에서도 정조라는 가치를 지키려고 노력한 인간으로 그려지지 않고, 정조의 화신으로 추앙된다. 그녀들은 비극미—비장의 영역을 넘어 숭고한 존재들이 된다. 그러므로 열녀는 과정 이상으로 결과가 중요하다. 남편을 따라 죽는 경우든, 수절하는 경우든, 정조는 타협이나 교환이 불가능한 절대조건이 된다. 이렇게 이데올로기가 교조화하면 필연적으로 인간의 욕망을 억압하고 부정하기에 이른다. 이것이 가능하기 위해서는 여인들이 성욕을 가져서는 안 되며, 남성이라는 존재에 대해 어떤 성적 매력을 느껴서도 안 된다. 여성들의 성욕은 언제나 철저하게 통제된 상태에서 은폐되어야 하는 것이다.

이러한 이데올로기는 여성들에게만 억압이 되는 것이 아니다. 이러한 이데올로기가 지배하는 사회에서 여자는 남자에게 애정표현을 하지 않도록 교육된다. 따라서 남성은 여성의 사랑을 확인하고 싶은 욕망을 충족할 수 없게 되는 것이다. 이 장에서는 이런 이념의 억압 속에서 창출된 한편의 '비극', 「최랑전」을 고찰함으로써 서사내적 비극(허구－작품)과 서사외적 비극(사실－현실)의 사회적·미학적 관련을 탐색해볼 것이다.

1) 비극적 애정서사문학으로서의 「최랑전」

「최랑전」에 대한 연구는 문학작품 연구의 상도(常道)를 걸어왔다고 할 수 있다. 먼저 작품에 대한 소개를 겸한 총론이 정학성에 의해 이루어지고, 박용식에 의해 작품의 역주가 수행되었다.[32] 그리고 김귀석에 의해

32 정학성, 「전기소설 최랑전 연구」, 『고소설연구논총』, 다곡이수봉선생회갑기념논총간행위원회, 1988, pp. 385~401; 박용식 역주, 「최랑전」, 『한국고전문학전집』 16, 고대민족문화연구

이 작품의 두드러진 미학적 특징이라고 할 수 있는 비극성에 대한 연구가 있었다. 민영대는 정학성이 제기했던 문제들, 특히 이 작품이 사실을 바탕으로 한 소설임을 추론하면서 삽입서간과 삽입시가에 주목하는 논문과 그 비극성에 관한 논문 등 세 편을 잇따라 발표했다.[33] 이것으로 본격적인 논의를 위한 기틀이 잡혔으며, 이후 이동백의 석사논문이 나오고, 인물과 그 갈등양상에 주목한 이대중의 논문과 여성주인공 최랑에 주목한 오세정의 연구가 이어졌다.[34] 그리 많은 양은 아니지만 특히 역주가 이루어진 후 차근차근 연구가 이어져왔다는 것은 이 작품이 연구자의 관심을 받을 만한 요소를 지니고 있음을 보여준다.

「최랑전」은 어린 소녀의 일관된 의지와 좌절을 통해 비극성을 구현하는 특이한 소설이다. 이 작품은 사실과 문학적 상상력의 관계, 어린 소녀의 사랑이 지니는 특수성(관념과 육체의 문제) 등 여러 가지 중요하고 흥미로운 문제를 포함하고 있으며, 또 이를 기술하는 조선 사대부의 인간적 · 남성적 욕망이 내포된 다층적 구조를 지닌다. 작품의 이러한 심층적 의미를 규명하는 것이 이 절의 목적이다.

이 작품은 표제에서 알 수 있듯 '최랑'이라고 하는 소녀가 서사의 중심이다. 그런데 조선이라는 남성중심적 · 신분제적 사회구조로 인해

원, 1995, pp. 385~420.

33 김귀석, 「최랑전의 비극성과 미학」, 『전통문화연구』 6집, 조선대학교 전통문화연구소, 1999, pp. 19~36; 민영대, 「최랑전 연구(1): 삽입서간을 중심으로」, 『고소설연구』 10집, 한국고소설학회, 2000, pp .43~71; 민영대, 「비극소설로서의 최랑전」, 『한국언어문학』 47집, 한국언어문학회, 2001, pp. 45~66; 민영대, 「최랑전에 삽입된 시문의 기능」, 『한국언어문학』 52집, 한국언어문학회, pp. 141~165.

34 이동백, 「최랑전 연구」, 석사학위논문, 영남대학교, 2003; 이대중, 「최랑전의 갈등 양상과 인물 형상」, 『한국인과 한국어문학』, 한국어내용학회, 2006, pp. 503~535; 오세정, 「최랑전에 나타난 미완의 애정과 비극적 결말의 의미」, 『인문학연구』 33권 2호, 충남대학교 인문과학연구소, 2006, pp. 327~346.

이 소녀의 내면을 들여다볼 수 있는 서술은 비교적 적다. 게다가 남성으로 짐작되는 작자가 사건의 일부만 목격한 상태에서 어린 소녀의 심리를 충분히 이해하고 있었다고 보기도 어렵다. 하지만 이 작품이 실제 사건을 골격으로 한 일종의 팩션(faction)이기 때문에 사건에 대한 서술 속에는 실제 인물들의 심리를 유추할 수 있는 단서들이 내재하고 있다고 판단된다. 결국 작품 내에 표현된 이러한 단서들을 통해 주요 인물들의 내면을 분석하는 심리학적 접근 방법의 원용이 필요하다. 여기서는 외부적 충격 등으로 입게 되는 심적 상처가 남아 신경증을 유발하게 된다는 '심리적 상흔'(trauma) 이론을 원용하기로 한다.[35] 주인공 최랑이 작품 초반에 겪게 되는 고난은 심리적 상흔을 만드는 외부적 충격의 전형적인 양상이기 때문이다. 이를 극복하고자 하는 최랑의 모습 역시 트라우마를 극복해나가는 한 예가 되기에 충분하다. 심리적 상흔과 이를 극복하고자 하는 욕망의 변증법적 작용으로 야기되는 인물 심리의 심층에 접근함으로써 이 작품은 물론 골격이 된 사건이 주는 문학적 · 사회적 의미를 더 잘 이해하게 될 것이다.

(1) 구성: 사실과 허구의 변증법

기존 연구에 따르면, 「최랑전」은 역사적 사실을 바탕으로 허구를 가미한 이른바 '사실계 소설'이다.[36] 그리고 이러한 추론은 주로 작품의

---

35 트라우마는 외상 후 스트레스 장애, 정신적 외상 등으로 번역되기도 한다. 그러나 여기서는 마음에 남겨진 상처와 이를 회피하거나 극복하려는 인물의 관계에 주목해 '심리적 상흔'이라는 표현을 사용한다. 이 개념은 예술작품의 분석에 다양하게 이용되어 왔다(주디스 허먼 지음, 최현정 옮김, 『트라우마』, 플래닛, 2007 참조).

36 민영대, 「최랑전 연구(1): 삽입서간을 중심으로」, 『고소설연구』 10집, 한국고소설학회, 2000, pp. 44~45.

남성주인공인 곡강태수의 행적과 실재했던 인물 이여택의 행적이 일치한다는 데서 설득력을 얻는다. 이여택의 곡강태수 시절 내려진 효종의 노비추쇄령이 작품의 배경과 일치하고, 여기에 안주통판 시절 아전과의 충돌이 빚은 사건마저 들어맞아 우연으로 보기 힘들다. 후자의 경우 사건 자체가 그리 흔치 않은 일이고, 이것이 전자와 지니는 시간상의 거리가 작품과 실제에서 일치한다는 점도 저절로 될 수는 없는 일이다. 또 남성주인공의 성이 '이'(李)라는 것도 그것만으로는 별것 아니지만, 앞의 단서들과 같이 보면 무시할 수 없는 일이 된다. 누군가가 이여택의 삶을 배경으로 완전한 허구를 지어낼 수는 있겠지만, 이 경우도 조선 한문서사의 일반적 전통으로 보아 거의 있을 수 없는 일이다. 어디까지나 남성주인공 이모(李某)를 충분히 이해하는 입장에서 글을 쓰고 있는 저자가 이여택의 명예에 누를 끼칠 수도 있는 내용을 일부러 지어낼 리 없을 것이다.

누군가 사실을 문식(文飾)하여 이 작품을 만들었다면, 그 이유는 우선 최랑이라는 여성주인공의 죽음에 있을 것이다. 어떤 이의 삶과 죽음을 안타깝게 여기고 아름답게 여겨 전(傳)을 짓는 것은 한문학의 오랜 전통이다. 따라서 이 작품을 다루어온 모든 연구자들이 그랬던 것처럼 필자도 이 글이 사실을 기반으로 한 소설임을 전제로 이 글의 구성을 살펴보고자 한다.

이 책의 2장에서 「양산숙전」의 비극성을 고찰하면서 작가가 실제 사실들을 자기의 의지와 논리에 따라 취사선택하고 재구성하는 방식으로 문학화하는 양상을 살폈다. 대개 전이 문학성을 획득하는 방식은 이와 같은 취사선택과 재구성, 그리고 정보 부족과 재구성 과정에서 발생하는 빈 곳을 메우는 상상력에서 나온다. 따라서 전이 소설화되기 위해서는 무엇보다 사실을 파악하는 작자만의 뚜렷한 시각과 풍부한 문학적 상상력이 요구되며, 이것들이 강하고 전면적으로 작용할수록 더 소설에 가까워진다고 하겠다. 「양산숙전」의 경우에는 뚜렷한 시각을 가진 작가가 부족한 정보로 인해 상상력을 발휘한 결과, 일관된 서사논리 속에 일정한 허구성을 갖춘 작품이 되었다고 했다.

이런 점에서 「최랑전」은 보다 소설에 가까운 작품이라고 할 수 있다. 작자는 최랑의 삶과 죽음으로부터 강한 감동을 받고 있으며, 이 감동은 「양산숙전」에 비해서 매우 낭만적이다. 유사(儒士)적 의무감에서 해방되어 한 인간으로서 느끼는 감성이 자극받을수록 문학적 상상력은 더 활성화된다. 여기에 다양한 시가(詩歌)와 서간(書簡)이 삽입되고 이것들이 서사에 적절하게 결합되면서 풍부한 서정성을 자아내는 데서 「최랑전」의 독특한 문학성이 발생한다.

이 작품은 시간의 흐름에 따라 전개되는 비교적 단순한 구성을 지닌다. 하지만 사실과 이를 기술하는 작자의 시점 및 구성의도에 따라 부분과 부분 사이에 편차가 존재한다. 작품의 자세한 줄거리는 기존 논문들에 반복적으로 소개된 바 있으므로 여기서는 12분절한 서사단락만 간략하게 소개하기로 한다.

① 여성주인공 최랑 소개
② 노비추쇄령에 따른 최랑의 불행
③ 계림부윤을 통한 남성주인공의 소실 제안과 수용
④ 택일과 초야, 최랑이 어려 초야를 치루지 못함
⑤ 벼슬이 떨어진 남성주인공이 상경하면서 최랑을 데려가려고 하나 최랑 어머니의 요청으로 일 년 뒤를 기약함
⑥ 2년이 지나도록 소식이 없어 걱정하던 중 안주 통판이 되었으니 상경하여 함께 임지로 가자는 남성주인공의 편지가 도착

⑦ 열이틀 만에 힘겹게 당도했으나 부임 날짜 때문에 남성주인공은 이미 출발

⑧ 다시 열사흘 만에 안주로 갔지만, 아전을 다스리다 죽게 한 일로 변고가 생겨 만나자마자 이별

⑨ 다시 남성주인공을 뒤쫓아 상경하면서 굶주림과 여독(旅毒)으로 사경을 헤매는 상태가 됨

⑩ 최랑은 한 번이라도 남성주인공을 접하고 싶다는 소원을 밝히지만, 남성주인공은 병세를 다스린 후로 미룸

⑪ 최랑이 죽자, 선산에 장사 지내고 어미에게 알림

⑫ 어미의 슬픔과 마을 사람들이 불렀다는 초혼사, 작자 평

대체로 ①에서 ③까지를 발단, ④에서 ⑦과 ⑧ 정도를 전개, ⑧과 ⑨를 위기, ⑩을 절정, ⑪과 ⑫를 결말로 볼 수 있어서, '발단－전개－위기－절정－결말'의 비교적 전형적인 서사 구성을 지니고 있음을 확인할 수 있다.[37] 특히 위기에서 전개되는 비상한 사건이 위기감을 고조시키고, 절정에서 최랑의 죽음을 안타깝고 강렬하게 그려내고 있다. 여기까지는 서구적 의미의 플롯 관점에서 보아도 상당히 응집력 있는 구성을 지닌다고 할 것이다. 다만 절정 이후의 정리 과정이 긴 것은 한국적인 특징으로 볼 수 있다. 그런데 이것은 서사의 흐름을 따라 서술한 결과, 저절로 그렇게 된 것처럼 보인다. 이 사건이 실재했다면, 그 사건 자체가 그러한 구조를 가지고 있었다고 생각되는 것이다. 하지만 다시 자세히 보면

37 단락 ⑧의 경우, 시간상으로는 뗄 수 없지만, 그 내용에 있어서는 통판과 재회하는 대목까지를 전개로, 통판이 그 전에 아전의 원한을 사 재회하자마자 변고가 나는 대목부터는 위기로 보는 것이 서사전개상 합리적이다.

결코 사실의 나열만으로는 이러한 구성이 소설적 응집력을 갖출 수 없다. 작자는 강조해야 할 것과 요약해야 할 것을 잘 가늠하고 있으며, 부분과 부분을 잘 관련시키는 역량을 발휘하고 있다. 이러한 응집력은 무엇보다 작중인물의 감정 묘사의 핍진성과 시가·서간 등 삽입 요소와 골간 서사의 적절한 구조화에서 나온다.[38]

여기에 대해서는 다음에 상론하기로 하고, 여기에서는 부분과 부분을 관련시키려는 작자의 서술 태도를 알려주는 가장 간단한 예만 하나 들어보겠다. 최랑 어머니가 남성주인공의 제안을 전하는 계림부윤에게 "비록 복이 지나쳐 재앙이 생긴다 해도 감히 명을 좇지 않을 수 있겠습니까?"(雖福過災生 敢不唯命是從) 하고 대답하는 장면인데, 서술자가 계림부윤이고 그래서 직접 들었다고 하더라도 이 대목은 당시의 말을 정확하게 그대로 옮긴 것으로만 보기는 어렵다.[39] 이 '복과재생'(福過災生)은 하나의 예언으로 그대로 복선의 역할을 하기 때문이다.

이 작품은 일반적인 플롯에 대한 기대를 접고 보면 두 부분, 혹은 세 부분으로 나눌 수 있다. 먼저 결연으로부터 초야를 거쳐 상경할 때까지, 즉 ①에서 ⑤까지와 이후 재회와 죽음에 이르는 고난의 과정으로 나눌 수 있다. 즉 '결연과 이별/재회를 위한 고난과 죽음'으로 나누는 방식이다. 여기에 완충부로 이별과 고난을 따로 두면, '결연/이별에서 재회까지/죽음과 그 이후'로 나누는 것이 가능할 것이다. 그런데 이렇게 세 부분으로

---

38 다른 인물의 감정이란 작자가 단순한 관찰·기록자라면 아무리 가까이 있다고 해도 볼 수 없는 것이다. 따라서 감정의 핍진한 묘사는 결국 작자의 예술적 상상력에 의해서만 가능하다.

39 박용식 역주, 「최랑전」, 『한국고전문학전집』 16, 고려대학교 민족문화연구소, 1995, p. 393(원문 p. 394). 앞으로 「최랑전」의 인용은 이 책에서 하고, 앞과 같이 면수만 표기한다. 또 지면의 제한을 고려하여 원문은 제시하지 않는 대신, 괄호 안에 원문의 위치를 명시하기로 한다. 다만 논의 과정에서 원문의 제시가 필요한 경우에는 괄호 안에 넣어 본문에 제시한다.

보면 가운데 '이별에서 재회까지'는 대개 ⑥에서 ⑧까지가 될 것인데, 비록 세 단락으로 요약했지만 그 내용은 아주 짧고, 특히 ⑥을 뺀 ⑦과 ⑧은 몇 줄에 불과하다. 그 이유는 작자의 시점이 최랑보다는 남성주인공에게 가까이 있기 때문이다. 이것은 작자가 남성주인공의 측근일 가능성을 보여준다. 이런 점에서 작자를 작중인물 중의 하나인 계림부윤이 아닐까 한 민영대의 추측은 일리가 있다고 생각된다.[40] 이 작품은 두 사람의 결연까지를 다루면서 계림부윤이 등장하는 전반부까지의 내용이 자세하고, 특히 계림부윤의 감정이나 남성주인공 곡강태수나 최랑어미의 감정 상태에 대한 서술도 발단 부분에서 더 핍진하게 그려져 있다. 계림부윤이 본 장면, 본 사람의 감정이 더 자신 있게 그려져 있는 것이다.

이 작품이 곡강태수의 슬픔보다는 최랑의 죽음에 자극받아 지어진 것임은 '최랑전'이라는 표제는 물론 결말부를 보면 거의 분명하다고 할 수 있다. 그런데도 불구하고 작자의 시점이 곡강태수의 입장에 더 가까이 있을 수밖에 없었다는 현실적 조건이 이 작품의 구성을 보다 독특하게 만든다. 다시 말해 작품의 주인공 최랑이 객관화되는 것이다. 이것은 당시의 예법으로 인해 혼사를 위한 대부분의 일이 최랑 어미의 권한으로 주어져 있기 때문에 더욱 그러하다. 독자는 최랑에게 몰입하거나 그녀의 매력에 푹 빠져서 서사를 따라가는 것이 아니라 곡강태수나 서술자의 입장에서 그녀를 판단하고 인식하게 되는 것이다. 이 작품의 주 독자층은 한문을 읽을 수 있는 계층으로 생각되므로 더욱 그러했을 것이다.

이 작품의 김동욱 소장본은 「상사동전객기」(相思洞錢客記)(「영영전」)

40 민영대, 「최랑전 연구(1): 삽입서간을 중심으로」, 『고소설연구』 10집, 한국고소설학회, 2000, pp. 56~57.

같은 분명히 허구적인 소설작품들과 합본되어 있었다고 한다.[41] 두 종의 이본이 있는 것 외에도 이처럼 소설들과 합본되어 있었다는 것은 이 작품이 소설적 흥미에 따라 읽혔음을 말해준다. 이와 같은 수용 상황에서 매우 사실적인 배경을 지니고 여성주인공인 최랑이 비교적 객관화되어 표현되었다는 것은 이 작품의 한계가 아니라 장점으로 작용했을 것이다. 있을 법한 일이라는 개연성을 넘어서서 있었던 일이라는 실재성은 서사문학에서 수용자에게 강한 감정의 환기를 부여한다. 어떤 일이 실제 있었다는 것은 그 일이 다시, 어떤 경우에는 나에게도 있을 수 있다는 가능성을 시사하기 때문이다. 이 가능성이야말로 「최랑전」을 읽고 필사한 조선 사대부들의 숨겨진 욕망을 자극했을 것이다.

그러나 이 작품을 오늘날 연구자의 시각으로 볼 때는 당대 사대부의 시각을 넘어서서 최랑이라는 소녀가 지녔을 아픔에도 주목할 필요가 있을 것이다. 더욱이 이 작품은 사실을 기반으로 한 일종의 팩션(faction)으로 일련의 사건들 역시 사실을 따른다고 생각되기 때문에, 서사의 중심이면서 실재했었던 주인공들의 심리에 대한 관심이 더 요구된다고 하겠다.[42]

(2) 사랑: 의무와 욕망의 변증법

이 작품은 무엇보다도 사랑에 대해 이야기하고 있다. 그리고 이런 경우 '이 작품의 주제는 사랑이다' 하고 쉽게 이야기해서는 안 된다. 의미 없는 사실이 되기 쉬운 까닭이다. 수많은 작품이 사랑에 대해 이야기하지만, 의미 있는 작품은 의미 있는 자기만의 사랑을 이야기한다. 그리고

41 정학성, 「전기소설 최랑전 연구」, 『고소설연구논총』, 다곡이수봉선생회갑기념논총간행위원회, 1988, p. 386.

42 팩션의 인물들은 역사적으로 실재했다고 생각되므로 작가의 조작으로부터 떠나서 팩트인 서사적 사건들로부터 실재했던 인물들의 심리를 연구하는 것이 필요하게 된다.

그 사랑만의 의미를 알기 위해서는 먼저 사랑의 가장 기본적인 특징, 즉 사랑은 둘의 관계에서 결정된다는 데에서 출발해야 한다. 또 서사의 한 속성을 이해해야 하는데, 그것은 서사란 변화를 의미한다는 것이다. 이 변화는 원인 또는 계기와 그 결과의 복잡한 연쇄로 구성된다. 그리고 사람에 대해 이해하는 것도 중요하다. 사람은 쉽게 상처받으며, 그 상처는 때로 예기치 못한 결과로 나타나곤 한다는 것이다.

「최랑전」에서 두 사람은 대여섯 번 정도 만나고 함께한 시간도 그리 길지 않아 최랑이 중병에 걸려 죽기까지의 마지막 며칠을 빼면 고작 3~4일에 지나지 않는다. 두 사람이 만난 부분을 요약하면 다음과 같다.

① 최랑이 관가에 끌려와 줄 서 있을 때 태수가 그녀를 보고 반함
② 첫날밤과 다음날(시 2수)
③ 얼마 지나지 않아 파직으로 인해 이별하기 전날(시 1수)
④ 2년 뒤 안주에서 잠시 재회
⑤ 서울로 돌아와 죽을 때까지 며칠(?)

이 작품의 절정, 핵심이 되는 사건은 ⑤에 포함되는 최랑의 죽음이다. 그러나 이 죽음은 결국 ④를 전후한 고난으로 인한 것이고, 그녀로 하여금 이러한 고난을 감수하고 ⑤와 같은 죽음을 맞이하게 한 것은 ①~③까지의 만남에서 그 원인을 찾아야 할 것이다. 이제부터 이 만남들이 그녀에게 남긴 것을 알아보기로 한다. 다만 한 가지 더, 여기에 반드시 고려해야 할 문제가 있는데, 그것은 최랑에게 가장 큰 영향력을 지닌 인물, 최랑 어머니의 역할이다.

①은 곡강태수가 최랑을 보고 반하는 장면으로, 곡강태수에게는 큰 의미를 지니지만 최랑의 입장에서는 그를 보았다고 할 수 없는 부분이다.

이때 그녀는 하루아침에 관비로 몰락할 위기 앞에서 미래에 대한 공포에 휩싸여 있었을 것이다. 그러나 어머니로부터 그의 제안을 듣고 큰 은혜를 입었다고 내심 감사했을 것이다. 아직 열세 살의 어린 나이에 고통스런 모습에서 구원받은 듯 기뻐하는 모습으로 변한 어머니의 태도에서 그녀가 느꼈을 것을 짐작하기는 어렵지 않다. 그래서 그녀는 어린 나이에도 태수를 구원자로 받아들이고 그런 바탕에서 그를 남성으로 받아들이고자 노력했을 것이다.

태수의 심정이야 작품에 잘 나타나 있으므로 재론할 필요는 없다. 그는 최랑의 미모와 품성을 느끼고 들어 그녀를 무척 사랑하고 있었다. 그러나 이런 심정 이외에 작품에 나타난 그의 입장을 밝혀둘 필요가 있다. 그는 계림부윤을 형이라고 부르는 인물로 현재 곡강태수라는 지위에 있다. 이 인물이 이여택임이 분명하다면 그는 당시 쉰을 훨씬 넘는 나이로, 두 사람의 연차는 40년을 넘어선다. 혹 이여택이 아니라 하더라도, 과거를 거쳐 이 지위에 올라 부윤과 호형호제하는 경륜을 쌓았고, 이 년 뒤에는 스스로를 '노물'이라고 지칭했다면 그리 적지 않은 나이였다고 보아야 한다.[43] 결국 두 사람의 관계에서 이 나이와 연륜의 차이를 무시할 수 없다는 것이다.

②에서 두 사람은 최랑 어머니의 택일로 초야를 치르게 된다. 어린 딸을 소실로 보내는 어머니의 입장에서 그녀의 걱정은 하늘을 찌르고도 남았을 것이다. 이것은 예를 성대하게 치르는 그녀의 정성과 재삼 태수의

43 정학성(앞의 글)은 연안이씨족보를 확인하여 이여택이 선조 33년(1605)생이라고 밝혔는데, 선조 33년은 1600년이다. 민영대가 추산한 것처럼 이 사건이 효종 6년(1655)에서 8년 즈음의 이야기라면, 이여택이 최랑을 처음 본 것은 그가 만 55세 때의 일이 된다. 또 민영대는 그가 최랑 어머니에게 보낸 편지에서 '노물이 악업을 쌓았는지'(老物積惡)라며 스스로를 '노물'이라고 일컬은 것으로 보아 노년임에 틀림없었다고 추론했다.

마음을 확인하고, 딸로 하여금 자신이 보는 앞에서 손수 술잔을 올리게 하는 모습에 잘 나타난다. 최랑은 부유한 집안의 잘 교육받은 양민으로 칭송받던 소녀라는 정체성이 있었는데, 하루아침에 관비라는 신분으로 떨어지는 경험을 했다. 그러므로 이들은 성대한 예를 통해 예전의 정체성을 회복하고자 한다. 그러나 이날 밤 두 주인공은 성공적인 초야를 치르지 못한다.

때에 밤은 깊어지려 하고 있어서, 손을 당겨 화촉을 밝힌 방으로 들어가니, 거나하던 술기운은 반이나 깨고 자고 싶은 생각만 간절하였다. 장막을 내리고 베개를 당기어 바야흐로 기쁨을 맛보려 하니, 봄바람은 꽃나무에 아직도 차가워서 푸른 껍질을 피우질 않았고, 가을빛은 귤밭에 일러 누른 껍질이 아직 터지려 하질 않았다. 나비 생각은 애타게 서두르나 꽃은 아예 생각조차 않는다. 그래 오직 앵두 같은 입술을 맞춰도 보고 눈같이 흰 살결을 어루만지는 길밖에 없었다.[44]

여기서 어머니의 걱정과 당부가 최랑을 더 긴장시켜 어떤 부정적인 영향을 미쳤을 가능성 같은 것을 논할 필요는 없을 것이다. 중요한 것은 태수가 최랑과의 합환(合歡)을 위해 온갖 노력을 기울였으나, 최랑이 정신적 · 육체적으로 준비가 되지 않아 실패했다는 것이다. 이때 그는 자신의 아쉬움을 표현한 시 한 편을 벽에다 남긴다.

봄은 꽃가지를 꺾으려 하나 아직도 추워
눈 가운데 꽃심의 홍방만 어지럽히네
미친 벌은 아직 이른 줄을 알지 못하고

---

44 p. 401(원문 p. 402).

남쪽 뜰에 날아들어 향기를 찾으려 했지[45]

태수의 입장에서 이 일은 자신을 돌아보게 한 사건이다. 자신이 욕망만을 앞세워 아직 어린 최랑을 접하려고 한 것이 자연의 섭리를 모르는 성급한 행위였음을 인식한 것이다. 이러한 인식이 가능했던 것은 그의 연륜이 그만했기 때문이라고 할 것이다. 이 깨달음은 일시적인 것이 아니라 이후 최랑에 대한 그의 태도에 일관된 영향을 끼친다.

이 사건은 관비의 신분으로 끌려갔던 일과 더불어 최랑에게 심리적 상흔으로 남게 된다. 노비로 추쇄를 당한 일은 그녀에게 생존의 위협에 값하는 공포를 주었을 것이고, 초야의 실패를 겪으면서는 육체적 아픔과 이중의 심적 고통을 받았을 것이다. 이중의 심적 고통이란 성적 경험이 전무한 가운데 어린 소녀가 어쩔 수 없이 느꼈을 성적 수치심과 여인의 의무로 여겼을 초야의 실패에 대한 수치심을 말한다. 이 후자의 수치심은 내적으로 노비로 추락했던 사건과 관련된다. 그녀는 자신의 구원자인 태수의 여인이 됨으로써 과거의 정체성을 회복하고자 했는데, 이것은 첫 사건으로 인해 얻은 심리적 상흔을 극복하는 길이기도 했다. 그러나 초야에 실패함으로써 이 심리적 상흔은 더욱 강화된다.

여기에는 태수와 최랑 어머니의 태도도 영향을 준다. 태수는 다음날로 후일을 기약하고 떠나려 하고, 어머니는 그를 붙잡으며 안타까워한다. 태수는 최랑에게 후일을 기약하는 「무산일단운」(巫山一段雲) 한 수를 지어 선물하는데, 여기에서도 "비단금침과 구슬깔개는 어이할꼬?"(錦衾瑤席何)라며 아쉬움을 숨기지 않는다.[46]

45 p. 401(원문 p. 402).

46 p. 403(원문 p. 403).

얼마 후 태수의 벼슬이 떨어져 ③의 만남을 갖게 된다. 이때 태수는 최랑을 데려가려고 했으나 그녀의 어머니가 최랑의 어리고 약한 것을 들어 몇 해 말미를 청한다. 그날 밤의 정경을 작자는 이렇게 서술한다.

> 내일이면 멀리 떨어져야겠기에 밤새도록 떠날 얘기에 눈썹에는 시름이 서리고 복숭아 같은 붉은 볼은 눈물로 얼룩져, 어허 한숨짓고 혀 차는 소리가 창밖에까지 들리었다.[47]

이 '복숭아 같은 붉은 볼'(桃臉)을 태수의 것으로 볼 수는 없을 테니, 최랑 역시 이별을 서러워하는 태수에게 공명하여 함께 운 것이다. 이것은 초례를 치를 때 보여준 부끄러워하는 모습에서 한걸음 나아가 태수를 자신의 운명으로 수용하기 시작한 것으로 해석해야 할 것이다. 다음 날 아침, 태수는 다시 시 한 편을 지어 석별의 정을 표현한다.

> 눈물은 붉은 비단에 떨어져서 점점이 얼룩졌고,
> 은근한 근심과 향기로운 원망에 보슬비만 내리네.
> 무산의 남녀는 만나자 이내 흩어지고
> 금수의 원앙은 모이자 다시 헤어지도다.
> 푸른 눈을 열어 미친 두목을 본떴는데
> 흰머리는 어찌하여 탁문군을 원망케 하는고?
> 기원에서 조용히 꽃망울 열리기를 기다렸다가
> 동풍으로 옮겨 불면 다시 향기로움을 더하오리.[48]

47 p. 404(원문 p. 405).
48 p. 405(원문 p. 405).

여기에는 이별의 아쉬움과 자신의 나이 많음에 대한 우려가 나타나 있다. 초야를 치른 방의 벽에 쓴 시와 다음 날 최랑에게 준 시, 그리고 이 시 세 편은 최랑이 언제나 볼 수 있는 곳에, 혹은 볼 수밖에 없는 곳에 남아 태수의 마음을 전하고, 초야의 사건을 되새기게 했을 것이다. 초야의 사건은 그녀에게 심리적 상흔이자 유보된 의무로 남게 된 것이다. 다음 날 태수가 떠날 때 그녀는 어머니와 함께 눈물을 흘리는데, 비록 어머니와 함께 했다고는 해도 이제 그녀의 마음 중 일부는 태수를 향했다고 할 것이다.

태수는 떠나기 전 최랑의 어머니에게 몇 해씩은 기다릴 수 없으니 내년 봄에 데려가겠다고 한다. 그러나 그의 연락은 2년이나 지체된다. 이 2년의 기다림은 최랑의 어머니에게 무척 불안하고 힘든 것이었다.

> 나으리가 벼슬이 떨어져 돌아가던 날 1년 기한을 허락하셨는데, 이제 2년이 지났건만 소식이 막연하니, 어찌 무심하기가 이와 같을 줄 알았겠느냐? 너의 진사님은 나이도 있으시고 부귀를 누리시며 지위는 높고 재산도 많으니 어찌 소진이 같은 교만한 마음이 없겠느냐? 옛것을 싫어하고 새것을 좋아할 것이니 반드시 무릉땅 이름난 색시를 맞이해 들였을 것이다. 일찍이 이러할 줄을 알았더라면 동행함만 못했을 것을, 공연히 스스로 걱정거리를 만들었으니 누구를 원망하고 탓하리오?[49]

이 같은 불안은 딸의 미래에 대한 것이었으니, 최랑에게도 감염되었을 것이다. 그리하여 두 모녀는 서로 부둥켜안고 한참 운다.[50] 이렇게 어린

---

49 p. 406(원문 p. 407).

50 작자가 누구든 이 장면을 직접 보고 그려냈을 수는 없다. 편지가 도착할 때까지 제법 길게 서술된 이 장면은 모두 작자의 문학적 상상력에 의한 것으로 볼 수밖에 없다.

최랑은 어머니와 태수라는 두 동일시 모형 사이에서 자신을 형성해간다. 그리고 그 배경에는 그녀뿐 아니라 모든 작중인물을 사로잡고 있는 당대의 지배적인 이데올로기가 존재한다. 태수에게 그것은 공부한 선비로서 자신의 나이와 신부에 걸맞게 사유하고 행동해야 한다는 것이다. 그 나이에 어린 소녀를 소실로 얻은 것 자체가 스스로를 '풍류태수'라고 지칭하는 데서 보이듯, 가벼운 감정에 치우친 행위였다. 그는 풍류가 아름다운 풍류로 남는 길을 알고 있고, 그 길을 가야 한다. 그것은 자신의 욕망을 앞세우지 않고 어린 최랑을 보호하면서 자연의 섭리 속에서 일을 진행하는 것이다. 나중 유언에 보이듯 최랑에게 당대의 지배적인 이데올로기가 요구하는 덕목은 삼종지의(三從之義)를 지키는 것이다.

울고 있을 때 도착한 편지로 모녀가 헤어지게 되었을 때, 최랑이 발견한 역할모델이 어떤 것인가가 분명해진다. 편지의 내용은 안주통판을 제수받은 남성주인공과 임지에 같이 갈 수 있도록 상경하라는 것이다. 이때 최랑의 어머니는 "처음에는 기한을 어긴다고 원망하였는데, 이제는 다시 데려간다고 한이로구나. 너는 갈 곳을 얻었다지만 나는 누구를 의지하리오" 하고 크게 슬퍼한다. 이때 최랑은 "당초에 나를 나으리께 허락할 적에 오늘처럼 멀리 떠나보낼 줄 몰랐습니까?"라고 아무렇지도 않은 듯이 떨치고 간다. 이 때문에 배웅하는 사람들이 모두 "딸의 박정함이 이럴 줄은 몰랐다"라고 말할 정도였다.[51] 5리쯤 가서 보이는 사람이 없자 자기 집 쪽을 돌아다보며 통곡했다는 작자의 서술이 아니더라도 어머니와 헤어지는 열다섯 살 소녀의 마음이 어찌 슬프지 않았겠는가?[52]

---

51 p. 408(원문 p. 409) 참조.

52 이 부분 역시 작자의 문학적 상상력이 발휘된 대표적인 부분이다. 그녀를 따라 오 리까지 가지 않은 누구도 이 일을 알 수는 없기 때문이다. 인지상정(人之常情)에 입각한 작자의 상상이 뼈와 살을 얻어 이 모녀 이별 장면이 그려졌을 것이다.

슬플 뿐만 아니라 그녀의 마음은 어머니와 자신의 미래에 대한 불안으로 가득했을 것이다. 그러나 집을 떠나야만 했을 때, 그녀는 사회가 자신에게 부여한 의무를 다하기로 결심했을 것이다. 그것은 이제 부모를 떠나 지아비에 자신을 의탁하고 그를 따르는 것, 삼종의 의를 지키는 것이다.

그녀는 이제 그 의무를 다하기 위한 투쟁을 시작한다. 여기에는 자신을 구해주고 아껴준 통판에 대한 감사와 애정이 있었겠지만, 어디까지가 의무이고 어디까지가 애정인지 그것을 알 수는 없다. 그러나 이 의무와 애정은 점차 하나가 되고, 결국 운명이 된다.

그녀가 열이틀 만에 서울에 도착했을 때 통판은 더 이상 기다릴 수 없어 임지로 떠난 뒤였다. 그녀는 서울에서 단 하루 머물고는 곧장 통판을 따라나선다. 그리고 풍찬노숙(風餐露宿)으로 갖은 고생을 한 끝에 열사흘 만에 안주에 도착한다. 통판이 그녀를 보고 말하길 "이삼 년 사람을 기다리는 한과 수천 리 달려오는 수고가 너로 하여금 아름답던 얼굴을 이토록 초췌하게 하여 다시 옛 형용을 볼 수 없게 만들었구나. 내가 아니었던들 어찌 이 몰골이 되었겠느냐?"라고 했다.[53] 이 말은 자신을 탓하고 그녀를 아끼는 심정에서 했겠지만, 이 년이 넘어 온갖 고생 끝에 대면한 연인에게 할 말은 아니다. 통판이 적어도 이성의 차원에서는 그녀를 성애의 대상인 여성으로보다 보호해야 할 의무의 대상으로 더 깊이 인식하고 있음을 알 수 있다. 그러나 최랑이 원한 것은 그런 것이 아니었다. 그녀는 보호받기보다는 이제 통판을 따르는 지어미가 되고자 온 것이다.

그러나 안주에서의 만남도 얼마가지 못했다. 하루도 되지 않아, 치죄 중에 죽은 아전의 족속들이 무리를 지어 관아를 침입해 통판은 겨우

53 p. 409(원문 p. 410) 참조.

몸을 빼쳐 서울로 올라와 전후 사정을 보고해야 했다. 조정에서는 이런 일로 책임자를 갈아치우면 악습을 막을 수 없다고 해서 다시 임지로 가 일을 해결하도록 한다. 이때 최랑도 겨우 몸을 피해 서울로 올라왔지만, 어린 몸에 고생과 근심이 겹쳐 중병이 들게 된다.

이 고난의 과정은 짧게 서술되고 있지만, 최랑에게 있어서 그것은 죽음으로 가는 가혹한 길이었다. 그러나 이 길은 그녀가 가야 할 길이었고, 이를 통해 그녀는 이년 전과는 다른 당당한 통판의 지어미가 되고자 했다. 이에 비해 통판에게 그녀는 여전히 이 년 전과 마찬가지로 보호해야 할 대상이었다. 그녀는 노독(路毒)으로 병들고 수척해져 있었다. 심지어 죽어가고 있었다. 그는 이 년 전의 깨달음을 저버릴 수 없었다.

2) 「최랑전」에 나타난 비극성과 그 이면

통판은 낭자가 살아 돌아온 것을 기뻐해 안주 갈 날짜를 미루면서까지 병세를 살핀다. 그러나 병세는 심해져만 간다. 이때 낭자는 사실상의 유언을 하는데 그 내용이 자못 심각하고 비장할뿐더러 이채롭기까지 하다. 우선 그 앞부분만 보기로 한다.

> 나으리, 나으리! 저는 이렇게 연약한 체질로 열댓살밖에 안 되는 몸이 너무나 먼 길에 스스로도 배겨나지 못할 줄을 익히 알았습니다. 그러나 삼종(三從)의 의는 무겁고 한 번 죽기는 오히려 가볍습니다.[54]

비극성에 대해서는 여러 가지 정의가 가능할 것이다. 그중 '슬픈 것', '인간의 좌절을 그린 것' 같은 피상적인 정의를 제외하고, 비극성에

---

54 p. 411(원문 p. 412).

대한 가장 일반적이고 철학적인 정의를 해본다면, 아리스토텔레스에서 실존주의 철학자들을 관통하는 다음과 같은 것이 될 것이다. 즉, 비극성이란 유한자인 인간이 보편적인 세계에 맞서 좌절하는 과정을 직간접으로 경험함으로써 존재론적 한계 속에 서 있는 자신의 운명에 마주하는 순간 얻게 되는 어떤 심미체험이다.[55] 그런데 이 '존재론적 한계'는 좌절하는 인간이 부정하거나 나약하지 않아 보편적인 세계의 힘에 강력하게 맞설 때에 보다 강렬하게 부각된다. 그래서 비극정신은 곧 부정정신이기도 하다는 말이 성립된다. 그런데 예술작품의 경우, 주인공이 이러한 강력한 부정정신을 포기하지 않을 때 때때로 그는 세계와 하나가 되거나 승리한 것처럼 보이게 된다. 이렇게 해서 비장(비극미)이 숭고로 전환되는 경우가 흔히 발생한다.

최랑은 삼종의 의를 지키고, 통판의 당당한 지어미가 되고자 하는 의지를 죽는 순간까지 포기하지 않아 강력한 비극성을 자아낸다. 그녀는 스스로 배겨낼 수 없음을 알면서도 통판의 뒤를 따랐음을 천명하고, 그것이 삼종지도(三從之道)를 다하기 위한 것이었다고 의미를 부여한다. 여기서 그녀가 삼종지도라는 이념적 가치를 의식적으로 추구했음을 알 수 있다. 이로 인해 그녀는 절의를 지키기 위해 목숨을 바친 열녀와 같이 이념의 수호자가 되어 비록 죽었으나, 오히려 그 죽음으로써 이념적 가치를 지킨 승리자가 되는 비극적 역설, 비장이 숭고가 되는 지점에서 있는 것처럼 보이기도 한다.

그러나 이 같은 모습은 이어지는 다음과 같은 진술에 의해 사라지고,

55 이 책 1장에서 아리스토텔레스, 쇼펜하우어, 니체 그리고 키르케고르와 야스퍼스 등을 두루 살펴 이와 같은 일반화를 단행했다. 그리고 이를 비극성의 보편적 의미로 보고, 이로부터 다시 한국적 특수성을 찾는 작업을 했다.

그녀의 가녀린 몸 위에는 가혹한 운명의 무거운 그림자가 길게 드리운다.

> 남으로부터 북쪽 끝까지 석 달 동안의 여정을 손꼽아 따져보니 삼천리가 넘습니다. 사람이 목석이 아닐진대 어떻게 몸뚱이가 배겨나겠습니까? 처음 왔을 때 공교롭게도 길이 어긋나더니 겨우 관서(關西)에 도달하고 보니 또다시 변란이지 뭡니까? 뒤쫓아 온 오늘 병마저 겹쳤으니, 살아서는 무던히도 박명한 사람이요, 죽어서는 먼 땅의 귀신이 되겠으니, 아아, 나으리, 저 홀로 무슨 수로 슬퍼하지 않을 수 있겠습니까?[56]

지아비를 쫓고자 한 자신의 대의를 밝힌 다음, 그녀는 이제 지아비를 향해 운명의 가혹함에 대해 하소연하고 있는 것이다. 저 앞의 인용문이 최랑이 스스로에게 자리매김한 이념적 지향이자 의무였다면, 여기서 그녀는 인간으로서 여인으로서 말하고 있다. 이 하소연은 뜻밖에 강력하고 자신을 내세우는 것으로 그녀가 수십 년의 나이 차이를 뛰어넘어 통판과 나란한 위치, 통판의 지어미로서 말하고 있음을 알 수 있다. 그리고 그녀는 이렇게 내세운 자기의 위치를 완성하고자 한다.

> 목숨이 다해가니 달리 바라는 바는 없습니다만, 오직 하나 죽기 전에 단 한 번이라도 나으리 살갗에 접할 수 있다면 죽은 후에라도 한이 없겠습니다.[57]

그녀의 유언에서 가장 이채롭고 중요한 대목은 바로 이 마지막 대목이다. 앞의 두 부분이 그녀의 생각과 사정을 밝힌 것이라면 이 부분은 구체적인 소망을 제시하고 있기 때문이다. 죽어가는 상황에서 그녀는

56 p. 411(원문 p. 412).
57 p. 411(원문 p. 412).

단 한 번이라도 지아비와 관계를 가지고 싶다는 강력한 청을 한다. 여기에서 그녀의 의무와 욕망은 만나 하나가 된다. 열다섯 살의 소녀, 그것도 죽어가는 소녀에게 어떤 강력한 성적 욕망이 있어서 이런 소망을 불러일으킨 것은 아닐 것이다. 그러나 이것은 또한 분명한 성적 요구이다. 또 이것은 자신의 미성숙으로 인해 실패한 초야, 유보된 의무를 완성하겠다는 의지이다. 이 의지는 통판이 남긴 시를 보고, 그와의 관계 때문에 걱정하는 어머니를 보면서 증폭되어 욕망이 되어갔을 것이다. 이 일은 그녀가 미성숙의 경지에서 벗어나 성인이 되는 일이다. 그것은 어머니를 안심시키고 통판을 만족시키는 일이며, 그의 은혜를 갚아 떳떳해지는 길이기도 하다. 그러나 초야 이후 통판은 그녀와의 합환을 다시는 시도하지 않았다. 초야를 치른 얼마 후 벼슬이 떨어져 상경하기 전날에도 통판과 최랑은 함께한 것으로 보이지만, 이야기하고 울고 그리고 다음 날 후일을 기약하는 시를 남겼을 뿐이다. 누가 더 후일을 고대했을까? 성적 욕망이 좌절된 통판? 아니면 마음에 상처를 입은 최랑? 우리는 알고 있다. 심리적 상흔이 지닌 길고 깊은 힘을. 이렇게 최랑의 내면에서 상흔은 관념이 되고 이 관념이 육체로 전이되어 욕망이 되고 다시 의무가 되어, 의무이면서 욕망이 된다.

그러나 그 첫날밤, 통판도 하나의 상흔을 가졌다. 그는 자신의 노욕과 마주해야 했다. 그래서 그는 어린 미인 최랑을 얻기 위해서는 먼저 만남을 나누고 오래 기다려야 한다(玄都賞花 當作前度)는 것을 깨닫는다.[58] 그리하여 "기원에서 조용히 꽃망울 열리기를 기다리자"라고 스스로를 타일렀다.[59] 그리고 어렵사리 재회한 최랑은 노독으로 중환자가 되어 죽어가고

58 p. 402(원문 p. 403) 참조. 이에 대해서는 2장에서 논한 바 있다.

59 p. 405(원문 p. 405) 참조.

있다. 그가 최랑의 비장한 마지막 소망을 외면하는 데에도 다 이유가 있었던 것이다.

> 사람이 누군들 병이 없으랴만 병이 다 사람을 죽인다더냐? 쓸데없는 생각 말고 안심하고 조섭하거라. 병이 약간 나아졌을 때 그때 가서 안아 줘도 늦지 않으리라.[60]

이렇게 두 사람의 사랑은 깊어질수록 서로 어긋난다. 이것은 첫날밤 얻은 서로의 상흔으로 인해 생겨난 아이러니이다.

또 하나의 아이러니는 최랑에 대한 통판의 이런 감정 역시 의무이자 욕망으로 보인다는 것이다. 그는 스스로를 '풍류태수'로 자처하고 있고, 그가 최랑에게 써준 시들 역시 여기저기에 두목지와 탁문군의 고사를 늘어놓은 것으로 보아도 그러한 성향을 보인다. 그가 지향하는 풍류의 세계는 무엇일까? 그것은 그의 태도를 통해 드러난다. 정을 주고 정을 받는 것, 그 욕망의 궁극은 취하는 것이 아니라 받는 것이다. 다시 말해 마음을 얻는 것이다. 꽃을 따는 것이 아니라 꽃이 스스로 자신을 원하도록 하는 것이 풍류의 완성인 것이다. 이렇게 최랑을 보호하는 그의 선비연한 자세 뒤에는 풍류랑의 욕망이 숨어 있다.

바로 이 부분에 통판뿐 아니라 조선 사대부 대부분이 가졌던 은밀한 욕망이 숨어 있다. 왜 이 작품이 만들어졌을까?(또는 기록되었을까?) 영웅적인 최랑의 죽음을 기리기위해서? 안주 통판의 따뜻한 마음씨 혹은 진정한 풍류남아로서의 면모를 칭송하려고? 아닐 것이다. 여기서 우리는 저자의 평이 지니는 이중성을 살펴볼 필요가 있다.

---

60 p. 411(원문 p. 412).

세상 사람들이 일찍이 말하되, "미인 중에 박명한 이가 많다"고 하더니 최랑의 일에서 이를 징험하겠도다. 그녀의 평생을 살펴보건대, 슬프다! 인정이란 그리 멀지 않구나. 그러므로 이르노니, 경성의 미인을 만나지 않는 것만 못하다 하노라. 이통판만 풍류로운 얘깃거리(風流話本)가 되었으니, 또한 남자의 불행이기도 하다.[61]

이 평문은 '경성의 미인을 만나지 말 것'과 '이통판의 불행'을 이어 말한다. 즉 '이통판은 풍류화본이 되는 데 그쳤으니 불행하다. 인생이란 그런 것이니 미인을 탐하지 말라'는 교훈처럼 보이는 것이다. 비극적 결말에 잘 어울리는 평문이다. 여기에는 유한자인 인간의 운명에 대한 통찰이 보이며, 이는 비극 체험을 통한 깨달음처럼도 보인다.[62] 그러나 그것뿐이라면 작자가 이 작품을 썼겠는가 의문이 남는다. 비극의 추체험을 위해서 문학적 상상력을 발휘하여 이들의 만남과 결연을 그리고 애써 시가와 서간을 삽입했겠는가?[63] 더구나 이것을 애써 필사하고 돌려 보았겠는가? 이 작품이 제법 알려진 「영영전」 같은 소설들과 같이 합철되어 있었다는 것은 이 작품이 즐거움을 위해 읽혀진 분명한 증거이다. 물론 비극성의 체험도 하나의 즐거움이다. 그리고 이 작품에서 그것을 부정할 수는 없다.

그러나 이통판이 풍류화본이 되었으니 남자의 불행이라고 하면서도

61 p. 419(원문 p. 420).

62 여기에 대해서는 이 책 1장 2절을 참조할 것.

63 이것을 작자가 지은 것이라고 해도, 일부러 구했다고 해도 모두 상당한 노고가 있었을 것이다. 이런 노고를 감수할 이유는 크게 두 가지이다. 의무 혹은 대가를 위해서, 혹은 즐거움을 위해서이다.

이를 소설화한 이유는 설명되지 않는다. 누구보다도 작자가 앞장서 이 풍류화본을 윤색하고 퍼뜨리고 있기 때문이다. 이럴 경우 해답은 하나만이 남는다. 이 이야기가 풍류롭기 때문에 소설이 되고 퍼뜨려진 것이다.

여성에게 부덕(婦德)을 강조하는 조선 양반사회의 가부장제는 여성을 구속했지만 동시에 남성의 욕망도 억압하는 것이었다. 중매를 통해 얼굴도 보지 못한 여성을 아내로 맞아들이고, 애정을 표현하는 것마저 위아래 눈치를 보아야 했다. 여성은 무조건 남성을 따르는 것이라고 가르쳤지만, 자발적인 애정에 대한 욕망은 은밀하게 숨겨야 했다.[64] 부유한 경우, 기녀들을 상대할 수도 있었겠지만 그녀들에게 얼마만큼의 진심을 기대할 수 있었는지는 의문이다. 마음껏 사랑하고 충분히 사랑받고 싶은 인간의 욕망은 남녀를 가리지 않고 제도의 벽 속에 갇혀 있었다. 「최랑전」은 이러한 양반 사대부의 욕망이 실현된 작품이다. 최랑은 어리고 재주 있는데다가 순수하며, 고난을 헤치고 자발적으로 남성을 따른다. 또 그녀는 생명을 걸고 단 한 번이라도 사랑하는 남자의 '살갗에 닿고자' 한다. 이 유언만으로 본다면 이보다 절실한 사랑은 없을 것이다. 이렇게 최랑은 억압된 욕망의 전일적인 구현자이다.

이러한 여성이 살아남아 서로 담뿍 사랑하면서 그 교태로운 모습을 독점하는 이야기라면, 사대부에게 이것은 너무 지나치다. 이 작품이 비극이기 때문에 양반들은 보다 품위 있게 이 풍류와 더불어 비극성을 체험할 수 있는 것이다. 이 모순되어 보이는 욕망과 심미체험은 의외로 잘 어울린다. 최랑이 교태로 넘치는 기녀가 아니라 어리고 순수한 소녀이기 때문에 더욱 비극적이고, 이 소녀의 마지막 유언은 슬픈 만큼 더

64 물론 그렇지 않은 양반들도 있어, 부부금슬에 대한 일화들도 전해온다. 그러나 그것들은 비교적 예외적인 것이고, 그나마도 우스개처럼 그려지고 있다.

풍류로운 것이다.

그러나 이 소설을 읽은 양반들은 집으로 돌아가 그 풍류를 잊을 것이다. 풍류태수가 되어 여성의 사랑을 받기 위해서는 먼저 그만큼 사랑하고 아껴주어야 할 것인데, 그럴 수가 없기 때문이다. 풍류랑은 언제나 다정랑(多情郞)이다. 다정할 수 없는 현실 속의 사대부와 풍류화본이 된 이통판, 어느 쪽이 더 불행한 것인가?

최랑은 소원을 들어주지 않는 통판을 원망하며 그의 무릎 위에서 죽는다. 통판은 그녀의 죽음이 모두 자기 허물이라면서 그녀를 선산 곁에다 묻고 제문을 지어 올리며, 혼백을 고향 어머니에게 보낸다. 최랑의 어머니는 딸의 죽음을 전해 듣고 세 번이나 목을 매었으나 뜻을 이루지 못하고, 딸의 시신을 자신들의 선대 산소 쪽으로 이장한다. 경주 사람들도 초혼사를 지어 혼을 위로한다. 이렇게 마무리는 서정성이 풍부한 제문과 서간, 초혼사 등으로 성대하게 끝난다. 등장하는 모든 인물들이 성실하게 자기의 역할을 하는 것이다. 상투적이긴 하지만, 이것은 사람의 죽음을 대하는 한국인의 전통적인 자세이며, 이로 인해 파국에 이르고도 좀처럼 작품이 끝나지 않는다. 죽은 이를 추모하고 정(情)에 입각하여 그 죽음의 의미를 되새기며 파국을 연장하는 이와 같은 특징은 한국비극서사에서 흔히 발견되는 특징의 하나다.[65]

3) 소결

이 장에서는 '열녀' 담론을 넘어 지금까지 연구가 소홀히 된 「최랑전」의 심층적이고 미적인 의미를 규명하는 데 주력했다.

먼저 이 작품이 사실을 소설화했다는 데 주목하여 사실과 허구의

65 이 점에 대해서는 이 책의 2장 4절 '항전인물전에 나타난 이념적 영웅의 좌표'를 참조.

변증법적 작용에 의해 소설적 구성이 확보되는 양상을 살폈다. 사실에서 취재했다는 특성이 구성을 제약하지만, 이것이 오히려 서사에 긴장감을 부여하고 있었으며, 사실적 정보의 부족이 문학적 상상력을 자극하여 이 작품의 허구성을 강화하고 있었다. 인물에 대한 작가의 선명한 시각과 풍부한 상상력이 사실을 취사선택하고 재구성하는 기준과 동력이 되어, 작품의 주제를 가장 선명히 드러내는 최랑의 유언을 절정으로 하여, 위기와 절정이 뚜렷한 긴장감 넘치는 구성을 이루었다. 또 남성 작자의 시각이 그대로 화자의 시선이 됨으로써 여주인공 최랑에 대한 동일시를 허용하지 않아 독자는 그녀의 심리를 남성의 입장에서 파악하게 된다. 하지만 연구자는 당대 독자들의 이런 한계를 넘어 실재했던 주인공들의 내면에 주목해야 한다고 지적했다. 여기서는 이 작품이 지닌 소설적 성격, 혹은 문학성을 밝혀 이후 논의를 위한 기반을 마련했고, 이후의 논의가 다시 이 논리를 보완하도록 했다.

다음으로 절정까지의 전개 양상을 살폈다. 남성주인공 이통판은 최랑을 보자마자 마음에 담고, 최랑도 점차 애정을 키워가지만, 그들의 사랑이 첫날밤에 얻은 심리적 상흔으로 인해 의무와 욕망의 변증법적 작용 속에서 어긋나게 되는 양상을 살폈다. 즉 최랑은 갑자기 노비로 끌려갔던 끔찍한 경험으로 인한 정체성 혼란과 심리적 상흔을 태수의 반려가 됨으로써 극복하려고 하지만, 합환(合歡)에 실패하여 상흔은 더욱 깊어지게 된다. 결국 실패한 초야의 원인이 자신의 미성숙으로 인한 것이라고 여기고, 이 유보된 초야의 의무를 실현하기 위해 사경을 헤매는 상황에서도 이를 소망한다. 반면 남성주인공은 자신의 성급한 욕망을 반성하고 최랑을 보호하려는 지향을 지니게 되어, 그녀의 마지막 청을 거절하게 된다는 것이다.

논의를 마무리하면서 이 작품의 비극성과 그 이면에 숨은 사대부의 욕망을 살폈다. 이 작품은 합환이라는 육체적 행위를 통해 상흔을 극복하고 삼종지의를 완성하려는 최랑의 강력한 의지로 인해 비극성이 발생하며, 두 연인의 어긋나는 지향으로 비극성은 아이러니에 의한 중층성을 지닌다. 그러나 기저에는 이 작품을 풍류화본으로 창작하고 수용한 조선 사대부들의 욕망—풍류지향이 자리한다. 이것은 마음껏 사랑하고 충분히 사랑받는 자유롭고 자발적인 애정에 대한 욕망이다. 한편 이 작품은 최랑의 죽음이라는 비극적 결말 이후, 여러 인물들의 슬픔과 초혼사 등으로 비극적 정조를 작품 내에서 해소하려는 지향을 지니는데, 이것은 파국 이후 가파르게 대단원을 향하는 서양비극문학과 다른 한국적 특징의 하나이다.

5. 한국애정비극소설의 계보와 미학적 특성

여기에서는 지금까지의 연구를 바탕으로 한국애정비극의 전체상을 조망하고 그 계보를 모색해보겠다. 이 작업은 초기 서사나 전형적인 설화 및 소설을 분석한 지금까지의 연구 성과들을 염두에 두면서 좀 더 다양한 애정비극의 여러 양상을 그 사회·미학적 특성에 따라 몇 가지로 나누어 살피는 방식으로 전개될 것이다. 지금까지 한국애정비극 이해를 위해 논의해온 여러 시각들이 여기에서 모두 사용될 것이다.

앞 1절과 2절에서 애정비극서사를 어떤 기준을 가지고 구분할 수 있겠는가 하는 문제를 논의했다. 그러면서 '사랑'이 남녀 두 사람이 서로에 대해 품은 감정의 문제라는 데 착안하여 두 사람의 관계가 이 구분의 기준이 될 수 있을 것으로 보았다. 그래서 남성과 여성, 어느 한쪽의 사랑의 감정이 더 절실하여 그 균형이 깨어진 경우—일방희생형—는 자연스럽게 여성희생형과 남성희생형으로 나누어진다고 보았다. 그리고 남성과 여성이 서로 사랑을 느끼는 경우를 양자희생형으로 구분했다. 이때 사랑의 감정이 더 절실한 쪽이 비극적 상황의 아픔을 더 강하게 느끼게 되므로 '희생'이라는 개념을 사용한 것이지, 이것이 죽음이나 물리적 희생만을 의미하는 것은 아니다.

2절에서 여성희생형 애정비극의 초기 서사들을 분석하면서 강력한 이데올로기의 개입이 있는가, 아니면 인간 본성으로서의 사랑에 초점을 맞추는가 하는 것이 특히 여성희생형에서 의미가 있다는 점을 지적했다. 성정과 이념이라는 이 기준은 영웅비극을 논의하는 앞 장에서는 두 개의 일관된 기준 중 하나였지만 여기에서는 주로 여성희생형 안에서만 활용했다. 남성희생형이나 양자희생형에서도 고려될 수는 있겠지만 이 유형들에서는 대체로 성정을 중심으로 하면서 성정과 이념이 혼융되어 나타나는 경향이 있었다. 이에 비해 여성희생형의 경우에는 혼융의 양상이 있었음에도 불구하고 분명한 차이를 보였다. 이는 앞 4절에서 강조하여 언급한 것처럼 여성의 몸과 정조 위에 매우 강력한 이데올로기적 억압이 드리워져 있었기 때문이다. 이는 남성에 비해 여성에게 불균형적일 정도로 강력하게 성역할과 관련한 이데올로기적 억압이 있었다는 점을 알게 해준다.

다음으로 2절과 3절의 논의를 거치면서 떠오른 지점이 연인들이 사랑의 장애—세계 또는 운명—에 저항적인가, 그렇지 않은가 하는 것이 비극서사에서 중요한 의미를 지닌다는 것이다. 이 점은 비극정신이 서사를 통해 직접 드러나는가 하는 문제와 관련이 된다고 하겠다. 다만 이것을 분류의 적극적인 기준으로 삼지 못한 것은 이 저항성이 있고 없고를 판단하는 기준과 경계가 애매할 수밖에 없다는 점 때문이었다. 그러므로 이 저항성의 문제는 작품의 이해를 위해서 적절하게 활용하는 데 그치기로 한다.

1) 여성희생형 애정비극의 특징과 계보

(1) 이념 지향적인 여성희생형 애정비극

이 유형은, 그럴 수밖에 없지만, 상층 지식인층에 의해 이루어진 작품에서 두드러지게 나타난다. 주몽신화는 고구려 건국신화이다. 건국신화는 나라를 건국한 건국주를 신성화하여 지배권력의 정당성을 강화・확장하려는 이데올로기적 목적성을 지닌다. 동명성제 주몽의 등장은 고구려가 이미 남성군주에 의해 지배되는 동아시아적 고대국가의 기틀을 갖추었음을 의미한다.[66] 이러한 사회적 문맥 안에서 '유화' 이야기를 바라보면, 이 이야기에 어떤 이념이 투영되어 있는지 어렵지 않게 알 수 있다.

주몽의 권력이 지니는 정당성은 일차적으로 하늘의 신성성을 잇는 태양신 해모수의 아들이라는 부계 혈통으로부터 획득된다. 물의 신의 딸인 유화는 강력한 불이 지니는 극단성을 중화(中和)하여 힘에 대한 공포와 덕에 대한 신망을 균형 잡아주는 기능을 한다. 이와 같은 모계의 보조적 성격 때문에 유화는 서사 안에서 확고한 자신의 위치를 확립하지 못한다. 아이를 잉태하고 낳는다는 모성을 지녔기에 양적(量的)으로는 해모수보다 더 많이 서술되지만 그녀는 자신의 역할이 끝나면 잊혀진다. 해모수는 그녀에 대한 애정을 드러내지만 그것은 자기 여자에 대한 것이라기보다는 자기 아들의 어미에 대한 애정으로 읽힌다.[67] 이 서사에서 그녀의 해모수에 대한 애정도 직접적으로 묘사되어 있지는 않다. 그러나

---

66 주몽에 의해 고대국가 건설이 완수되었다는 것이 아니다. 주몽이 신성한 건국주로 추대되는 신화화 과정과 고대국가 건설의 과정이 궤를 같이했다고 보는 것이다. 이렇게 보면 우리가 보는 신화 텍스트는 신화화 완성 단계의 기록이거나 재기록, 적어도 그 번안일 것이다.

67 여기에 대해서는 2장 2절에서 상술한 바 있다.

이 서사의 문맥은 유화를 해모수의 아내, 주몽의 어머니로 위치지우고 있으며, 그것은 영광스런 자리이다. 유화가 온갖 고난을 겪는 것은 남자들이 권력을 지닌 세상에서 아내와 어머니가 되어야 하기 때문이다. 하지만 이런 여인의 모습은 신라나 가야 등 남방의 신화에서는 별로 발견되지 않는다. 이 나라들의 건국신화는 고대국가 완성기의 모습이 아니라 부족국가 건설기의 논리가 담겨 있기 때문이다. 그 안에는 아직 가부장제 이데올로기의 강고한 틀이 완성되어 있지 않다.

이러한 이데올로기가 거칠다고 할 정도로 전면적으로 드러난 작품군이 열녀전이다. 이 중에도 특히 외적의 무력 앞에서 죽음으로 정조를 지켜낸 여인들의 이야기는 그야말로 극단적인 이념적 숭고를 보여준다. 그러니까 이런 이야기들은 애정비극이 아니다. 그녀들은 왜 정조를 잃기보다 죽음을 택했는가? 사랑하는 남편을 위해서인가? 이런 질문은 그녀들에 대한 모욕이 된다. 이 이야기들은 영웅비극도 아니다. 이런 이야기들에서 여인들의 죽음은 슬퍼하기 전에 숭상해야 할 가치이며, 그녀들의 죽음은 패배가 아니라 이 가치를 지켜낸 궁극적인 승리이다. 이렇게 비극의 거부로서 숭고가 드러난다.

그러나 조선 사대부들은 세련된 문인이었다. 이들은 지극한 숭고가 이야기의 감동을, 느끼기 어려울 정도로 딱딱하게 만든다는 것을 알고 있었다. 이들은 열부 최씨에 대한 『동문선』의 기록처럼 객관적인 태도로 그녀들의 희생이 그만한 대가를 받기보다는 더 많은 희생으로 이어진 사실을 기술하거나, 「유소랑전」처럼 허구적 에피소드를 활용하여 서정성을 보완하기도 했다. 그런데 유소랑이 목숨을 버려 따르는 대상은 납폐(納幣)만 한 채 죽은 얼굴도 모르는 정혼자이다. 나중에 혼령이 등장하여 죽어서나마 정혼자와 부부가 되었다고 하지만, 그녀의 충렬(忠烈)이 바쳐진 대상이 얼굴도 모르는 죽은 남자였다는 사실은 바뀌지 않는다.

이렇게 서정성이 보완된다고 해도 이것들은 사랑 이야기라기보다 이념영웅의 비극이 되기 십상이다.[68]

보다 서정성을 가미한 경우가 '향랑'에 대한 이야기이다. 이 이야기에 대한 첫 번째 기록은 조구상(趙龜祥)의 「향랑전」(香娘傳)인데, 여러 양반들에 의해 기록되고 논평되고 노래되었으며 이광정(李光庭)의 「임열부향랑전」(林烈婦香娘傳)이 유명하다. 이 이야기에서 향랑은 남편의 횡포를 견디다가 친정으로 돌아갔지만 계모에 의해 다시 쫓겨나 숙부의 집에서 얹혀살기도 하다가(시집 앞에 움막을 짓고 살았다는 이야기도 있다) 숙부와 시아버지 등이 재가를 강요하자 「산유화」라는 노래를 부르고 목숨을 끊는다. 오늘날의 시각으로 이 이야기를 보면 향랑은 '시집 귀신이 되라'는 가부장제 이데올로기의 처절한 희생자이다. 특히 그녀가 친정에서 거부당하는 모습은 참으로 가슴을 아프게 한다. 아마도 이 대목은 당대의 딸 둔 아버지들에게도 가슴 아픈 내용이었을 것이다. 보다 강렬한 내용의 열부전들이 많은 상황에서 이 이야기가 그들의 심금을 울린 이유가 여기에 있지 않을까 한다. 특히 이 이야기에는 「산유화」라는 노래가 포함되어 있는데 이 노래의 비극적 서정성이 여러 문사들을 감동케 했을 것이다.

천하고원(天何高遠) 하늘은 어이하여 높고도 멀며
지하광막(地何廣邈) 땅은 어이하여 넓고도 아득한고
천지수대(天地雖大) 하늘, 땅이 비록 크다고 하나
일신미탁(一身靡託) 이 한 몸 의탁할 곳 없구나
영투강수(寧投江水) 차라리 강물에 몸을 던져

68 따라서 이 작품들을 2장 5절의 상층영웅비극 중 이념영웅 항목에서 다루기도 했다.

장어어복(葬於魚服) 물고기 뱃속에 장사 지낼까

세계의 광대함 앞에서 한 몸 둘 곳조차 없는 외로운 인간의 모습은 비극적 세계인식, 그 자체이다. 그러나 그럼에도 불구하고 향랑이 과연 남편을 사랑했을까 하고 질문하면 이 이야기조차 애정비극이 되기는 어렵다. 그래서 등장하는 것이 적극적 열이다. 어떤 이야기에서는 향랑이 죽으면서 남편을 원망하지 않고 좋은 배필을 얻어 행복하길 기원하는 내용이 나온다. 참 억지로 애정비극이 되었다고 우길 수 있을까?

이데올로기에 어느 정도 균열이 있지 않고는 '사랑'이 주제가 되기 어렵다는 것을 당대 선비들도 알고 있었다. 그들은 경화된 숭고가 여성들을 억압하는 것에 대해 문제를 제기했다. 연암 박지원의 「열녀함양박씨전」 같은 작품이 그것이다. 이 함양박씨의 삶이 차라리 비극이다. 그러나 그것 역시 '사랑' 이야기는 아니다. 조선 사대부들에게 '사랑'이라는 감정은 참으로 상상하기 어려운 것이었을지도 모른다. 여인의 본성—성정—을 긍정해야 한다는 주제는 많이 등장한다. 남자 주인공이 어떤 여인의 정욕을 받아주지 아니하여 단명했다거나 앞길을 망쳤다는 이야기도 많다.[69] 그러나 양반 사대부의 이야기에서 한 남자가 자신을 던져 사랑하

69 이런 예로 『삽교별집』 권1, 만록1에 실린 황조대나 이자의에 대한 이야기 같은 것이 있다. 황조대의 이야기는 재액을 만난 처녀의 두 가지 소원이 상을 치러달라는 것과 자신을 거두어달라는 것인데, 이 중 치상만 받아들이자 자결했다는 이야기이고, 이자의의 이야기는 자의에 대해 정염을 품고 동침을 요구한 처녀를 거절하여 끝내 죽게 하였는데 자의도 재앙을 벗어나지 못하고 곤궁하게 살다 죽었다는 이야기이다(이 두 이야기는 이우성 · 임형택, 『이조한문단편집』 상, 일조각, 1978, pp. 212~215와 pp. 218~221에서 인용했다). 모두 성정을 긍정하지만, 논평을 통해 잘잘못을 따지는 이념적 합치에의 지향을 보인다. 이념에서 발을 뺀다는 것이 얼마나 어려운 일이었는지 잘 보여준다고 하겠다. 이에 대해서는 다음 항에서 상론하겠다.

는 이야기는 참 드물다. 그래서 「심생」의 이야기는 주목할 만하다.

심생은 거리에서 보자기가 날리는 사이 잠깐 눈이 마주친 처녀를 쫓아간다. 그는 집을 알아내어서는 담을 넘어 들어가 방 앞에 숨죽이고 앉아 밤을 지새운다. 이십 일을 이와 같이 하자, 처녀가 심생에게 와 문을 열어주기로 한다. 그러나 그녀는 문을 열어주기는커녕 문에 큰 자물쇠를 채우고 그를 받아들일 마음이 없음을 분명히 한다. 그럼에도 불구하고 심생은 비가 오나 바람이 부나 쇠가 채워진 방문 앞에서 밤을 지새운다. 이에 감동한 처녀는 심생을 방으로 들이고 부모를 불러 자신을 심생에게 맡기겠다고 선언한다. 이렇게 해서 처녀와 동침을 하게 된 심생은 매일같이 그녀의 집에서 자게 된다. 매일 밖에서 자고 들어오는 그에게 절에 들어가 글을 읽으라는 명이 떨어지고, 한 달 정도 있다가 처녀의 유서가 온다.[70] 처녀는 그의 정당한 배필이 되지 못한 한을 지니고 죽은 것이다.

이 이야기는 여성의 정욕(情慾)을 인정하자는 식의 야담과는 달리 여성의 성정을 대상화하지 않는다. 여기에서 처녀는 자신을 적절하게 통제하고 있으며, 상황판단이 정확하고 결정을 내리는 데 있어서 대범하다. 정열을 불태우는 젊은 남자와 이 남자를 좋아하면서도 그의 진심을 확인하면서 침착하게 상황을 이끌어가는 젊은 여인이 있다. 그녀는 자신의 모든 것을 던져 남자를 선택한다. 그리고 남자가 절로 쫓겨 간 후 홀로 자신이 정당한 배필이 될 수 없다는 현실을 반복적으로 인식하면서 죽음의 길로 간 것이다. 이 이야기는 성정 지향적인 경향을 지닌다.

70 이 대목은 「이생규장전」을 연상시킨다. 하지만 「이생규장전」은 이런 상황에서 두 남녀의 결혼을 성사시키는 파격을 보여주는 데 반해, 「심생」은 결국 벽을 넘지 못한다. 이 벽의 정체는 역시 이념이다.

그러나 처녀의 신중함과 죽음은 신분을 넘어설 수 없는 당대의 현실을 보여준다. 무분별할 정도의 남성 앞에 선 여인의 나이를 넘어서는 현명함과 신중함에서 우리는 남성중심사회의 이데올로기를 발견한다. 또 그녀의 죽음에서는 자신의 판단에 따라 정조를 내준 여성에 대한 징계—그것이 현실일지라도—라는 의미가 읽혀진다. 그러나 이 작품에서는 이념의 분열도 느껴진다. 자신의 남자와 인생을 자신이 선택하는 여인의 모습이 신중하면서도 대범한 아름다움을 가지고 그려졌다.

어쩌면 이념의 분열이 있어야 '애정+비극'이 성립할 수 있는지도 모른다. 그 분열은 사회적 동요에 의한 것일 수도, 개인의 욕망에 의한 것일 수도 있다. 우리는 억압된 욕망이 어떻게 이념을 분열시키면서 분출되는지 「최랑전」에서 살펴본 바 있다. 최랑은 상처받은 정체성의 회복을 욕망하여 이념적 당위의 실현에 나서고 안통판 역시 욕망에 이끌린 자신의 실수를 만회하기 위해 도덕적—아름답지만 이념적인—선택을 하지만, 이 비극이 제3자인 당대 사대부들에게는 풍류로운—남녀의 정을 다루었다는 점에서— 이야기가 된다는 것이 「최랑전」의 핵심이다.[71] 욕망이 억압된 상황에서 욕망이 이념으로 채색되고 이념이 욕망으로 오인되는 아이러니가 이 작품에 존재한다. 「심생」은 여기에서 한발 더 나아가 이념과 욕망 사이에서 합리적인 선택을 시도하고 좌절하는 여인을 그렸다.

(2) 성정지향적인 여성희생형 애정비극

우리는 「공무도하가」의 배경설화에서 이 유형에 대한 고찰을 시작했었다. 백수광부의 처는 남편의 죽음을 제지하지 못하고 그 뒤를 따라 죽었다.

71 바로 앞 4절에서 상세히 다루었다.

그녀의 노래는 단순해서 더 슬프다. 이 단순성 때문에 우리는 이념이 개입할 여지가 적다고 보았다.[72] 남편을 따라죽은 그녀의 행위를 열녀의 순절(殉節)이라는 이념으로 읽기를 거부한 셈이다. 이렇게 이념과 성정에 대한 판단은 여러 가지를 고려한다고 해도 직관의 영역을 완전히 배제하기 어렵다. 그러나 어쨌든 텍스트에 충실해야 한다. 「심생」의 경우, 처녀의 유서가 보여주는 이념성을 중시하지 않는다면 여기에서 논의해도 좋을 것이다. 그녀의 죽음은 무엇보다 연인에 대한 사랑 때문이라고 해석할 여지가 있다는 말이다.

김제상 부인, 치술령 신모의 이야기에서도 제상이 임금을 위한 충성에 큰 비중을 둔 데 비해 부인은 오직 남편에게 모든 것을 투여하고 있었다. 분명히 성정이 이념을 앞서지만, 이런 이야기들은 조금만 흔들어서 보면 남성을 위한 여성이라는 방식으로 이념적으로 해석될 여지가 있다. 사랑 이야기에서 여성이 이념적으로 얼마나 대상화된 위치에 있는지 알 수 있다.

낙랑공주도 이 유형—여성희생형—에서 이야기될 수 있다. 그녀는 호동을 사랑하여 아버지와 나라를 배신했다. 결국 호동도 요절하지만, 낙랑공주와 호동의 관계에서는 낙랑이 호동을 좋아하는 마음이 훨씬 절실했다고 하겠다. 하지만 이 이야기조차 그녀가 아버지와 나라에 대한 도리와 남자에 대한 도리 사이에서 고뇌했다고 해석되기도 한다. 그녀와 호동왕자는 부부가 아니었고, 부모 몰래 사귄 연인 사이였는데도 말이다. 이 이야기들은 비교적 역사적인 사실에 민중적 상상력이 덧씌워지고 그것을 다시 지식인 저자들이 수용하여 기록한 것들이다. 낙랑공주의 죽음 뒤에 충효를 위해 죽은 호동을 그린 『삼국사기』 저자의 태도 역시 이념적

72 이 책 같은 장의 2절 참조.

해석을 추동하는 요인이 될 수 있다. 그가 그와 같이 이념적으로 훌륭한 인물이므로 낙랑의 고뇌와 선택을 이해할 수 있게 된다는 논리가 성립한다.

「김현감호」의 경우에는 불교의 영향이 분명히 보이지만 가부장제 이데올로기가 두 연인의 순수한 사랑에 본질적인 영향을 주는 것 같지는 않다. 하지만 다른 이유로 어디에서 다루는 것이 좋을지 판단하기 어렵다. 호녀가 자신의 생명을 내준 것을 중시한다면 여기에서 다루어야 한다. 그러나 김현이 죽음에 이르는 순간까지 그녀를 잊지 않았다는 사실이 그녀의 죽음만큼이나 중요하다고 본다면 양자희생형에서 다루는 것이 더 적절할 것이다.

이 같은 이념적 해석의 위험에서 벗어난 이야기들은 역시 이념으로부터 상대적으로 자유로운 민중들의 서사에서 많이 찾아진다. 설화에는 그런 이야기가 적지 않다. 여성이 짝사랑 끝에 뱀이 된다는 여성희생형 상사뱀 설화들이 있었다. 여기서 상사뱀은 상대 남성에게 고통을 주기 때문에 이념적으로 해석할 여지가 별로 없다. 또 추녀신원설화들도 이 유형에 속한다. 추녀가 외모 때문에 사랑을 고백하지 못하거나 거절당하고 죽어 원혼이 된다는 이야기들로, 말하자면 상사뱀이 처녀귀신으로 바뀐 모습이라고 할 수 있다. 그러나 이런 이야기가 적지 않지만 여성희생형 서사가 「운영전」 수준으로 발전한 경우는 찾아보기 어렵다. 판소리계 소설과 같은 특별한 경우를 제외하면 국문소설이라고 해도 일정한 지식을 지닌, 그래서 어느 정도 이념의 세례를 받은 사람이 창작하는 것이 일반적이었기 때문이다. 다만 여인이 된 구미호 설화 중에 남자를 홀리는 데에서 나아가 남자의 아내로서 헌신하고 금기를 깬 남자에게 정을 느껴 살려준다는 이야기 같은 것은 상당히 발전한 형태라고 하겠다.

야담계 한문소설에서는 「심생전」 외에 앞에서 언급한 이자의 이야기 같은 부류가 꽤 있다. 모두 여성의 성정을 긍정하고 이를 무시한 남성을 징계(懲戒)하는 내용인데, 상당수는 기층 민중들의 정서가 스며들어 있다. 예를 들면 이런 식이다. 어떤 집에 묵게 된 선비가 그 집의 딸과 굳은 언약을 하고 동침한 다음 부친의 눈치를 보느라 약속을 지키지 못하는 사이 처녀가 죽었으며, 청년도 그 한 때문인지 얼마 안 가 죽었다는 것이다. 여기에 두 남녀의 행실을 비판하면서 행실을 단정히 해야 한다는 논평을 첨부했다. 성정의 긍정과 이념의 검열이 혼재되어 있는 형국이다.

2) 남성희생형 애정비극의 특징과 계보

남성중심 이데올로기가 만연한 사회에서 여성희생형보다 남성희생형 서사에 더 아름답고 문제적인 작품이 많다는 것—양이 아니라 질을 말하는 것이다—은 문학예술이 지닌 반이데올로기적 동력이 존재한다는 것을 증명하는 것인지도 모른다.

앞에서 살펴본 「황조가」의 배경설화도 아름답지만, 「지귀」 이야기는 참으로 심각하고도 아름다운 명편이다.[73] 사랑의 열병을 불로 형상화한 것도 멋진 비유라고 하겠지만 여왕을 향한 지귀의 순정이나 여왕의 포용력이 어떤 결과로 이어졌는가를 생각하면 더욱 뛰어난 상징이라고 하겠다. 여왕이 자고 있는 지귀의 가슴 위에 팔찌를 올려놓은 것은 그의 마음을 조금이나마 달래주려고 한 것이다. 그러나 그것을 본 지귀는 오히려 마음의 불이 타올라 육신을 태우고 세상을 태우는 불귀신이 된다. 팔찌를 얻은 것이 그를 괴롭히기만 한 것은 아니다. 그것은 하나의 행운이지만, 그 행운은 놓친 더 큰 행운—여왕을 만나는 것—을 아쉽게 여기게 한다. 그러나 그래서 심화(心火)가 폭발한 것도 아니라고 생각된다.

73 이 책, 3장 2절 참조.

그 팔찌, 팔찌를 놓고 간 여왕의 마음이 지귀의 가슴에 감당할 수 없는 사랑의 불길을 일으킨 것이다.

이룰 수 없는 사랑 때문에 불이 된 것이 지귀라면 뱀이 된 것이 상사뱀이다. 남성희생형 상사뱀 설화로 유명세를 탄 것이 청평사의 평양공주와 상사뱀 이야기이다. 죽어 공주의 몸에 붙은 상사뱀을 떼놓기 위해 중국에서 청평사까지 왔다는 것이다. 선녀와 나무꾼 설화도 나무꾼이 수탉이 된다. 도달할 수 없는 선녀에 대한 마음 때문이다.[74]

흥미로운 것은 상사뱀이 죽어 좋아한 여성에게 고통을 준 데 비해, 지귀는 세상에 큰 해를 끼쳤으나 여왕의 주문에는 오히려 복종한다는 것이고, 수탉은 달리 누구에게도 해를 끼치지는 않고 그저 자신의 처절한 마음을 이어간다는 차이이다. 아무래도 지귀 이야기가 신화적 상상력을 발휘하여 한 남자의 사랑 이야기를 통해 불이 지닌 위험성과 유용성을 해명해보려고 한 것이고, 상사뱀은 무속적 상상력을 발휘해 원한이 있으면 그것을 풀어주어야 한다는 생각을 형상화했다고 보아야겠다. 수탉의 경우는 선녀와 나무꾼 이야기의 비극적 서정성과 아름다운 수탉의 새벽 홰치는 모습을 연결시키는 생활적 상상력의 결과라고 생각된다.[75]

우렁각시 설화 중 여러 고난을 겪은 다음에 각시를 찾은 남자가 금기를 깨뜨려 다시 아내를 잃는 이야기는 구렁덩덩 설화나 구미호 설화의 비극판으로 남성희생형에 포함시킬 수 있다. 이 부류의 이야기에서는 아내를 찾으려는 남편의 치열한 노력이 좌절됨으로써 비극성이 발생한다.

야담계 한문소설에도 남성희생형으로 해석될 수 있는 작품들이 있다.

74 이 책 3장 3절 참조.

75 신화적 상상력—지귀, 전설적 상상력—상사뱀, 민담적 상상력—수탉이라는 공식을 만들 수도 있겠으나 그것은 전설과 민담의 모호한 경계 때문에 의미가 반감될 것이다.

우선 『청구야담』에 실려 있는 「피우」(避雨)는 이념이 걸려 있어서 해석이 까다롭다. 비를 피하다가 남자를 끌어들인 과부는 시아버지에게까지 둘의 관계를 알려 거리낌 없는 관계를 가진다. 여기까지는 굉장한 파격이라고 하겠는데, 알고 보니 둘의 만남을 뒤에서 주선한 것이 시아버지였고, 시아버지가 죽자 과부 역시 살 이유가 없다며 따라 죽는다는 것이다.[76] 결국 과부는 다만 시아버지를 좇아 음양의 이치를 알아보고자 한 것뿐이었다고 하니, 그녀를 달래 살게 하려고 한 남자의 사랑이 희생되었다고 해야 할 것이다. 당대에 받아들일 수 없는 깜짝 놀랄 만한 파격을 설정하고 이를 이념 쪽으로 끌어당겨보려고 한 것이데, 그 결과 남성희생형 애정비극인데도 여성이 죽고 남성이 살아남게 되었다. 특이한 이야기를 만들어내는 재능이 돋보이지만 여인의 죽음을 이념으로 완전히 감싸 안지도 못하고, 비극성의 창출에 있어서도 애매한 작품이 되었다. 이념의 개입이 서사를 어떻게 왜곡하는지 보여준다.

이에 비해 『기문습유』에 실린 「의환」(義宦)은 훨씬 이해하기가 쉽고 누구도 죽지 않았지만 은근하면서도 강렬한 비극성을 구현하고 있다. 이 이야기의 줄거리는 간단하다. 어떤 환관이 자기가 돌보던 여인에게 다른 남자를 짝 지워준다는 것인데 이야기와 함께 시를 소개하고 있다.[77] 시는 자신이 음양을 갖추지 못해 열여섯 여인이 정을 펴지 못함을 슬퍼한다는 내용이다. 스스로 여인을 위해 그녀에게 다른 배필을 정해주었다는 것이다. 자아를 좌절시키는 세계의 이원성에 대한 인식, 즉 비극적 세계관이 드러나고 이를 수용하면서도 자기 나름의 방식으로 그녀를 사랑하려는 의지를 꺾지 않아서 강한 비극정신을 드러내고 있다. 이 이야기는 환관이

76 이우성·임형택, 『이조한문단편집』 상, 일조각, 1978, pp. 208~211.
77 이우성·임형택, 『이조한문단편집』 상, 일조각, 1978, pp. 199~207.

라는 독특한 처지의 인물을 등장시켜 상당한 성취를 이루고 있는 것으로 생각된다.

이런 이야기의 소설적 완성을 보여준 것이 「만복사저포기」이다. 이 작품에서 양생은 상대가 귀신인 줄 알면서도 그녀를 따르고, 그녀가 죽은 다음에는 그녀가 이미 다른 나라의 남자로 환생했음을 알면서도 가진 것을 모두 기울여 제사를 지내며, 결국 홀로 산에 들어가 약초를 캐며 일생을 마친다. 두 연인은 서로 사랑했고 처음에는 여인인 귀녀 쪽이 더 적극적으로 보였지만 끝내 자신의 산목숨이 다 하도록 신의를 지킨 것은 양생이다. 이 작품이 소설적 완성을 보여주었다고 한 것은 애정비극에서 디테일의 중요성을 분명히 알게 해주는 작품이기 때문이다. 여기에서 그 구조와 세부묘사의 정묘함에 대해 자세히 언급하자면 너무 많은 지면을 필요로 할 것이다.[78] 하지만 이 작품을 읽어본 사람이라면 두 연인이 나누는 대화와 시, 그들을 둘러싼 배경 같은 것들이 풍부한 사랑의 기억으로 남아 이별의 아픔과 이후 홀로 살아갔을 양생의 삶이 지니는 비극성을 선명하게 조명해준다는 것을 누구나 알 수 있다.

변강쇠를 상사뱀의 재림이라고 한 바 있지만, 「변강쇠가」야말로 남성 희생형 비극의 가장 독특한 형태이다. 연인에 대한 집착이 사후(死後)까지 이어지는 점은 상사뱀 설화와 연결되지만, 여기에서 그치지 않고 이 집착의 근원과 결과를 당대 하층민의 현실 속에서 집요하게 궁구했다. 문학이 기층의 형상화를 통한 생활 철학적 탐구일 수 있음을 보여주었다고 할 만하다. 이 작품을 사랑의 가치를 상대 여성, 그 자체에 두는 남자의 사랑 방식과 안정된 관계의 지속에 두는 여자의 사랑 방식의 대립으로

78 여기에 대해서는 김창현, 「만복사저포기에 나타난 불교와 비극성의 초극」, 『불교학보』 44, 불교문화연구원, 2006 참조.

파악하게 되면 양자희생형으로 볼 수도 있다. 강쇠의 욕망을 옹녀에 대한 독점욕으로, 옹녀의 욕망을 안정된 삶에 대한 욕구로 파악하고 강쇠가 옹녀를 더 사랑했다고 파악하는 방식이 어쩌면 필자의 남성중심적 사고의 결과일지도 모른다. 그렇다 하더라도 강쇠가 죽은 다음, 강쇠 원혼이 옹녀를 절대적으로 욕망한 데 비해 옹녀가 그에게서 떠나 새 삶을 살고자 한 것만은 부정할 수 없을 것이다.[79]

강쇠의 고집스러움이야 말할 것도 없지만 자기 권좌로 돌아가야 하는 유리왕의 이야기인 「황조가」 배경설화나 이념이 개입한 몇몇 상층비극을 제외하면 남성희생형 애정비극의 주인공들은 대체로 사랑의 장애를 넘어서려는 저항의지가 끈질기고 강하다는 것을 알 수 있다.

3) 양자희생형 애정비극의 특징과 계보

사랑의 가장 이상적인 모습은 두 사람이 한 몸처럼 서로를 이해하고 아끼는 것일 것이다. 두 사람이 서로 공경하고 그 안에서 정이 쌓이고 서로를 의지하며 나이가 들어 한날한시에 죽는 것. 이것이 오랫동안 제시되어온 전통적인 남녀관계의 이상이다. 그런데 또 하나의 이상이 있다. 벼락 맞은 듯 전기가 흐르고 귓가에 종소리가 울리며, 그를 위해서라면 나를 온전히 던져 혼자 사는 것이 함께 죽는 것만 못하다고 진심으로 느끼는 불같은 사랑.

조신의 이야기는 이런 사랑의 고뇌에 빠진 한 승려가 꿈속에서 모진 경험을 통해 사랑을 포함한 인생의 무상을 깨닫는 이야기다.[80] 여기에서

79 이 강쇠의 욕망이 그의 폭력적인 독점욕을 정당화하는 것은 아니다. 이 논의는 언제나 사랑을 벗어나 페미니즘적 가치관의 문제로 비화될 수 있어서 조심스럽다.

80 「조신」에 대한 더 자세한 분석은 이 책 3장 2절 참조.

조신은 사랑을 좌절시키는 세계의 힘에 저항함으로써 비극성을 구현하지는 않는다. 그는 가장 비극적인 순간—다시 말해 비극적 세계상이 가장 선명해지고 그에 따라 비극적 세계관이 고조에 올랐을 때— 꿈에서 깨어난다. 어떤 사랑도 모두 허망한 꿈일 뿐이라는 것이다. 따라서 이를 극복하기 위해서는 불도에 귀의하는 길밖에 없다는 것이다. 그렇다. 인간 세상에 발을 딛고 있는 독자가 볼 때에는 참으로 비극적인 깨달음이다. 불교적 색채가 짙은 이야기어서 그런 것만은 아니다.

애정비극의 한 유형으로 사랑과 인생무상을 하나로 엮어서 보는 이야기들이 존재한다. 사랑의 열정은 아름답지만 무상하다는 것이다. 조신보다 사랑의 인연을 더 진하게 그린 「쌍녀분」에서도 최치원과 팔, 구 낭자의 사랑은 결국 하룻밤의 꿈일 뿐이다.81

이보다 훨씬 더 사랑의 함량이 높은 본격적인 애정비극에도 이런 귀결은 존재한다. 「주생전」도 비슷한 경향을 지닌다. 하지만 이 작품은 남성 주인공이 성격이 다른 두 여인과 사랑하는 이야기로 되어 있어서 이채를 띤다. 주인공 주생은 원래 기생 배도와 서로 좋아하는 사이었는데, 양가의 규수 선화를 본 뒤 그녀에게 마음이 끌린다. 선화와도 관계를 맺은 그는 선화에게로 걷잡을 수 없이 기울어가고, 배도와 선화는 주생을 사이에 두고 질투를 하기도 한다. 결과는 선화에게로 기운 주생의 마음을 잡지 못한 채 배도는 죽게 된다. 양자희생형 안에 여성희생형이 포함되어 있는 셈이다. 이후 주생은 우여곡절 끝에 선화와 결혼 날짜까지 받지만 조선에 보내는 원병(援兵)에 서기로 발탁되어 결국 헤어지게 된다는 것이다. 여기에 이르기까지 주생과 선화의 서로에 대한 열정을 표현하는 방식은 다른 작품들에 비해 직설적이고 강렬하다. 또 두 여인의 개성을

81 「최치원전」에 대한 더 자세한 분석은 이 책 3장 2절 참조.

전혀 다르게 함으로써 흥미를 지속시키면서 사랑뿐 아니라 여성에 대한 생각을 이끌어낸다. 그러나 이야기는 주생의 노력에도 불구하고 불가항력의 이별로 귀결된다. 결국 인생무상이라는 주제의식에 닿는데, 한 가지 흥미로운 점은 이 무상의 핵심에 사랑이 있는 것으로 느껴진다는 점이다. 작자는 주생의 이야기가 아름답다고 생각하지만, 주생이 두 사람 사이에서 신의를 지키지 않고 선화에게 끌리는 모습은 사랑이라는 감정을 인간이 어찌할 수 없다는 식으로 해석할 여지를 남긴다. 사랑을 넘어 운명애에 귀결되는 것인데, 이를 비극적 앎으로 볼 수 있겠지만, 비극정신이 약한 편이어서 깨달음에 이르는 속도는 매우 완만하다. 이것은 파국이 있고 이 파국의 서사가 연장되는 방식과는 달리 파국이라고 할 만한 사건이 없는 것과도 관련된다. 또 하나의 비극의 형식이 될 수도 있을 것이다.

「도미」는 궁핍하게 살았다는 결말로 인해 인간의 운명과 사랑의 의미를 재고하게 한다. 부부는 구차한 가운데서도 서로를 아끼며 행복하게 살 수 있었을까 생각하게 되는 것이다. 비극이 비극성을 환기하게 하는 동아시아적인 방식들이다. 파국이 없거나 파국이 완만하게 지속되면서 비극적 세계상을 환기하여 사유를 통해 비극적 깨달음으로 이어지게 한다.

이렇게 인생무상과 연결되어 있는 경우에는 사랑을 가로막는 운명에 대한 주인공들의 저항이 비교적 약한 편이다. 강렬한 좌절을 통하지 않고 예정된 수순에 따라 혹은 예기치 않게 별리(別離)가 찾아오고 그들은 이것을 받아들이지 않을 수 없음을 안다. 그러나 비극은 받아들이지 않을 수 없는 운명을 받아들이면서도 운명을 넘어서는 어떤 가치를 포기하지 않는 의지, 즉 비극정신을 통해 보다 강력한 비극적 깨달음을 환기한다.

「온달」과 「김현감호」가 그런 예이다. 온달이 죽고 그 관이 붙어 떨어지지 않는 대목이 「온달」 이야기의 파국이라면, 호녀가 낭군을 위해—오빠들을 위함도 있지만— 낭군의 손에 죽는 대목이 「김현감호」의 파국에 해당한다. 이 사건들은 두 사람 사이에 있었던 이전의 일들을 환기하면서 강렬한 비극성을 자아낸다. 이들도 결국 죽고 시간은 흐른다. 다시 말해 이 사건들도 궁극적으로는 인생무상의 운명애—비극적 앎의 귀결점—에 이른다. 하지만 여기에는 분명히 다른 점이 있다. 그것은 저항정신에 의해 환기된 사랑의 고귀한 가치이다. 그럼에도 불구하고 사랑은 아름답다.

「김현감호」에 나타난 이물(異物)과의 사랑이라는 모티프는 「만복사저포기」, 「이생규장전」의 귀녀와의 사랑으로 이어진다. 넓게 보면 궁녀인 운영도 이계 모티프의 변형으로 볼 수 있다. 이 모티프는 연인들의 소속이 달라 처음부터 파국이 예정되어 있다. 모두 여성들이 먼저 세상을 떠난 뒤 남자들이 그녀들을 잊지 못하고 순정을 지킨다는 구조로 되어 있다. 그러나 「김현감호」보다는 「만복사저포기」가, 「만복사저포기」보다는 「운영전」과 「이생규장전」의 남성들이 더 처절하다.

이들의 의지는 죽어서도 아내를 기다리는 온달의 의지와 닮아 있다. 이런 점에서는 끝내 세상을 등지고 홀로 살아간 「만복사저포기」의 양생도 같은 궤에 있다고 하겠다. 세상을 등진 점은 「쌍녀분」의 최치원과 같지만 최치원의 두 여인에 대한 사랑이 다소 가벼웠던 데 비해 양생은 진지하고 심각하다. 그러나 이들의 순정은 아직 죽음에 값하지는 않는다. 연인의 죽음 앞에서도 그녀를 향한 사랑을 놓지 않고 끝내 따라 죽어간 남자들, 「이생규장전」의 이생과 「운영전」의 김진사가 보여준 사랑이야말로 죽음에 값하는 것이라고 하겠다. 운영이 죽자 김진사 역시 곡기를 끊고 죽는다. 이는 「이생규장전」의 결말을 떠올리게 하는데 진정한 사랑이란 대체

불가능한 것이라는 절대적 연애관을 엿볼 수 있다.

이 두 작품은 남녀 한 쌍이 서로를 향해 가진 모든 것을 던져 사랑한 이야기로 남자의 순정 이외에 여성의 적극성이라는 면에서도 「온달」과 「호녀」의 뒤를 잇고 있다. 최랑과 운영은 남자보다 먼저 남자보다 적극적으로 애정을 표현하는데, 이는 가부장제 하에서 남성이 만나기 어려운 여인의 모습으로 남성들의 꿈의 표현일 수도 있다. 중요한 것은 이 여성 주인공의 적극성이 양자희생형 애정비극소설의 미적 긴장을 고조시키고 남녀 역할의 서사적 균형을 맞추는 데 긴요한 기여를 한다는 것이다. 문학적 형상화에 있어 꿈—욕망하는 것의 상상—이 이념의 족쇄를 해제하는 열쇠가 된다는 것을 기억할 필요가 있다. 덕분에 우리는 유한한 존재이면서도 영원한 사랑을 꿈꿀 수 있다는 것을 소설 속의 인물들에게서 확인한다.

우리는 남성희생형 애정비극 작품들에서도 자기 사랑을 지키기 위한 남성의 강한 순정을 지켜볼 수 있었다. 그것은 물론 남성희생형이라는 말 속에 내포된 것일 수도 있다. 하지만 양자희생형에서도 여성 이상으로 남성 주인공들의 변치 않는 마음은 강하게 드러나고 있다. 그래서 남성의 순정—일편단심이라는 의미에서—을 강조하는 것이 여성의 적극성과 더불어 한국애정비극의 한 특징이라고 해도 과하지 않을 것이다.

4) 소결

이 절에서 우리는 애정비극소설의 원류인 신화·설화와 소설을 대비·대조하여 고찰하면서 한국애정비극서사의 전체상을 조망해보았다. 이 절에 오기까지의 고찰을 통해 우리는 영웅비극과는 달리 애정비극에서는 상층이나 기층 같은 계층적 기준이 상대적으로 크게 선명한 기준이 될 수 없음을 알았다. 그것은 우선 애정비극의 경우, 사랑하는 두 남녀의 신분이나 처지가 크게 다른 경우가 많았고, 다음으로 상층비극의 경우에도 기층에서 구전되는 설화에서 취재한 경우가 많았기 때문이다.

대신 애정이라는 제재의 성격상 남성과 여성 중 어느 쪽의 사랑의 감정이 더 절실한가 하는 것이 더 중요하고 일관된 기준으로 떠올랐다. 그리고 언제나 그런 것은 아니지만 다른 편에 비해 한 편이 더 절실한 사랑을 추구할 경우, 그가 좌절하거나 희생될 가능성이 더 컸다. 그래서 이 사랑의 감정의 균형추가 기우는 것을 기준으로 하여 여성희생형・남성희생형・양자희생형으로 나누고, 상식을 좇아 여성희생형과 남성희생형을 일방희생형으로 묶었다.

그런데 이념 지향과 성정 지향이라는 기준도 영웅비극과는 달리 남녀가 서로 사랑하는 이야기나 남성이 여성을 더 절실하게 사랑하는 이야기에서는 제한적으로만 유용했다. 대신에 여성희생형의 경우에는 이념의 중요성이 보다 뚜렷하여 여성 위에 드리워진 가부장제 이데올로기의 억압을 실감할 수 있었다. 이와 같이 하여 아래와 같은 분류가 이루어졌다. 하지만 이 표에는 두 군데 이상 포함된 작품이 있다. 작품의 성격이 단일하지 않은 경우가 많았기 때문으로 이 표에서는 한 군데밖에 포함되지 않았지만 시각에 따라 두 군데 이상 포함시킬 수 있는 작품도 있을 것이다. 그러므로 이 표는 시각적 편의를 위한 것으로만 여겨주길 바라며, 작품의 이해를 위해서는 본문의 논의 과정에 주목해주길 바란다.

분류 계열	일방희생형			양자희생형
	여성희생형		남성희생형	
	이념지향적	성정지향적		
초기 서사	유화 김현감호*	공무도하가 치술령 신모 낙랑공주(호동) 김현감호*	황조가 지귀	조신 온달 도미 김현감호* 최치원전(쌍녀분)
설화		상사뱀(일부1) 구미호(일부) 추녀신원계	상사뱀(일부2) 선녀와 나무꾼(일부1) 우렁각시(일부)	선녀와 나무꾼(일부2) (검녀)
한문소설	향랑전 심생전* 최랑전	심생전*	의환 피우	주생전 위경천전 이생규장전 운영전
고소설	*(열녀열부전류)* *(유소랑전)*		만복사저포기* 변강쇠가*	변강쇠가* (숙영낭자전)

*: 두 군데 이상 포함된 작품, *(작품명)*: 애정비극 아니지만 관련성 있는 작품.

여성희생형 애정비극에서 생각해볼 만한 점은 이념과 여성의 문제가 작품 속에 끊임없이 작동하고 있었다는 점이다. 그러나 이 기준을 사용한 것은 이것이 기준으로서 선명성을 가지고 있어서라기보다는 여성희생형 서사의 형상에서 이 기준이 너무나 강력하고 의미 있었기 때문이다.

이념이 지나치게 강력하게 작용할 때 이 유형은 비장에서 이탈하여 숭고로 회귀함으로써 비극성을 잃게 된다. 열녀전류가 여기에 속한다. 어쨌든 이념에 일정한 균열이 생기면서 성정으로서의 사랑이 스며들 틈이 생기면 비극이 성립될 수 있다. 「향랑전」이 그 아슬아슬한 경계에 있고, 「최랑전」은 사실에서 취재했다는 특수성으로 인해 절묘한 비극성을 획득하지만, 이 작품이 당대를 떠나 우리에게로 오면 이해하기가 쉽지만은 않다. 서사를 왜곡, 변형하는 이데올로기의 강력한 힘에도 불구하고 이념과 성정이 나름대로 절묘한 균형을 이룬 것이 「심생전」 같은 작품이다.

여성희생형의 성정지향적 작품들은 설화에서는 많이 찾아볼 수 있었지만, 소설, 특히 국문 고소설에서는 많이 찾아보기 어려웠다. 이것은 행복한 결말을 지향하는 대중적 국문소설의 특성이 반영된 결과로 보인다. 야담계 한문소설에서는 여인의 성정을 긍정하는 이야기들이 많이 등장했지만, 대부분 논평 등을 통해 이념적 합리화를 시도하거나 다른 이념적 담론과 결합하여 이를 희석시키는 경향이 나타났다.

남성희생형 작품들은 신화나 설화, 한문이나 국문소설에서 비교적 고르게 나타났다. 사랑의 장애를 넘어서려는 남성주인공들의 의지가 상당히 지속적이고 강력해서 강렬한 비극성을 지닌 작품들이 다수 있었다. 「의환」, 「만복사저포기」, 「변강쇠가」 등이 저마다 독특한 비극성을 보여준다.

양자희생형이 기대한 것처럼 가장 수작(秀作)이 많았다. 그런데 대부분이 한문소설이거나 원작이 한문소설일 가능성이 많은 작품들이었다. 「주생전」, 「위경천전」, 「이생규장전」, 「운영전」 등인데 저마다 높은 수준의 문학성과 비극성을 지니고 있었다. 여기서도 국문소설은 찾기 쉽지 않았다. 비극적 과정이 있어도 결국은 행복한 결말로 가길 바라는 대중들의 요구가 상당히 강했던 것으로 생각된다. 여기에 비해 양반 지식인들은 비극적 결말을 더 잘 수용했음을 알 수 있다.

애정비극에서는 상층과 기층을 가리지 않고 여성주인공의 적극성과 남성주인공의 순정—변치 않는 사랑—이 두드러지게 나타났다.

우리는 희극 속에서 펼쳐지는 사랑 이야기의 낭만성에도 감동하지만, 연인들의 간절한 사랑이 좌절되는 비극을 보면서 더욱 감동하고, 사랑의 진정한 의미를 더 잘 알게 된 것처럼 느낀다. 영웅의 성공담보다도 영웅의 비극이 운명에 맞서는 인간의 의지를 더 잘 보여주는 것처럼, 애정비극도 사랑에 자신을 거는 인간의 의지를 표현하는 것이다. 비극은 비극을 넘어서는 데에 그 미학적 가치가 있다.

그래서 하나 돌아보아야 할 것이 있다. 그것은 「운영전」의 결말이다. 이 작품은 몽자류 소설과 유사한 액자소설 구조를 지니고 있다. 운영과 김진사의 이야기가 끝나고 정신을 차려보니 꿈이었다. 그러나 옆에 두 사람의 이야기를 받아 적은 책자가 있어 단순한 꿈이 아님을 알 수 있다. 그런데 주목할 것은 이후 유영의 태도이다. 그는 이후 망연자실 침식을 폐하곤 하더니 결국 명산을 방랑하다 마친 바를 알 수 없었다는 것이다. 그는 귀녀를 잃은 양생도, 최랑을 잃은 이생도, 운영을 잃은 김진사도 아니다. 그는 왜 김진사가 되어 운영과 같은 뜨거운 사랑을 찾아 나서지 않았나? 결국 인생무상의 진리가 사랑에의 추구라는 비극정신을 삼켜버린 것인가? 단언하기 어렵지만 우리는 「운영전」이나 「이생규장전」 같은 사랑이 실제로 일어날 가능성이 거의 없었던 조선이라는 시대적 배경에서 이유를 찾을 수 있을 것이다. 이런 일은 소설 속에서조차 기사(奇事)이고 꿈이었다. 오늘날 「타이타닉」을 본 여성들은 잭(레오나르도 다빈치 분)을 꿈꾼다. 그러나 유영은 운영을 꿈꿀 수 없었다. 유영은 사랑의 비극을 용납하지 않는 시간을 살고 있었던 것이다. 그러나 그는 꿈꾸기를 꿈꾸는 것마저 포기할 수는 없었다. 이 작품은 천상선관이 된 둘의 사랑을 통해 영원한 사랑에 대한 염원을 보여주면서, 동시에 그것이 허락되지 않는 현실을 통해 그 염원의 실현 가능성에 대한 부정적인 현실인식을 드러내는 것이다. 이 작품의 무상감은 이 염원과 현실인식의 거리를 인식하는 데에서 발생한다. 이렇게 「운영전」의 결말은 무상감이 비극정신의 발현일 수 있음을 보여주는 한 예가 된다. 우리는 여전히 케이트 윈슬렛(로즈 역)을 꿈꿀 수 있는 시간을 살고 있는가? 아니 우리는 로즈를, 신분을 뛰어넘는 사랑을, 꿈꿀 권리를 가져본 적이 있는가?

나오는 말

이 책은 사실 앞 장에서 끝난 것이다. 하지만 이 책은 오래된 사유들과 새로운 사유들을 동시에 담고 있다. 게다가 오래된 사유조차도 그 사유가 원래 펼쳐졌던 지점들을 벗어나거나 혹은 끌고서 다른 지점에 접속하고 있다. 그래서 친절하게 논의를 정리하고 요약할 필요가 있다는 동학들의 충고가 있었다. 그럼에도 필자로서는 이 책을 마치면서 가장 하고 싶지 않은 것이 있다. 그것은 책의 내용을 순서에 따라 요약함으로써 논의를 단순화시키고 고정시키는 것이다. 이 책은 한국비극소설의 이론을 완결짓는 것이 아니라 출발시키려고 기획된 것이기 때문이다. 또 이 책의 전체적인 구성과 체재에 대해 '들어가는 말'에서 충분히 설명했고, 각 장의 마지막, 혹은 각 절의 마지막에 각각의 결론에 해당하는 내용을 두었다. 그래도 부족하다면 '들어가는 말'의 끝에서 부탁한 것처럼 1장, 특히 2절과 3절로 돌아가 주길 바란다. 그것들이 이 비극론의 기반이면서 결론이기도 하다. 하지만 동학들의 조언을 존중하여 책에서 논의된 것들 중 중요하다고 생각되는 것들을 몇 개의 관련된—혹은 대립적인 개념을 통해 여기에 제시하려고 한다. 이 개념들을 이해하기 위해 본문에서 분석한 작품들을 떠올려주길 바란다.

1. 비극, 영웅비극, 애정비극

<비극>

비극이 하강의 서사구조를 지닌다는 것은 누구나 알고 있다. 그러나 이 서사구조가 지닌 핵심 의미를 아는 것이 더 중요하다. 비극은 좌절하는 인간을 통해 비극적 세계상을 그린다. 비극적 세계상이란 세계—혹은 운명 혹은 초월적인 것— 앞에서 좌절하는 인간의 모습을 말한다. 개체인 자아는 전체인 세계를 넘어설 수 없다. 따라서 세계와 대립하는 자아는 언제나 좌절할 수밖에 없는 운명을 지닌다. 이 운명을 인식하는 것을 비극적 인식이라고 하고, 이 인식으로부터 형성되는 세계관을 비극적 세계관이라고 한다. 비극적 세계관을 체득한 자아는 그 극복에의 모색을 통해 운명애에 이르게 된다. 운명애란 피할 수 없는 운명을 기꺼이 받아들이는 것을 말한다. 그러나 이것은 체념과는 다르다. 자아는 피할 수 없는 운명을 받아들이지만 운명에 의해 주어진 한계 속에서도 자유의지를 발휘해 자신이 추구하는 가치만은 끝내 지키고자 한다. 이것은 결국 한편으로는 이길 수 없는 운명에 대한 저항일 수밖에 없는데, 이 저항의지—운명애 위에 세워진—로부터 비극정신이 발현된다. 비극은 비극정신의 발현 과정—그 최고조가 파국이다—을 통해 독자로 하여금 카타르시스를 경험함으로써 자신의 현존재와 마주하는 깨달음에 이르게 하며, 이를 비극적 깨달음이라고 한다.

어느 문화권, 어느 시기의 비극이든지 좋은 비극은 선명한 비극적 세계상을 창조하여 비극적 세계관을 넘어서는 비극정신의 발현을 통해 비극적 깨달음으로 수용자(독자·관객)를 인도한다.

그러나 이와 같은 비극의 공통적 자질이 비극서사의 획일성, 혹은 단순성으로 이어지지는 않는다. 여기에서 주인공이 장애—세계 또는 운명—에 저항적인가, 그렇지 않은가 하는 것이 중요해진다. 비극정신이 서사를 통해 직접 드러나는가, 그렇지 않은가 하는 문제와 관련되기 때문이다. 영웅비극에 대한 분석에서 여러 차례 지적한 것처럼 현실적 장애는 물론, 운명적 장애에 대한 저항의지는 비극 주인공에게 요구되는 필수적인 조건이다. 다만 때로는 이 저항의지가 주인공을 통해 강력하고 직접적으로 드러나지 않더라도 수용을 통해 수용자의 내면에 형성되도록 구성된 작품도 존재할 수 있다. 이런 경우라도 수용자의 내면에 형성된 저항—초극의 의지는 주인공에게 내재된 어떤 선량함 내지는 고귀함의 결과이기 마련이다. 수용자의 의지는 주인공에 대한 연민과 그의 불행에 대한 공포의 반작용이기 때문이다. 이처럼 장애에 대한 주인공의 태도는 수용자의 해석과 맞물려 비극작품을 다양하게 만드는 중요한 요인이 된다.

〈영웅비극〉

영웅비극은 영웅적인 주인공이 등장하는 비극이다. 이때 영웅이란 적어도 세 가지 특징을 지니는데, 그것은 공공선에—또는 보편선— 부합하는 가치 지향, 강력한 의지, 우월한 능력을 말한다. 비극의 주인공은 일반적으로 영웅의 범주에 든다. 그들이 공공선에 부합하는 가치를 지향하지만 거대한 세계의 장벽 앞에 좌절할 때 비극성이 생겨난다. 그러니까 영웅비극에서는 한 사람, 즉 개인의 운명이라는 모습으로 장애물이 등장한다. 이런 의미에서 그리스 비극은 일반적으로 영웅비극의 범주에 속한다고 할 수 있다. 그리고 위에 제시한 세 가지 특징이 주인공의 형상 위에 더 잘 드러날수록 비극성이 더 효과적으로 발현될 것이다. 이때, 잘 드러난다는 것은 물론 위 세 가지의 특징이 서사적으로 적절한 구조 안에서 상호 균형을 얻어 나타난다는 의미이다.

주인공이 지닌 능력이 너무 왜소하여 그의 좌절이 우리의 좌절이 되지는 않을 것이라는 확신이 생기면 비극성의 발현이 제한된다. 그렇다고 그의 능력이 어떤 수준을 넘어 무한히 증가한다고 하여 비극성이 그에 비례해 무한히 증가하는 것은 아니다. 그가 우리에 비해 상대적으로 적절한 수준의 우월한 능력을 지니고도 쓰러질 때 그들의 좌절이 설득력을 지니고 공포와 연민을 불러일으키게 되는 것이다. 의지는 비극성을 강화하는 중요한 요소이다. 장벽을 넘어서겠다는 주인공의 의지가 강할수록 좌절의 심각성이 부각된다. 의지가 없으면 좌절도 없고 비극성도 없다. 그러나 그들이 지향하는 가치가 공공선에 반하는 것일 때 그들의 좌절은 정의의 실현이 되어 공포와 연민의 대상이 될 수 없다. 가치의 경우, 그것이 아름다울수록 비극성이 심화된다. 하지만 공공선의 개념이 흔들릴 때, 한 사회집단의 지배적 가치가 구성원의 지지를 잃을 때, 공인된 가치에 반하는 가치를 지향하는 주인공의 좌절에서 비극성을 느끼는 사람들이 생겨날 수 있다.

〈애정비극〉

애정비극은 남녀 간의 사랑을 공공선에 값하는 보편적 가치로 인식하는 경우에만 성립될 수 있다. 또 사랑의 열정과 믿음, 그 자체를 능력이자 의지로 인정해야 한다. 사랑할 수 있는 능력, 끝까지 사랑할 수 있는 의지가 그것이다. 그러니까 근본적으로 자유연애에 대한 긍정이 애정비극 성립의 조건이 되는 셈이다. 하지만 자유연애가 일반화된 것은 극히 최근의 일이고, 그것도 대중문화의 영역을 벗어나면 불완전하기 짝이 없다. 성 역할에 대한 오래된 관념은 여전히 남성과 여성을 계층화하고 서로 다른 방식으로 억압하고 있다. 부가 새로운 신분의 지표가 되면서 이 신분을 넘어서는 사랑은 여전히 억압받기 일쑤이다. 애정비극에는 이런 사회상이 반영되어 있다.

그리스 비극을 포함하여 서양고전비극(무대극)에서 애정물이 비극으로 인정받은 경우는 거의 없다. 하지만 서민 대중의 작품을 포함하는 문학의 영역에서는 언제나 중요한 부분을 차지했고, 오늘날 그 비중은 더욱 커지고 있다. 서민 대중에게 남녀 간의 만남이 상대적으로 자유로웠고 남녀관계도 좀 더 수평적이었기 때문에 사랑이 아름다운 가치를 지닐 수 있었던 것이다. 오늘날 사랑은 적어도 대중문화 안에서는 절대적인 가치를 지닌 것으로 표상된다. 하지만 현실은 그와는 상당한 거리가 있다. 사랑은 상대가 있다. 그런데 그들과 그들을 둘러싼 세력은 서로 욕망하고 억압하며 여기에는 부와 권력이 개입한다. 이 모순을 건너뛰기 위해 대중서사는 사랑을 더 절대화한다. 온전히 자기를 내어주는 이타의 극치로 미화하는 것이다. 그래서 대중서사의 해피엔드는 기만적이다. 그러나 비극은 어떤 식으로든 모순을 드러내고, 사랑은 자유롭고 평등해야 함을 역설한다.

2. 서양비극, 한국비극

<서양비극>

서양비극은 그리스 비극으로부터 셰익스피어—그를 전후한 영국과 그 주변— 비극으로 이어져왔다고 하지만, 무대극만 가지고 말할 때는 그리스 비극의 전통이 로마에서 끊어진 후 유럽에서 다시 비극이 일어날 때까지 엄청난 간극이 있다. 그리스 비극의 정신은 무대극뿐 아니라 니체, 야스퍼스 같은 근대 철학자들에 의해서도 계승된다. 서양 비극은 앞에서 설명한 비극의 보편적인 개념 외에도 서양적—동아시아 등 다른 지역과 다르다는 점에서— 사유의 영향을 받았다.

이 사유의 근원에 대해 『계몽의 변증법』은 도구적 이성이라는 말로 요약했다. 이 말은 이성을 자기의 욕망 실현을 위한 도구로만 사용해온 서양정신사의 문제점을 정면으로 지적한다. 도구적 이성으로 인해 인간은 목적을 위해 자연은 물론 같은 인간마저도 대상화하게 된다. 이 같은 경향이 인간중심주의와 힘에 대한 추구라는 서양적 사유로 귀결되어 도전정신과 제국주의를 낳는 과정을 다위니즘의 일반화 양상과 관련지으면서 설명한 바 있다.[1]

이 힘에 대한 동경이 얼마나 뿌리 깊은 것인지는 니체나 헤세의 저작을 보면 알 수 있다. 니체는 『차라투스트라는 이렇게 말했다』에서 동양적 사유를 자기화하는 시도를 했다. 그러나 그가 내세운 초인은 유유자적하며 즐기는 모습보다는 억압이 된 기존의 사유를 전복하는 데 더 기울어져 있다. 『데미안』의 주인공, 데미안도 동양적 깨달음을 지향하지만 불교나 도가(道家) 같은 동양적 사유들과 비교해보면 그 초점은 자연과의 동화가 아니라 힘—굳건한 자유의지—에 기울어져 있다.

그러므로 우리는 서양비극에서 비극정신이 어떻게 작동할지 짐작할 수 있다. 서양비극은 운명 앞에서도 흔들리지 않는 힘—자유의지를 요구한다. 운명 앞에서 패배하지 않기 위해 개인의 내적 고귀함을 이루는

1 이 책 1장 참조.

요소로서 책임감이나 용기, 명예를 지키고자 하며 이를 통해 자신의 가치를 확인하여 내적 평정심을 유지하고자 한다.

따라서 비극적 세계관에 맞서는 강력한 저항의지—비극정신의 강렬함—가 서양비극의 특질이며, 강렬하고 짧은 파국, 파국 이후의 급격한 대단원이 그 형식적 특징이 된다.

〈한국비극〉

조선시대까지 한국인은 동아시아의 일원으로서 그 원형사유를 공유했다. 그것은 모든 사물은 음양의 작용으로 존재하고 음양은 그보다 본질적인 존재인 태극으로부터 생겨난다는 이른바 역학적 사유이다. 이 사상은 유학과 노장(老莊)은 물론 동아시아화된 불교에도 큰 영향을 미쳤으며 동아시아 각국의 무속 같은 지방 종교에도 큰 영향을 주었다. 이 사유에서 자아와 세계를 보면 자아는 세계의 일부이며, 나와 만물은 그 본질이 동일하여 서로 투사될 수 있는데 이것을 물화(物化)라고 한다. 세계가 어떤 의지를 가지고 자아(나)를 공격하거나 보호하지 않는다는 점에서 서양적 세계관과 완전히 다르다. 따라서 동아시아에는 절대적인 힘을 지닌 유일무이한 인격신이 존재하지 않았다.[2]

물론 개체인 자아가 세계를 넘어설 수는 없다. 자아는 세계 속에서 자기 욕망의 실현을 위해 싸워야 하고, 그것이 세계의 거대한 흐름과 배치될 때는 좌절될 수밖에 없다. 동아시아에도 비극적 세계관이 있었던 것이다. 그러나 그 좌절의 책임을 물을—혹은 원인이 된— 어떤 절대적 존재가 있는 것은 아니다. 책임은 세계의 다른 부분들뿐 아니라 자기

2 신들도 각기 한정된 권능을 지니고 세계를 구성하는 일부라는 점에서는 인간과 본질적으로 다르지 않은 것으로 생각되었다.

자신에게도 있다. 나도 세계의 일부이기 때문이다. 그래서 싸움과 어울림은 둘이면서 하나이다. 이것이 상생상극의 원리이다.

이 때문에 한국비극에서는 주인공과 세계의 적대성이 그다지 강하게 드러나지 않는다. 주인공은 스스로 자신의 과오를 받아들이거나 수용자들의 해석에 의해 좌절의 책임을 나누어 진다. 따라서 상대적으로 운명에 저항하는 자유의지의 강렬함이 적은 편이다. 그러나 이 상대성이 쉽게 비극정신의 부족으로 받아들여져서는 안 된다. 비극정신은 저항정신이지만 운명애에 기반한 저항정신이다. 서양의 비극정신이 저항정신 쪽에 기울어져 있다면, 한국의 비극정신은—서양과는 전혀 다른 사유에서지만—운명애 쪽에 기울어져 있다. 저항정신도 자기 개인의 명예나 용기, 책임감 같은 개인적 가치를 지향함으로써 굳건해지는 것이 아니라 집단의 이념이나 사랑과 같은, 관계에 기반한 가치를 지향하는 경우가 많다.

이 때문에 파국은 없는 것처럼 보이거나 파국 이후 그 파장이 인간 사이의 관계망을 통해 확장되고 연장되며 이 긴 파국 혹은 종결장치를 수용하는 과정에서 그만큼 긴 감성적 사유를 통해 비극적 깨달음에 이르게 된다. 이를 카타르시스라고 할 수 있을지 모르겠으나 연민과 공포를 통해 자기의 현존재와 마주하는 심미적 체험인 것은 분명하다.

이 같은 한국비극의 특징은 상당부분 중국 등 동아시아 제국들과 닮아 있을 것으로 보이지만 자세한 연구가 필요하다. 한편 다른 동아시아 제국과 다른 한국비극만의 특징이 있다면 그것은 한국 기층비극으로부터 찾아볼 수 있을 것이다. 상층이 한문을 통해 동아시아적 보편사유에 직접 접근한 반면 기층민중은 구전와 변용을 통해 나름 새로운 형상을 생성할 수밖에 없기 때문이다.

3. 상층비극, 기층비극

〈상층비극〉

상층비극이란 상층 지식인들의 가치와 감성을 투영하고 있는 비극을 말한다. 당연히 주인공이 상층 인물일 가능성이 많다. 또한 상층지식인의 특성상 인간 본연의 감정 못지않게 이념적 가치를 중시한다. 이것은 상층이 그 사회 이념의 수혜자인 경우가 많은 것과 관련된다. 그런데 이념이 그 사회의 권력 관계를 유지 옹호하려는 적극적인 정치성을 띠게 되면 피지배층을 억압하는 역할을 하게 되는데, 이 경우에는 이념 대신 이데올로기라는 개념을 많이 사용한다.

이념은 당대의 지배적인 가치를 규정하기 때문에 이념에 의해 지지되는 가치는 숭고한 것이 된다. 숭고한 가치를 지향하는 인물이 좌절될 때—그 가치를 지지하는 입장에서는— 강렬한 비장미가 발생한다. 따라서 이념영웅이 등장하는 상층비극의 경우에 작품은 공공성을 띠면서 숭고에서 비장으로 떨어지는 강렬한 비극성이 표출될 가능성이 많다.

이것이 극단화되면 숭고가 비장을 압도해버려 비극성은 거부되고 같은 이념을 지닌 사람만 수용할 수 있는 주제(교훈성)만 남게 된다.

그리스 비극은 상층엘리트인 시민계급에 의해 향유된 상층비극이다. 그러므로 주인공들이 지향하는 가치는 일견 개인적인 것으로 보일 수도 있지만 당대 그리스 시민계급의 이념에 의해 포섭된 것이다. 한국에서는 당연히 한문서사에서 상층비극을 많이 발견할 수 있다.

〈기층비극〉

기층비극이란 기층 민중들의 가치와 감성을 투영하고 있는 비극을 말한다. 당연히 주인공이 기층 인물일 가능성이 많다. 또한 기층 민중들의 특성상 인간 본연의 감정인 성정이 중시되며, 이념적 가치는 단순화되어 제시되는 경향이 있다. 민중은 관념적 사변을 통해 사유하지 않고 형상을 통해 사유하기 때문이다.

한국 민중들은 태극, 물화와 같은 관념적 사변들을 밀어내고 그 자리에 정(情)을 둔다. 정(情)을 물화와 상생상극의 핵심 열쇠로 보는 것이다. 따라서 상층에 비해 관계를 더욱 중시한다. 이 관계는 인간과 인간을 넘어 인간과 귀신, 인간과 자연으로 확대된다. 위대한 장수는 자연으로부터 힘을 얻고, 좌절 역시 가족이나 이웃, 자연과의 관계에서 온다. 부모의 두려움, 선생님을 배신한 과거, 잘못 쓴 묘자리 같은 것이 그것이다.

정에 주목하기 때문에 애정비극설화가 영웅비극 이상으로 많다. 대개가 좌절된 정—원(冤)—이 남아 상대나 이웃에 영향을 준다는 것이다. 이것들을 해원(解冤)하는 것이 화평한 우주를 만드는 길이라고 생각했다. 이것은 서로 한 사랑 말고 짝사랑도 마찬가지이다. 혼자 한 사랑이니 상대는 책임이 없다고 생각하지 않았다.

민중들만 상층의 이념을—단순화해서지만— 수용하는 것이 아니다. 이와 같은 민중들의 사유는 한국인의 원형사유가 되어 상층의 문화에도 영향을 미친다. 성정을 긍정하는 상층비극서사에서 우리는 쉽게 정에 대한 우리 민족의 관심을 발견할 수 있다.

특히 상층·기층을 가리지 않고 한국애정비극에서 우리는 남녀 일대일의 관계를 기반으로 한 적극적인 여인과 순정을 지키는 남자 주인공의 사랑 이야기를 쉽게 만날 수 있는데, 이는 사랑의 정을 표현하는 한국애정비극의 한 문법이라고 할 만한 것이다.

4. 비극문학의 가능성

모든 것이 상품화되는 요즘, 진지하고 심각한 비극의 문학성에 주목할 필요가 있다. 모든 것이 인스턴트화되는 경향 속에서 사람들은 진지하고 가치 있는 삶의 길을 잃고 방황하면서 그로 인한 번뇌를 웃음과 신이함을 통해 잊고자 한다. 희극과 판타지가 흥행하는 이유이다. 하지만 그것은 문제를 직접 보상하는 것이 아니고 회피하는 것에 가깝다. 비극은 이런 사람들의 결핍을 직접 보상하는 장르로서, 또 문화상품으로서 본질적이고 광범위한 수요를 가지고 있다.

최근 이삼십 년 사이에 크게 히트한 영화의 목록만 보아도 문화상품으로서 비극의 대중성을 잘 알 수 있다. 한국형 블록버스터의 맹아라는 「은행나무침대」로부터 효시로 일컬어지는 「쉬리」는 물론, 천 만 관객이 보았다는 「실미도」, 「태극기 휘날리며」, 「왕의 남자」, 「괴물」, 「해운대」 등 성공한 블록버스터급 영화들은 대개 강력한 비극성을 지니고 있다.

이 책에서 살펴본 것처럼 한국문학사에서 비극소설은 정형성을 탈피하여 새로운 인물, 새로운 사건, 새로운 주제의식을 발견할 수 있는 명작들이 많았다. 비극은 가벼움의 시대에 진지한 사유를 선물하고, 삶을 돌아보게 한다. 비극을 읽음으로써 문학성과 재미, 두 마리 토끼를 다 잡을 수도 있을 것이다. 나아가 우리 비극을 읽고 연구하는 일은 우리 문화상품에 철학성·예술성과 함께 우리 전통을 담아내는 밑거름이 될 것이다.

이 책은 여기서 마치지만 비극적 세계관을 넘어서려는 인간의 의지—비극정신—는 여기서 쉬지 않을 것이다. 그러므로 우리나라에서 비극에 대한 본격적인 연구가 불붙기를 바란다. 비극정신은 우리 삶의 동력이며, 비극적 깨달음은 우리 정신의 확장이기에…….

참고문헌

강진옥, 「상사뱀 설화의 몸 바꾸기를 통해본 욕망과 규범의 문제」, 『고전문학연구』 18, 한국고전문학회, 2000, pp. 115~148.

강현모, 「인물전승에 나타난 사건의 수용 양상: 비극적 장수설화를 중심으로」, 『한민족문화연구』 5집, 한민족문화학회, 1999.

———, 『장수설화의 구조와 의미』, 역락, 2004.

기자헌 외, 『宣祖實錄』 卷41.

김경미, 「1910년대 이광수 문학에 나타난 '준비론'의 양가성」, 『어문학』 86호, 한국어문학회, 2004.

———, 「운영전에 나타난 여성서술자의 의의」, 『한국고전여성문학연구』 4, 한국고전여성문학회, 2002.

김귀석, 「최랑전의 비극성과 미학」, 『전통문화연구』 6집, 조선대학교 전통문화연구소, 1999.

김균태, 「비극적 장수설화에 나타난 공통 삽화의 서사적 의미와 기능」, 『역사민속학』 6집, 한국역사민속학회, 1997.

김대숙, 「'나무꾼과 선녀' 설화의 민담적 성격과 주제에 관한 연구」, 『국어국문학』 137, 국어국문학회, 2004.

김만산, 「단군신화에 나타난 한국인의 윤리의식에 관한 역학적 고찰」, 『동서철학연구』 14호, 1997.

김명순, 『고전소설의 비극성 연구』, 창학사, 1986.

김병국, 『한국 고전문학의 비평적 이해』, 서울대학교 출판부, 1995.

김부식 외, 『삼국사기』.

김석진, 『주역전의대전언해』, 대유학당, 1996.

김성기, 「공무도하가의 해석」, 『한국문학사의 쟁점』, 집문당, 1986.
김수업, 「아기장수 이야기 연구」, 경북대학교 박사학위논문, 1994.
김승호, 「변강쇠가에 나타난 반열녀담론 성향」, 『국어국문학』 152, 국어국문학회, 2009.
김연숙, 「삼국사기 소재 설화 연구: 온달, 도미처, 설씨녀 설화에 나타난 열 사상」, 『서강어문』, 서강어문학회, 1994.
김연재, 「복잡계 이론에서 본 주역과 그 메타적 세계관: 동아시아적 사유원형의 모색을 중심으로」, 『동방학지』, 연세대학교 국학연구원, 2010.
———, 「주역의 예술적 생명정신」, 『유교사상연구』, 한국유교학회, 2006.
김영찬, 「우울과 몽상: 포스트-IMF 시대 한국소설의 표정들」, 『세계문학비교연구』, 세계문학비교학회, 2007.
김정경, 「'洛山二大聖 觀音 正趣 調信'조의 연구」, 『정신문화연구』 117호, 한국학중앙연구원, 2009.
김정은, 「옹녀의 상부살풀이 과정으로 본 변강쇠가 연구」, 『겨레어문학』 44집, 2010.
김조순, 『楓皐集』 卷15.
김종군, 『남녀 애정결연서사 연구』, 박이정, 2005.
김종철, 「변강쇠가의 미적 특질」, 『판소리연구』 4, 판소리학회, 1993.
———, 「서사문학사에서 본 초기소설의 성립문제」, 『고소설연구논총』, 경인문화사, 1988.
김진영・홍태한, 『서사무가 바리공주 전집』 1・2, 민속원, 1997.
김창현, 「금오신화로 본 한국애정비극의 특성」, 『아태연구』 17-1, 경희대학교 국제지역연구원, 2010.
———, 「만복사저포기에 나타난 불교와 비극성의 초극」, 『불교학보』 44, 불교문화연구원, 2006.
———, 「미적 범주에 대하여」, 『한국문학의 문예적 연구』, 월인, 2001.
———, 「변강쇠가, 뎁득이의 인물형상과 그 의미」, 『국제어문』 38집, 국제어문학회, 2006.
———, 「서사문학사의 전개원리와 소설: 매체전환기 서사의 미래탐색을 위한 예비적 고찰」, 『국제어문』 45집, 국제어문학회, 2009.

———, 「신화에 나타난 비극적 세계상과 그 서사적 전개」, 『온지논총』 20, 온지학회, 2008.
———, 「아기장수설화에 나타난 한국민중들의 생명관」, 『인문과학』 33, 인문과학연구소, 2003.
———, 「양산숙전의 비극성 연구」, 『온지논총』 16, 온지학회, 2007.
———, 「영웅좌절담류 비극소설의 특징과 계보 파악을 위한 시론」, 『동아시아고대학』 13호, 동아시아고대학회, 2006.
———, 「이원성 극복의 두 양상: 비극과 서사무가」, 『비교문학』 42, 한국비교문학회, 2007.
———, 「최랑전의 비극성과 심리적 상흔」, 『비교문학』 46, 한국비교문학회, 2008.
———, 「판소리 사설치레에 나타난 용장의 구조와 의미」, 『도남학보』 16, 1997.
———, 「한국 애정비극서사의 계보와 미학적 특징」, 『온지논총』 31, 온지학회, 2012.
———, 「한국 영웅비극서사의 계보와 미학적 특징」, 『국제비교한국학』 17-1, 2009.
———, 「한국애정비극서사의 기원과 그 미학적 특성: 초기서사를 중심으로」, 『어문론집』 47, 중앙어문학회, 2011.
———, 「한국애정비극소설의 설화적 전통과 미적 특질: 운영전과 변강쇠가를 중심으로」, 『동아시아고대학』 26, 동아시아고대학회, 2011.
———, 『한국문학에 나타난 가족과 공동체』, 제이앤씨, 2004.
———, 『한국적 장르론과 장르보편성』, 지식산업사, 2005.
———, 『한일소설형성사: 자본이 이상을 몰아내다』, 책세상, 2002.
김학성, 『한국고전시가의 연구』, 원광대학교 출판국, 1980.
김항배, 『장자철학정해』, 불광출판부, 1992.
김헌선, 「「베포도업침, 천지왕본풀이」에 나타난 신화의 논리」, 『비교민속학』 28집, 비교민속학회, 2005.
노영근, 「설화의 유형 분류와 비교 연구 시론: 선녀와 나무꾼 유형을 중심으로」, 『온지논총』 24, 2010.
리상호 외, 「열녀 최씨전」, 『거북아 거북아 수로를 내놓아라』, 보리, 2006.
민영대, 「비극소설로서의 최랑전」, 『한국언어문학』 47집, 한국언어문학회, 2001.

———, 「최랑전 연구(1): 삽입서간을 중심으로」, 『고소설연구』 10집, 한국고소설학회, 2000.
박계홍, 『구비문학대계』 4-2, 한국정신문화연구원, 1981.
박용식 역주, 「최랑전」, 『한국고전문학전집』 16, 고대민족문화연구원, 1995.
박일용, 『조선시대의 애정소설』, 집문당, 1993.
———, 「소설의 발생과 수이전 일문의 장르적 성격」, 『조선시대의 애정소설』, 집문당, 1993.
박정미, 「웅녀와 유화의 존재 가치」, 『인문과학연구』, 전주대학교 인문과학종합연구소, 2005.
박종섭, 『거창의 전설』, 문창사, 1998.
박찬부, 「비재현적 재현: 라캉의 상징적 리얼-이즘」, 『기호학연구』 19집, 한국기호학회, 2006.
박태상, 『조선조 애정소설연구』, 태학사, 1996.
박현국, 「바리데기(시왕풀이) 무가 고찰」, 『굿거리 5』(민속학술자료총서 455), 우리마당터, 2004.
박희병, 「한국고전소설의 발생 및 발전단계를 둘러싼 몇몇 문제에 대하여」, 『관악어문연구』 17, 서울대학교, 1992.
———, 『한국전기소설의 미학』, 돌베개, 1997.
방창환 · 조홍윤, 『제석님과 제석굿』, 문덕사, 1997.
배용일, 「朴殷植과 申采浩 思想의 비교연구」, 성신여자대학교 박사학위논문, 1997.
배원룡, 『나무꾼과 선녀 설화 연구』, 집문당, 1993, pp. 1~430.
서유경, 「「임경업전」의 비극성에 대한 표현 문화론적 고찰」, 『문학교육학』 13집, 한국문학교육학회, 2004.
서종문, 「변강쇠가 연구(상)」, 『창작과비평』 39 · 40, 창작과비평사, 1976.
설중환, 「단군신화의 순환구조에 대한 역학적 고찰」, 『인문대논집』 13집, 고려대학교, 1995.
손정인, 「도미전의 인물형상과 서술방법」, 『어문학』, 한국어문학회, 2003.
송옥 등, 『비극과 희극, 그 의미와 형식』, 고려대학교 출판부, 1995.
송재국, 「단군신화의 역철학적 해석」, 제4차 조선학 국제학술토론회 발표논문, 1992.

8.
송철호, 「17세기의 정표정책과 임병양란인물전」, 『동양한문학연구』, 동양한문학회, 1997.
———, 「비극적 영웅서사문학, 「양산숙전」」, 『동의어문론집』 11집, 동의어문학회, 1998.
신용하, 「신채호의 무정부주의 독립사상」, 『신채호』, 고려대학교 출판부, 1990.
신일철, 『신채호의 역사사상 연구』, 고려대학교 출판부, 1983.
신재홍, 「운영전의 삼각관계와 숨김의 미학」, 『고전문학과 교육』 8, 한국고전문학교육학회, 2004.
신재효, 강한영 교주, 『판소리 여섯 바탕집』, 앞선책, 1994.
신채호, 송재소 편저, 『꿈하늘』, 동광출판사, 1990.
신현주, 「아기장수 설화의 비극성 연구」, 서강대학교 석사학위논문, 2005.
심상교, 「민속극(民俗劇)에 나타난 비극적 특성 연구(1)」, 『한국연극학』 9집, 한국연극학회, 1997.
심정섭, 「전설의 문학적 구조: 아기장수전설을 중심으로」, 『문학과지성』 8권 1호, 1977, 문학과지성사.
안동림 역주, 『장자』, 현암사, 1994.
양문규, 「1910년대 한국 소설 연구: 사회사적 관련 양상을 중심으로」, 연세대학교 박사학위논문, 1991.
양승민, 「운영전의 연구성과와 그 전망」, 우쾌제 외 『고소설연구사』, 월인, 2002.
엄기영, 「박제상 이야기의 수용 양상과 그 의미: 인물형상을 중심으로」, 『민족문화연구』, 고려대학교 민족문화연구소, 2003.
———, 「雲英傳과 갈등 상황의 조정자로서의 紫鸞」, 『한국문학이론과 비평』 49, 한국문학이론과비평학회, 2010.
———, 「지귀(志鬼) 설화의 형성 배경과 역사적 의미」, 『민족문화연구』, 고려대학교 민족문화연구원, 2007.
엄태식, 「운영전의 서술 양상과 그 의미」, 『고소설연구』 28, 한국고소설학회, 2009.
오세정, 「최랑전에 나타난 미완의 애정과 비극적 결말의 의미」, 『인문학연구』 33권 2호, 충남대학교 인문과학연구소, 2006.

유몽인, 신익철 외 옮김, 『어우야담』, 돌베개, 2006.
육영수, 「기억, 트라우마, 정신분석학: 도미니크 라카프라와 홀로코스트」, 『미국학논집』 36-3호, 한국아메리카학회, 2004.
이경수, 「황조가의 해석」, 『한국문학사의 쟁점』, 집문당, 1986.
이경식, 『엘리자베스 시대 비극의 세네카 전통』, 서울대학교 출판부, 1991.
이대중, 「최랑전의 갈등 양상과 인물 형상」, 『한국인과 한국어문학』, 한국어내용학회, 2006.
이동백, 「최랑전 연구」, 영남대학교 석사학위논문, 2003.
이명선, 「조선 연문학의 최고봉 「변강쇠가」」, 『신천지』 4권 6호, 서울신문사, 1949.
이미령, 「'아기장수이야기'에 있어서 힘의 관계구조와 문화적 의미해석」, 『고전문학연구』 12집, 한국고전문학회, 1997.
이상인, 「연민과 비극의 도덕: 아리스토텔레스 『시학』 13장의 '비극적 죄'를 중심으로」, 『철학』 64집, 한국철학회, 2000.
이식 외, 『宣祖修正實錄』 卷27.
이우성 · 임형택, 『이조한문단편집』 上 · 中, 일조각, 1978.
이을호, 「단군신화의 철학적 분석」, 『월간조선』, 1980. 10.
이헌홍, 「최치원전의 전기소설적 구조」, 『수련어문논집』 9집, 부산여자대학교 국어교육과, 1982.
이현세, 「공포의 외인구단」, 1983.
이현우, 『셰익스피어: 관객, 무대, 그리고 텍스트』, 동인, 2004.
일연, 『삼국유사』.
임철호, 「아기장수설화의 전승과 「홍길동전」」, 『구비문학연구』 4집, 1997.
———, 「아기장수설화의 전승과 변이」, 『구비문학연구』 3집, 1996.
———, 『임진록 이본연구 I』, 전주대학교 출판부, 1996.
임형택, 「나말여초의 전기문학」, 『한국한문학연구』 5, 한국한문학회, 1981.
전신재, 「아기장수 전설과 비극의 논리: 강원도 전설을 중심으로」, 『논문집』 8집, 한림대학교, 1990.
전영태, 「「나무꾼과 선녀」에 대한 통합적 해석」, 『선청어문』 33, 서울대학교 국어교육과, 2005.

정상균, 『비극론』, 월인, 2001.
정출헌, 『고전소설사의 구도와 시각』, 소명, 1996.
정학성 역주, 「유소랑전」, 『17세기 한문소설집』, 삼경문화사, 2000.
정학성, 「전기소설 최랑전 연구」, 『고소설연구논총』, 다곡이수봉선생회갑기념논총 간행위원회, 1988, pp. 385~401.
조동일, 「임진록에 나타난 김덕령」, 『이재수박사환력논문집』, 1972.
조선도서주식회사 편집부 편찬, 『備旨具解原本周易』, 학민문화사, 1996.
조윤제, 『국문학 개설』, 동국문화사, 1955.
천혜숙, 「아기장수 전설의 형성과 의미」, 『한국학논집』 13집, 계명대학교 한국학연구소, 1986.
———, 「전설의 신화적 성격에 관한 연구」, 계명대학교 박사학위논문, 1987.
최래옥, 「아기장사 전설의 연구: 한국설화의 비극성을 중심으로」, 『한국민속학』 11집, 민속학회, 1979. 9.
———, 『한국구비전설의 연구: 그 변이와 분포를 중심으로』, 일조각, 1981.
최재우, 「운영전 갈등구조의 양상과 그 소설사적 의미」, 『열상고전연구』 29, 열상고전연구회, 2009.
최정희, 『한국불교전설 99』, 우리출판사, 1990.
한상현, 「김인향전(金仁香傳)」 주인공의 인격적 성향과 가정비극의 상관성: 계모형 가정소설과 관련하여」, 『고전문학연구』 17집, 한국고전문학회, 2000.
한점돌, 『한국근대소설의 정신사적 이해』, 국학자료원, 1993.
허균, 『성소부부고』(惺所覆瓿藁).

Adorno, TH. W., Horkheimer, M., 김유동 역, 『계몽의 변증법』, 문학과지성사, 2001.
Aristotle, 『시학』, 김재홍 역, 고려대학교 출판부, 1998; 천병희 역, 문예출판사, 2002.
Clifford, L., 문상득 역, 『비극』, 서울대학교 출판부, 1985.
Frye, N., 임철규 역, 『비평의 해부』, 한길사, 1982.
Hartmann, N., 전원재 역, 『미학』, 을유문화사, 1995.
Herman, Judith, 최현정 역, 『트라우마』, 플래닛, 2007.
Jaspers, K., 황문수 역, 『비극론 · 인간론』, 범우사, 1999.

Kuhn, T.,『과학혁명의 구조』, 까치, 1999.

Lacan, Jacques, 민승기 외 역,『욕망 이론』, 문예출판사, 1994.

Nietzsche, F., 곽복록 역,『비극의 기원』, 범우사, 1995.

Sophocles, 천병희 역,『오이디푸스 왕 외』 제3판, 문예출판사, 2006.

찾아보기

ㅅ

ㅇ

ㅈ